Saber hablar

Saber hablar

Instituto
Cervantes

AGUILAR

Primera edición: abril de 2008
Primera edición en este formato: enero de 2017

© 2008, Instituto Cervantes
© 2008, Antonio Briz Gómez (coord.), Marta Albelda Marco, Mª José Fernández Colomer,
Antonio Hidalgo Navarro, Raquel Pinilla y Salvador Pons Bordería
© 2008, 2017, Penguin Random House Grupo Editorial, S.A.U.
Travessera de Gràcia, 47-49. 08021 Barcelona

Printed in Spain - Impreso en España

ISBN: 978-84-03-51728-8
Depósito legal: B-19.820-2016

Impreso en Unigraf, S. L. Móstoles (Madrid)

AG17288

Penguin
Random House
Grupo Editorial

Índice

Presentación

Saber hablar trata de ser una guía para hablar bien, un modo práctico para enfrentarse a la producción del discurso oral ante un público más o menos numeroso. El libro examina pormenorizadamente las características de los buenos discursos orales (capítulo 1) teniendo en cuenta su adecuación a la situación de comunicación y a los oyentes, la corrección gramatical y léxica (capítulo 2), la claridad en las ideas (capítulo 3) y en la expresión (capítulo 4), el uso de lo extraverbal y de los elementos externos (capítulo 5), el mantenimiento de las relaciones interpersonales, la cortesía verbal (capítulo 6), todo ello ejemplificado más tarde sobre distintos géneros discursivos pertenecientes, por un lado, al ámbito académico-científico y profesional, tanto de carácter monológico, los discursos expuestos por una persona (capítulo 7: conferencias, charlas, exámenes, oposiciones, defensa de proyectos), como dialógico, realizados entre dos o más interlocutores (capítulo 8: reuniones de trabajo, debates, mesas redondas, coloquios, entrevistas de trabajo), y, por otro lado, al ámbito social (capítulo 9: presentaciones, inauguraciones, aperturas, clausuras, brindis, agradecimientos, alabanzas).

Según podrá comprobar el lector el libro progresa de lo general y abstracto a lo singular y más concreto. A partir de unas reflexiones generales sobre lo que entendemos por saber hablar, pasando por una guía simple pero exhaustiva del camino que ha de seguirse en la construcción y producción de un buen discurso, hemos atendido progresivamente a la variación discursiva con una explicación de las características y las peculiaridades de los géneros discursivos y tipos de textos antes referidos.

Como modelo que intenta ser del buen discurso, el libro ofrece en cada uno de sus capítulos pautas, consejos y recomendaciones para hablar correctamente, de forma adecuada y de modo eficiente y eficaz. Dos ejemplos de discursos, uno monológico, la exposición en una empresa, y otro dialógico, una entrevista de trabajo, recorren la mayoría de estos capítulos con el fin de aplicar de modo cohesionado todo lo expuesto y de lograr un mayor acercamiento del lector a una realidad concreta.

Vivimos en comunicación constante con los demás y quien sabe comunicar bien tiene en parte asegurado el éxito político, académico, profesional, económico y social. Además, el mundo actual exige una mayor competencia comunicativa, un dominio del lenguaje para hablar en diferentes situaciones, a distintos interlocutores, a un público al que se pretende informar o convencer de algo y que es nacional o transnacional.

Saber hablar va dirigido a quienes han descuidado su modo de habla, a quienes por uno u otro motivo se ven en la necesidad de mejorarlo, a los inexpertos que han de hablar en público y a los expertos, no iluminados, que deseen repasar aspectos y estrategias que, quizá, por la experiencia y la aplicación automática de lo sabido, han dejado de ponerse en práctica. Y a todo el que de alguna manera se sienta interesado por el saber lingüístico y por este poder que es la comunicación. En las juntas de propietarios de un inmueble se toman decisiones que afectan a la comunidad de vecinos y quien sabe hablar termina por convencer e imponer sus decisiones al resto; un voto puede decidirse en política por el buen o mal uso lingüístico del candidato, un uso erróneo o inadecuado puede dar al traste con la venta de un producto o con el fracaso de un buen negocio. Y es que el buen uso del lenguaje hace a la persona mejor y más cabal.

Como tampoco estamos sobrados de una educación lingüística y comunicativa programada, ni siquiera en lengua materna, para saber hablar, valga también este libro de autoayuda. Sirva de llamamiento a las autoridades académicas para que la comunicación oral, el arte, que lo es, de hablar a otros para transmitir de forma exitosa nuestras intenciones, acciones, emociones, nuestras críticas, etcétera, ya sea en interacciones más profesionales y académicas o en interacciones más cotidianas, quede dentro de la planificación de los estudios oficiales.

Un buen amigo y colega nos decía recientemente que España y América hablan la misma lengua, pero no el mismo idioma. Aunque solo parezca un juego de palabras le asiste la razón. ¡Estamos tan próximos en el uso lingüístico y somos tan distintos en la comunicación, incluso, diaria! Los modos de habla varían según con quién hablemos, cuál sea nuestra relación con éste, dónde se produzca la interacción, de qué tratemos, a través de qué canal lo hagamos y, por supuesto, según los tipos de sociedades y culturas. De otro modo la situación en general y el contexto concreto en que tiene lugar una interacción, las condiciones de producción y recepción del discurso, favorecen un modo y un estilo de comunicación determinados. Si nos dirigimos a personas con las que tenemos relaciones de proximidad, vivencias y saberes compartidos, o buscamos ese acercamiento o adhesión a nuestros interlocutores solemos emplear una modalidad más coloquial o informal. Por el contrario si existe distancia en los sentidos anteriores, no hay conocimiento compartido, no existe relación vivencial o pretendemos marcar dicha distancia interpersonal usaremos (o intentaremos usar) una modalidad más formal. El espacio interaccional incide también sobre el modo de habla, incluso de aquellos que no tienen una gran variedad de registros. Hay lugares que de entrada parecen favorecer el empleo más formal, por ejemplo, la consulta del médico, el rectorado de una universidad o una comisaría de policía; otros, en cambio, favorecen el uso más coloquial, por ejemplo, la casa familiar. Asimismo la temática influye en esta elección; los temas triviales o cotidianos se asocian a usos coloquiales y los graves o especializados, a los formales. Aunque tanto al hablar como al escribir podemos emplear una u otra modalidad, lo coloquial es más propio o predomina en lo oral y lo formal se asocia especialmente a lo escrito. Por ejemplo, durante un debate en un congreso los colegas hablan formalmente; si conversamos con un amigo lo hacemos coloquialmente; si escribimos al director de una institución, predomina la formalidad y, si escribimos a un familiar, el tono suele ser más coloquial.

El uso lingüístico, por tanto, varía según la situación de comunicación, en la que destaca especialmente la relación con los usuarios, y, como señalábamos, también según las características geográficas y socioculturales de tales usuarios. *Coche, conducir* y *volante* dicen en España a lo que en algunos países de Latinoamérica llaman *carro, manejar* y *timón*. Por lo general tampoco habla igual la persona instruida que la persona que no lo está: *muchismo* es un vulgarismo que uno puede oír en el habla rústica de personas de nivel de lengua bajo. Mientras la palabra *guay* por «divertido» o «estupendo» es usual en la interacción juvenil española, resulta extraña dicha por personas mayores.

Todas estas condiciones situacionales determinan variedades de discursos y modos diversos en éstos. Además, los rasgos estructurales, su carácter monológico, o dialógico, los fines más o menos profesionales, más o menos académicos de estos discursos, las distintas comunidades discursivas (personas de negocios, jueces y abogados, docentes, médicos...), etcétera multiplican la variedad discusiva: debate, entrevista, exposición, conferencia, ponencia, felicitación...; el discurso empresarial o de los negocios, el discurso judicial, el discurso académico, el discurso médico...

Asimismo se habla del mundo hispánico, pero las comunidades discursivas varían según los países, las sociedades y las culturas y en consecuencia también las características particulares de los tipos y géneros discursivos, paralelamente a lo que ocurre con la variedad lingüística de la propia lengua española. Por supuesto, la singularidad de cada una de estas culturas determinará variaciones en eso que intentamos precisar como buen discurso o saber hablar (bien). Y más variación aún cuando tales sociedades hablen otras lenguas o se alejen culturalmente de esa abstracción que llamamos mundo hispánico.

Saber hablar intenta ser un modelo óptimo para hablar, que tiene en cuenta esta variación aunque en ella encuentre su límite.

Una nota terminológica para terminar esta presentación. *Discurso (oral)*, *público*, *oyente*, *receptor*, *hablante* y *orador* son palabras muy utilizadas en la redacción de este libro. *Discurso* se refiere a cualquier tipo de intervención pronunciada ante alguien en una situación dada y no solo a la que tenga un tono solemne. Con *público*, *oyente* y *receptor* nos referimos a quien recibe el discurso, sea éste más o menos activo en la comunicación, y tanto al que escucha el discurso pronunciado por una persona, el discurso monológico, como al que participa en un diálogo y alterna su papel comunicativo (de oyente a hablante y de hablante a oyente). Al que pronuncia el discurso o habla en público lo llamamos indistintamente *hablante* y *orador*, todo a pesar de que en algunos tratados de oratoria este último término se emplee solo para referirse a quien dicta una conferencia o habla desde una tribuna a un público numeroso. Para referirnos al tipo de hablante u orador en un discurso determinado o al papel del mismo en tal o cual tipo de interacción, hablamos, por ejemplo, de conferenciante, profesor o docente, alumno, vendedor, jefe de personal, etcétera. Por lo general hemos intentado no abusar de los términos técnicos y de las explicaciones excesivamente teóricas. El registro o estilo comunicativo empleado en la redacción de este libro es el estándar formal, aunque nos hemos tomado alguna «licencia coloquial».

Nuestra valoración final, que esperemos usted comparta, es que este libro puede ayudar con sus reflexiones, pautas, recomendaciones, a hablar bien o mejor, a hablar con mayor claridad y corrección, a hablar de modo estratégico y de manera adecuada según los varios géneros discursivos, las circunstancias comunicativas y los diversos públicos.

Capítulo 1

¿Qué es saber hablar?

La comunicación lingüística es el motor de las relaciones interpersonales, sociales, económicas y profesionales. Sin duda, del buen o mal uso del lenguaje dependen muchos éxitos o fracasos en todos esos ámbitos. Y actualmente más que nunca, en este tiempo de la comunicación y del conocimiento globales, favorecido por el desarrollo científico y tecnológico, los grandes movimientos migratorios, la internacionalización de las relaciones entre los pueblos y de todas las organizaciones económicas, profesionales, culturales, educativas, se impone el *dominio de la palabra*.

El saber hablar siempre se ha entendido como un elemento diferenciador de clases, una señal de poder socioeconómico, de prestigio sociocultural, de buena educación, cuando no de tolerancia, como uno de los aspectos fundamentales de eso que llamamos saber estar y, sobre todo, somos conscientes de que quien sabe hablar obtiene, además de reconocimiento social, otro tipo de beneficios. Además, ante la extrema profesionalización del mercado de trabajo, el uso del lenguaje, el modo de hablar es una vara de medir la profesionalidad del individuo en su actividad laboral.

Y *esta capacitación lingüística ha de ser también intercultural*. El hombre actual ha de integrarse en un mundo cada vez más interdependiente, las relaciones con otros individuos, grupos y organizaciones se hacen cada vez más complejas y, en gran medida, la eficiencia en el uso del lenguaje puede facilitarle dicha integración. Si nos vemos obligados a comunicarnos globalmente a pesar de la diversidad cultural, se entenderá la importancia que el conocimiento de dicha diversidad tiene también para el éxito de la comunicación.

La capacitación o competencia comunicativa es la base para saber hablar bien en este universo global. Y esta competencia consiste:

— por un lado, en el conocimiento preciso de la *intención* comunicativa y de la *situación* en que se desarrolla la comunicación (características de los interlocutores, relaciones sociales, relación de más o menos proximidad vivencial entre éstos, mundo referencial y saber compartido, temática, espacio y tiempo de la interacción, etcétera);

— por otro lado, en el aprendizaje del uso correcto de la lengua, esto es, el aprendizaje de habilidades fónicas, morfosintácticas y léxico-semánticas (pronunciación adecuada, sintaxis cuidada, riqueza léxica, etcétera) o, lo que es lo mismo, la *competencia lingüística*;

— y, finalmente, en la capacidad de integrar los dos conocimientos anteriores, lo que se llama comúnmente la *competencia pragmática*, el *uso adecuado* de ese lenguaje aprendido según el propósito u objetivo y la situación en que el acto de comunicación tiene lugar; por ejemplo el grado o tono de formalidad exigido por dicha situación.

Solo cuando el hombre logra esta competencia comunicativa es capaz de comunicarse óptimamente. Saber hablar no es un don, no proviene de ninguna cualidad innata; para hablar bien se necesita un entrenamiento y un ensayo continuos.

1.1. ¿Qué es saber hablar y, sobre todo, qué es saber hablar bien?

En la Antigüedad clásica *el arte de persuadir*, esto es, de presentar los argumentos necesarios para debatir y convencer a otros de la validez de un hecho o de un punto de vista, así como *el arte de embellecer el habla*, del decir bien, mediante una serie de figuras creativas, eran los objetivos retóricos. Estos *principios retóricos* son una parte también de lo que hoy se entiende por saber hablar en público, la tarea de una persona que se presenta y utiliza el lenguaje ante otro u otros individuos con un fin determinado.

Los sofistas fueron acusados por Sócrates de enseñar a los jóvenes atenienses malas artes argumentativas para convencer y persuadir al otro, esto es, el arte del engaño, de hacer verdad lo que no lo es a través de procedimientos llamados retóricos. No entenderemos aquí la retórica o la oratoria de este modo peyorativo, o como si se tratara de un artilugio inventado para dañar al otro, ni tampoco en el sentido de densidad, adorno excesivo o rebuscamiento, males que también se le han atribuido. *Los recursos retóricos son habilidades de argumentación que se manifiestan de modo más o menos consciente en cualquier acto de hablar,* ya que todo discurso hablado o escrito tiene una intención, se dirige a alguien con un fin que ha de negociarse. No son solo los políticos, en su intento de obtener de sus palabras siempre la mayor renta electoral, ni las empresas de publicidad, para lograr grandes ventas del producto que se ofrece, ni ciertas agrupaciones religiosas, como medio para ganar adeptos, los que usan la retórica. *La argumentación y la retórica, por tanto, están presentes en todo discurso,* desde la interacción cotidiana, del joven que pide a sus padres dinero para comprarse un teléfono móvil, pasando por la interacción entre jefe y empleado, hasta otra más formal y académica, de un conferenciante que habla del genoma a un público especializado. En todos los casos la función persuasiva es motor fundamental de quien habla. Así pues, *saber hablar es ser cada vez más consciente de la existencia de los mecanismos y tácticas lingüísticas de persuasión, saber hablar bien es llegar a adquirir esas habilidades argumentativas y ponerlas en práctica.*

Saber hablar es ser capaz de enfrentarse verbal y extraverbalmente no solo ante un público poco activo, como el que asiste a una conferencia o a un mitin; es también y, sobre todo, *saber preparar y saber ejecutar los discursos ante cualquier oyente o grupo de oyentes* con los que se pretende interactuar.

El modo de hablar, el *discurso* —recuérdese que discurso se entiende aquí de modo amplio como expresión hablada o escrita— variará según ese público, según las características del otro, de acuerdo con el grado de participación que tenga en la interacción y, por supuesto, según los fines y otros aspectos o circunstancias que iremos notando más adelante. Todos los hablantes pertenecientes a una comunidad discursiva, entendida ésta como el conjunto de individuos que practican un género discursivo, por ejemplo, los docentes en el caso del discurso académico, los comerciales en el caso del mundo económico, etcétera, saben que existen conductas y estrategias comunes, pero también que éstas pueden variar según los alumnos y clientes, el tipo de clases o ventas, los temas o productos, el nivel de enseñanza y el nivel socioeconómico y cultural de los alumnos y clientes, su edad, el sexo, el lugar donde se desarrolla la enseñanza o la actividad comercial, incluida la zona, el barrio, además de las diferencias derivadas del estilo propio del docente y del vendedor.

Saber hablar no es solo llegar a articular sonidos de modo más o menos coherente. Toda persona, sin problemas físicos, adquiere primero y aprende después el lenguaje. Adquiere un modo de comunicación primario gracias al contacto con otros individuos de una misma comunidad, llega a reproducirlo, a hacerse entender y a entender lo que otros miembros de esa comunidad lingüística expresan. Ahora bien éste es un modo primigenio, primitivo, si se nos permite, de comunicarse, de saber hablar. *La adquisición ha de ir acompañada de un aprendizaje* a través de la educación del habla. Luego, el saber comunicarse mejor o peor es proporcional al grado de aprendizaje de técnicas específicas para hablar en público, para interactuar con otros, sean éstos conocidos o desconocidos, así como también, no hay que olvidarlo, al hábito personal de practicar a menudo la lectura y la escritura.

Como venimos señalando las técnicas para desarrollar correcta y adecuadamente cualquier actividad se aprenden, también la comunicativa. No se nace pintor, escultor, arquitecto, podador, encofrador...; sin embargo, dirá usted que, a diferencia de las anteriores actividades, uno casi nace hablando. Ciertamente, así es, *saber hablar es una actividad natural, además de una cualidad intrínseca, esencial y común al ser humano, pero hacerlo bien requiere de la educación del habla*; el habla se moldea mediante procesos de aprendizaje de técnicas diferentes y solo a través de éstos se llega a ser un buen hablante u orador.

Hoy más que nunca saber hablar bien es una necesidad. Poco a poco desde las universidades se comienzan a potenciar —ya era hora— los cursos de retórica y oratoria, de mediación lingüística: «ponga un lingüista en su vida, en el trabajo, en la empresa...». Hay quien lo ha tenido bastante más claro; por ejemplo el mundo empresarial. Muchas empresas —no solo las de comunicación— consideran preciso y fundamental formar lingüísticamente a sus trabajadores, pues el prestigio y, lo que es más importante para éstas, los beneficios económicos les van en ello. Así lo han decidido, por ejemplo, ciertas constructoras, que ofrecen formación lingüística a sus empleados, sean arquitectos, jefes de obra, vendedores e, incluso, albañiles. Los gabinetes de imagen, también de la imagen verbal, del lenguaje, son los verdaderos artífices hoy del éxito de una campaña política. La expresión *España va bien*, como la de *ZP*

Presidente (ZP es acrónimo de Zapatero) fueron eslóganes y consignas que dieron votos en su momento al Partido Popular y al Partido Socialista Obrero Español. Y es que la palabra es el instrumento más eficaz para el logro de cualquier meta, claro que, mal empleada, es un arma que se vuelve rápidamente en contra. Desacertado estuvo el locutor de radio que afirmó «este mes de agosto ha sido el mes mejor en cuanto a accidentalidad en el tráfico». Es cierto que se interpreta lo que el individuo quería decir («en el mes de agosto ha habido menos accidentes de tráfico»), pero no puede calificarse de «mejor» lo que nunca puede ser bueno. O la presentadora de un programa televisivo, que nos obsequia con frecuencia con usos personales del verbo «haber»: «están habiendo» y «han habido»; la imagen de tales oradores queda, sin duda, en entredicho, no en vano son o deberían ser modelos de buenos hablantes.

Subrayamos y comentamos a continuación *algunas características generales de un buen discurso* o de lo que entendemos más concretamente por saber hablar bien. Dicha caracterización no tiene como modelo especialmente ninguno de los tipos de discurso (expositivo o explicativo, descriptivo, argumentativo, emotivo, etcétera) o géneros discursivos orales (entrevista, clase, conferencia, reunión de trabajo...), sino que puede aplicarse a cualquiera de ellos. El estudio detallado de todos estos aspectos, junto con la concreción de las estrategias y técnicas para hablar en situaciones precisas, en discursos determinados, lo dejamos para los capítulos que vienen a continuación. Sirva, así pues, lo que sigue de resumen y de guía de los contenidos de este libro.

1.2. SABER HABLAR ES USAR DE MODO 'CORRECTO' EL LENGUAJE. LA 'NORMA GRAMATICAL'

El modo correcto es el que sigue las normas gramaticales. ¿Dadas por quién? Por el devenir histórico de una lengua y por los propios usuarios de esa lengua, que son los que, en comunión unos con otros, dictan sin ser conscientes lo que es, incluso, lo que puede llegar a ser esa lengua en un momento dado, incluida su gramática (véase capítulo 2). El usuario sanciona con su uso la citada norma e instituciones como la Real Academia Española y la Asociación de

Academias oficializan tal o cual norma gramatical, tal o cual norma regional. A esas normas que dictan lo que es correcto, lo que es menos correcto, las preferencias de uso, es a las que nos referimos, todo ello a pesar de que la norma es una, pero diversa y más diversas todavía las actitudes hacia una u otra incorrección. Así, la pérdida total de la consonante dental /d/ de los participios en /-ado/ es un vulgarismo aquí y allá, una incorrección gramatical, por lo que desde estas páginas se recomendará su pronunciación, si bien, relajada. Es más grave, visto desde la norma regional española, incluso el error se vincula a estratos socioculturales bajos, la pérdida de dicha consonante en los participios en /-ido/. Decir *comío* en lugar de *comido* en España se siente como más vulgar que decir *cantao* en vez de *cantado*.

No es tan fácil a veces decidir si algo es correcto o no desde el punto de vista léxico, ya que la norma léxica está sometida a cambios más rápidos que la de tipo gramatical, aunque sí podemos determinar lo que sería menos recomendable. Por ejemplo, hay ciertos excesos verbales —metáforas los consideran otros—, que se cometen con frecuencia al degradar el contenido de ciertas palabras: «La filosofía del Real Madrid es otra» proclamaba sin vergüenza un comentarista en un programa deportivo sobre fútbol al referirse al modo de actuar o de comportarse de algunos clubes. ¿Cómo pueden los jugadores o un equipo «especular con el resultado»? ¿No sería más recomendable decir, por claro y justo, que se da por bueno un resultado y por ello no se hace buen fútbol? Se nos podrá replicar que los procesos de envilecimiento, así como también los de ennoblecimiento, son comunes en la historia del español: *ministro* significó «criado, servidor» e *imbécil* tenía el sentido de «débil». Cierto, pero no es conveniente llegar a aquellos extremos. Tampoco son aconsejables los excesos neológicos, a pesar de que la época de desarrollo científico y tecnológico en que vivimos no nos deje otro remedio en ocasiones; de hecho hoy mucha gente *entra en Internet, chatea y* examina la *web* de un periódico digital y deambula por el *ciberespacio*, que es lo último en paseo desde la tierra. Son palabras que por su uso frecuente y extendido ya son normales.

Y es que las reglas y las normas cambian; por eso escribíamos antes que lo incorrecto en el plano léxico lo es hasta cierto punto y en el caso de algunas voces hasta cierto tiempo: aunque nos sigue sonando excesiva la largura de la palabra *influenciar* en lugar de *influir*, ya está admitida; sigue condenada *intencionalidad* por *intención* y más debería estarlo *posicionamiento* en vez de *posición*. Seguro que alguno de estos reos será absuelto. Perdone estos excesos metafóricos, aunque el fin lúdico ahora puede justificar el medio.

A quien escribe le sigue pareciendo cómico decir *modisto*, aunque sabe que «sastre» no es suficiente ni designa lo mismo, pero a veces lo que es o no recomendable se mide por una decisión personal. La elección es siempre individual, aunque sin duda esté influida, favorecida o, incluso, determinada por una serie de circunstancias, por ejemplo, sociales. Hoy la Real Academia Española y la Asociación de Academias de la Lengua Española admiten escribir *guion* y *guión* y, por tanto, pronunciaciones con hiato y sin él, pero muchos españoles elegirán la segunda, aunque sea la menos frecuente en el mundo hispánico, pues les resulta más fácil de pronunciar. Así también, las instituciones académicas citadas han aceptado la palabra *extrovertido*, junto a la etimológica *extravertido*, aunque se sigue recomendando esta última forma, por ser la preferida en la lengua culta. Afortunadamente muchas de estas cuestiones dudosas quedan resueltas ahora en el *Diccionario panhispánico de dudas*, lugar del que hemos obtenido la información anterior y obra de consulta obligada para quien desee saber hablar bien.

La corrección no tiene la misma medida en el discurso oral que en el escrito. No excusamos con ello lo incorrecto de lo oral, pero la incorrección es menos decisiva si no es extrema o excesiva y, por supuesto, si no incide en la comprensión e interpretación del mensaje. Las características propias del discurso oral, de lo oral espontáneo —y no tanto de la reproducción oral de lo escrito— así lo explican: la planificación de lo que se dice es menor, dada la rapidez con que se produce, y asimismo hay un menor control de lo producido, la construcción gramatical es diferente y se altera con frecuencia debido a interrupciones y cambios de plan sintáctico, los órdenes de palabras se someten a estrategias informativas antes que a órdenes gramaticales, el vocabulario suele ser menos preciso y el modo de transmitir la afectividad y las emociones es también distinto. Un error cometido por el canal gráfico escrito queda; lo fónico nos permite la corrección posterior, la reformulación de lo dicho ante una posible ambigüedad o una interpretación errónea por parte del otro; las extremas omisiones, implícitos y sobreentendidos, los elementos paralingüísticos vocales y no vocales, los gestos que se superponen e, incluso, sustituyen a las palabras, acompañan decididamente al modo de comunicación oral, y son hechos diferenciales entre la norma en lo escrito y lo que sería la norma de lo oral. Por ejemplo, un ruido, una onomatopeya que reproduce una emoción, un gesto en lugar de una palabra, una pronunciación enfática, una entonación fuera de lo normal, una extrema dramatización del discurso, una estructura truncada o suspendida, un largo silencio, una palabra malsonante, etcétera, no son hechos condenables en principio o, quizá, podrían serlo si los juzgáramos con la norma de lo escrito. Por tanto ¡juicio justo a lo hablado!

Aunque es terreno no tanto de la incorrección como de la adecuación, conviene mencionar aquí también que hay géneros discursivos como el académico que obligan a una total corrección normativa y favorecen la utilización de registros más o menos formales, del estándar culto, con un léxico más elaborado, preciso y con frecuencia especializado. Aunque dentro de estos géneros más formales los hay que, por las características del público, utilizan registros intermedios, modalidades lingüísticas que alternan lo formal con lo informal o coloquial como mecanismo estratégico; por ejemplo, en la clase de enseñanza primaria y secundaria el profesor se vale a veces de estos registros intermedios para motivar, captar la atención de los alumnos o mantenerla.

1.3. Saber hablar es usar de modo 'adecuado' el lenguaje. La 'situación'

El respeto a la normas de la gramática ha de ir acompañado de un ajuste de lo hablado al contexto preciso en que tiene lugar la comunicación (dónde se está produciendo, con quién, por qué y para qué), así como *a la situación en general*, el saber compartido, el entorno sociocultural y, según adelantábamos antes, a los *géneros y tipos discursivos* (véanse para esta última cuestión los capítulos 7, 8 y 9).

En sus clases los docentes universitarios no hablan igual que los docentes de otros ciclos educativos porque, pese a pertenecer a la misma comunidad discursiva —en ambos casos son profesores—, las instituciones en las que imparten las enseñanzas tienen objetivos distintos determinados por los grados y el tipo de enseñanza, los niveles de especialización, el fin más o menos profesional, la edad de los alumnos, las expectativas que éstos tienen... Estas características situacionales pueden incidir en el modo y manera de organizar el contenido, en la estructuración de las ideas, en la elección de un registro más o menos formal y especializado, todo ello a pesar de que coincidan básicamente en una serie de estrategias discursivas comunes encaminadas a transmitir como expertos el conocimiento o a poner los medios para obtenerlo, a facilitar el aprendizaje, a interesar y motivar al alumno, fines que tienen que ver con la competencia de cualquier profesor de aquí y de allí. Se entenderá que el discurso del profesor en la clase, además de informativo, explicativo, en tanto facilita la comprensión y transmisión del saber, también es persuasivo, retórico o argumentativo, que para el caso es lo mismo. Por otro lado es un discurso formal y planificado, monológico (lo dicta una persona), que, sin embargo, aprovecha o debería aprovechar el diálogo para implicar al estudiante (pregunta/respuesta), resolver dudas, corregir errores, etcétera, así como otros recursos que captan y mantienen su atención. Una conferencia es un caso claro de comunicación monológica, unidireccional, pero es evidente que a lo largo de la misma aparecen rasgos dialógicos conversacionales, por ejemplo, pronombres personales, determinados marcadores discursivos..., que aluden e involucran al público.

1.3.1. *Adecuado al contexto comunicativo*

No siempre el que habla correctamente sabe *hablar en contexto*. Los hay que son pulcros al emplear la gramática, pero cometen errores de adecuación situacional. Recordamos aquí las palabras de un futbolero que afirmaba que tal equipo tenía «una decidida vocación penetrante, pero no concretaba», cuando lo más justo y adecuado era decir que tal equipo atacaba mucho, pero no metía un gol. A individuos como éste los llamamos pedantes, por sus excesos verbales, por sus errores de inadecuación entre lo hablado y la situación comunicativa, porque olvidan que el saber hablar bien está reñido con la verborrea. Y lo mismo puede decirse de quienes cometen errores de inadecuación por defecto. *Oye, dime cuándo es el examen*, espetó un universitario a su profesor, irrumpiendo en su despacho y sin mediar más palabra. Algunos lo llaman falta de educación, que lo es, aunque lingüísticamente decimos que el estudiante ha cometido un error pragmalingüístico y sociopragmático en tanto que la situación requería un uso más formal, no tan coloquial —el profesor parecía su amigo— y el tratamiento (de *tú*) no era el adecuado dada la distancia interpersonal, social, que existía entre ambos. Los excesos producen incomprensión e hilaridad, pero tan malo es pasarse como no llegar, pues dichas inadecuaciones provocan fracasos conversacionales e, incluso, pueden hacer peligrar las metas previstas: el alumno no logró el dato que necesitaba, seguramente por no saber hablar en contexto.

Los domingos nos juntamos unos cuantos amigos para jugar al póquer. Es una timba divertida, nada seria a pesar de que no jugamos con garbanzos; en esa situación de inmediatez comunicativa, de cercanía interpersonal, de cotidianidad para los jugadores —son ya varios años los que llevamos practicando— se neutralizan las diferencias socioculturales y en la interacción entre un carpintero, un repartidor de butano, un albañil, un agricultor, un profesor, un ingeniero y un banquero hay extrema coloquialidad, afloran, además, los dialectalismos, los vulgarismos, las incorrecciones gramaticales, todo lo que podría estar lejos o alejado del buen uso. Como la profesión va por dentro, algún que otro consejo lingüístico se nos escapa, algún palabro, como alguno de ellos llama al término más elaborado o, simplemente, más preciso: preguntamos en una ocasión «¿dónde tiene lugar el evento que decís?». Y alguien nos replicó con cierta sorna: «quieres decir la boda, ¿no?».

Pero esa coloquialidad extrema de los jugadores (lo había sido también la intervención del estudiante universitario al dirigirse a su profesor) no es condenable como la de éste. El empleo de dialectalismos es, como decíamos antes, muy frecuente y en ocasiones se convierte en tema lúdico de conversación durante la partida. Estos rasgos dialectales suelen entenderse como un mal uso del lenguaje, como «hablar mal»; y dichos hablantes asumen la etiqueta de malos hablantes. Realmente, aunque algunos de ellos no son ejemplos de virtud lingüística, su uso coloquial dialectal es adecuado a la proximidad e inmediatez comunicativa que existe entre los interlocutores. En otras palabras la situación de cotidianidad favorece lo coloquial, hace que se nivelen las diferencias sociolingüísticas y que aparezcan las características dialectales de los usuarios; además, el escaso control de lo producido favorece ciertos atropellos lingüísticos, vulgarismos e inconsecuencias gramaticales, que en otra situación lamentaríamos, condenaríamos y hasta serían merecedores de una sanción.

No se habla ni debe hablarse del mismo modo siempre. Hay quien quiere y no puede —alguno de los jugadores anteriores solo emplean el registro coloquial pese a ser conscientes de que en ciertas ocasiones deberían modificar su modo de habla—. Otros que pueden no quieren o no se enteran de que el modo de hablar no es uniforme en las distintas situaciones. Cuando el profesor o el ingeniero ejercen como tal ya no pueden seguir empleando los coloquialismos y los dialectalismos, pues el efecto que provocarían sería negativo, tanto como el del pedante futbolista antes aludido, que al hablar de un tema tan trivial como el del fútbol parecía que hablara para sí mismo, que sólo él se escuchara, ya no tanto por el cuidado que cualquiera ha de poner al hablar, sino por el ornato sobrante. A pesar del dicho «habla como (en) un libro», en realidad nadie habla como escribe, ni se ha de escribir como se habla, pues son dos realizaciones o modos de comunicar diferentes. Ahora bien, quien escribe o lee lo escrito aumentará su capacidad de expresión oral y, asimismo, quien no pone cuidado en lo oral maltratará también la palabra escrita.

Estilos comunicativos hay muchos, tantos como modos verbales de expresión. La justicia en el uso de las palabras se mide, como estamos notando, por relación a la situación de comunicación y, asimismo, al género discursivo. En efecto, la interacción durante la partida de póquer era una conversación cotidiana, luego el registro empleado era el coloquial. Ese tono coloquial en una ponencia en un congreso resultaría extraño y conllevaría el rechazo del público; y en el caso de una conferencia de tono divulgativo, el registro formal podría combinarse de forma esporádica con un tono más coloquial como estrategia de acercamiento a los oyentes, lo mismo que en la clase de enseñanza secundaria, según se apuntaba antes, como táctica del profesor para rebajar la tensión informativa.

La virtud en la elección de la modalidad lingüística adecuada está en el centro, de ahí que eso que los lingüistas llamamos estándar, el denominador común de toda la variedad lingüística del español, sea la opción más adecuada, inclinada hacia lo formal culto o hacia lo coloquial, según la situación sea, respectivamente, de menos o más inmediatez comunicativa o el público asistente sea homogéneamente de nivel sociocultural medio-alto o pertenezca al nivel medio-bajo. Tenga en cuenta, además, que el uso de un registro coloquial en lo formal y de uno formal en lo coloquial puede ser tácticamente un recurso motivador, de captación del oyente, de relajación, una pausa necesaria en cualquier tipo de discurso.

1.3.2. Adecuado a las características del público y a las reacciones de éste durante el discurso

Conocer quiénes son nuestros oyentes o interlocutores, los participantes en una interacción, sus rasgos de edad, nivel sociocultural, sexo, modo de vida, *sus expectativas* y la atención a sus reacciones son aspectos primordiales de la adecuación discursiva.

Escuchar es una palabra clave del saber hablar, pues no hay mejor orador que el que sabe prestar atención al otro. Cualquier discurso es eficaz si llega a su público, si las estrategias utilizadas son capaces de captar primero y de mantener después el interés y la atención de éste. Desgraciadamente los diálogos de besugos son muy frecuentes, y también hay «oradores besugos» por cuanto no se percatan de que su público ha desconectado hace rato de lo que están diciendo. Es preciso estar atento a las reacciones de nuestros interlocutores o de nuestros oyentes para comprobar si el contacto se mantiene o no, ya sea a través de respuestas verbales o de señales no verbales. Un gesto, una mirada, un movimiento, una posición de los brazos o de la piernas, un sonido, etcétera pueden ser indicadores de aburrimiento, de desconexión, de falta de atención, de no comprensión. Habrá que interrumpir momentáneamente el discurso para recuperar al que se ha perdido, al que ha desconectado, tendremos que ser capaces de variar de algún modo el discurso, por ejemplo, mediante la modificación del tono del mismo, la introducción de una anécdota, de un elemento de humor, de algo que vuelva a sorprender y a motivar a nuestro auditorio.

Tanto en la preparación como en la ejecución de una intervención en público hemos de conciliar las intenciones y convicciones con las de quienes escuchan, tener en cuenta asimismo sus expectativas. Mal vendedor sería quien antes de intentar vender el producto no hubiera estudiado a sus potenciales clientes y los intereses de los mismos; malo sería también si no fuera capaz de observar el ánimo comprador que éstos tienen. No hará buen negocio quien no sea capaz de escuchar las propuestas que la otra parte ha de hacerle. Es preciso estar muy atentos, ya que las reacciones son el mejor indicador de si nuestra intervención está siendo acertada o no.

Asimismo las características de los oyentes determinan también un estilo discursivo y comunicativo, como ya se ha dicho. Los excesos de familiaridad en una reunión de trabajo pueden molestar a los asistentes, como un exceso de formalidad puede perturbar el fin didáctico de una clase de primaria.

1.3.3. Adecuado o, *más exactamente, ajustado al tiempo*

Por supuesto, *el discurso tiene un tiempo límite*. Ni más ni menos del que esté previsto, como ocurre la mayoría de las veces. Y, si no lo está, será preciso fijarlo de antemano.

Una conferencia, una presentación de un producto, una clase, etcétera tienen un tiempo de duración. Y la presencia de otro u otros en los discursos dialógicos es también el límite de nuestras intervenciones, pues no podemos eternizarnos en el turno; hemos de dar la palabra al otro. Cuando el tiempo no se respeta el fracaso está asegurado. Dicen que si la duración establecida para el discurso es de una hora, el público asistente piensa en lo que le están diciendo si la hora no está cumplida, comienza a pensar en sus cosas cuando la hora se ha cumplido y en el padre del conferenciante cuando se sobrepasa. No es mal dato éste, pues puede ayudarnos a preparar en tales casos el discurso no para una hora, sino para cuarenta y cinco minutos. Así es, la capacidad de atención y la paciencia de nuestros interlocutores tienen un límite. Se entenderá que para hablar bien es preciso preparar bien lo que se va a decir y seleccionar los contenidos que se desean transmitir según el tiempo que nos marca la organización o el sentido común. La improvisación es en muchos oradores la causa de su incontrolada verborragia y de su falta de control del tiempo. En consecuencia se debe improvisar lo justo, ya que la improvisación en tales casos puede jugarnos una mala pasada «temporal». Los hay que no tienen medida del tiempo en sus intervenciones, sin contar con la lentitud en la expresión de las mismas —nos vienen a la memoria las juntas de vecinos o las juntas en algunos organismos e instituciones—; hay quienes toman la palabra en éstas y no parecen dispuestos a soltarla; esta actitud cansina y molesta los aleja de los otros y, lo que es más importante, de sus objetivos.

Lo bueno, si breve, dos veces bueno. Si alguien, al referirse a una charla, conferencia, reunión a la que ha asistido, dice que «ha sido demasiado larga», cabe interpretar un juicio negativo atenuado, es decir, que ésta ha sido excesivamente larga y, así pues, no ha sido un buen discurso. Cuando al final, incluso durante el desarrollo, por ejemplo, de una ponencia en un congreso, de una entrevista para la obtención de una beca o en la realización de un examen oral (o escrito) se oye decir al ponente, al entrevistado o al estudiante que no le dará tiempo a explicar tal o cual cosa, debido al escaso tiempo de que dispone, cabe, cuanto menos, esbozar una sonrisa por lo inoportuno del comentario. Si uno sabe del tiempo que dispone, lo que no diga y considere relevante se debe a su ineficacia. Cuando a un orador le falta tiempo en su intervención denota falta de preparación y de organización del contenido, cuando no también inseguridad. *Si uno tuviera todo el tiempo del mundo para decir algo, no tendría oyentes.*

1.4. Saber hablar bien es producir 'claramente' el discurso. La 'expresión' y el 'contenido'

No habla bien el que no dice nada o el que convierte su habla en un juego floral. Los malos hablantes, algunos de nuestros políticos lo son, suelen confundir a la gente con palabras grandilocuentes, con neologismos, con alargamientos innecesarios. Y la confusión y el engaño verbales son tales que esa misma gente, que no ha entendido absolutamente nada de lo que ha escuchado, llega a alabar la palabrería del orador; «qué bien habla» puede oírse de alguien que ha utilizado palabras huecas, vacías de contenido, poco comprometedoras, rimbombantes. No habla bien quien no transmite claramente los contenidos a los que escuchan; recordemos a esos profesores sabios, pero malos docentes. Por tanto, *saber hablar bien es tener claras las ideas que se desean transmitir y ser claro y preciso en la elección lingüística, en la palabra dicha y, por ende, en la exposición de esas ideas.*

«Se expresa como un libro abierto» es una expresión metafórica que alude a la claridad de las palabras y a la claridad en las ideas expuestas. «Bien dicho», «bien hablado», «se puede decir más alto, pero no más claro» insisten asimismo en lo ajustado de lo dicho, especialmente ahora, del contenido.

1.4.1. Tener las ideas claras

¿Qué queremos decir? Los discursos parten de una intención y del efecto que deseemos lograr en los interlocutores.

La *invención* de la que habla la retórica consiste en la recopilación de los contenidos de los que se va a hablar (véase capítulo 3), los cuales han de mostrar a las claras la citada intención (a no ser que, precisamente, nuestro discurso pueda, como estrategia, eludir dichas intenciones; por ejemplo, el discurso publicitario es frecuentemente alusivo-elusivo: se muestra lo que no se vende para vender lo que no se ve), sean predominantemente de carácter expositivo (la intención es dar información y explicar; por ejemplo, en una clase), argumentativo (defender una idea o punto de vista y convencer al otro; sea el caso de un debate), emotivo (una felicitación), ya sea unidireccional o monológico (habla una persona a un público; una conferencia) o dialógico (interacción entre dos o más personas; una conversación o una entrevista). Lo importante, por tanto, antes de empezar es *determinar con claridad el fin o fines de la comunicación:* ¿qué nos trae a una reunión?, ¿cuál es tema de una charla?, ¿cuál es el objetivo de la clase de hoy?...

El tema y, sobre todo, los *contenidos básicos* que se van a ofrecer han de tener en cuenta, como decíamos antes, las expectativas e intenciones del público, las circunstancias que lo rodean, los posibles efectos, las reacciones de adhesión y las contrarias. El error en la elección de un tema o de los contenidos conlleva el fracaso del discurso. Seguramente los jugadores de la partida de póquer no admitirían que les habláramos de los procesos de gramaticalización de los marcadores discursivos. O sí, pues a veces la atención de un auditorio depende de las virtudes de los oradores y no tanto de los temas. Perdone la aparente falta de modestia, pues no queremos decir con ello que nosotros lo seamos, sino que las cualidades de un orador pueden hacer bueno e interesante cualquier tema y, por tanto, el discurso. Por el contrario hay temas de gran interés que provocan tedio en boca de otros. Éstos, evidentemente, tampoco saben hablar.

Junto al contenido o idea principal, recogeremos otras *ideas complementarias;* los complementos a las ideas principales son muy útiles, pues explican, matizan, añaden comentarios para la mejor comprensión del discurso; deberemos también consultar y utilizar otras *fuentes,* pensaremos en *ejemplos* y *anécdotas* para ilustrar lo dicho, agilizar y dinamizar la explicación, para apoyar nuestros juicios y opiniones, reforzar la argumentación, el estado de cosas que se presenta como real y verdadero, así como para romper la monotonía, captar y, cuando el discurso avance, mantener la atención o dar un respiro a los oyentes, relajar el ambiente, etcétera, todo con el fin de lograr la mayor eficiencia y eficacia. Hemos de pensar también en introducir el humor, quizá, a través de estas mismas tácticas de la ejemplificación, de la anécdota, así como todos aquellos procedimientos o tácticas que consideremos eficaces para lograr la adhesión y la alianza de los oyentes a nuestra persona y a lo que vamos a decir. Recordemos que *el buen orador ha de ganarse a su público.*

1.4.2. La claridad en la organización del contenido

Habla bien quien sabe disponer y ordenar su discurso. Todo buen discurso tiene un componente didáctico. Como hablantes siempre queremos mostrar que somos conocedores o expertos en algo y al tiempo deseamos facilitar la comprensión inmediata de lo hablado. La correcta disposición de las ideas es ahora la clave. La conexión de las ideas, de lo que se va diciendo, da la medida exacta del buen hablar (véase capítulo 3).

Las ideas han de presentarse de modo trabado, conectadas entre sí como un todo organizado jerárquicamente, donde las partes se relacionen entre ellas. Un orador no puede maltratar a sus oyentes soltando ideas y más ideas conforme le vienen a la mente, por muy interesantes que éstas sean. Más aún porque no todas las ideas que se lanzan en un discurso son principales, sino que las hay secundarias o solo auxiliares o ejemplificadoras. Si así fuera, la cantidad y densidad informativas serían tales que aburrirían a los pacientes receptores, como ocurriría también si nada de lo dicho pareciera principal.

Esta progresión ordenada de las ideas no está reñida con las pausas o los cortes estratégicos en éstas. La densidad y la tensión de ciertos discursos de larga duración necesitan de tácticas de relajación; una anécdota, un chiste, un elemento lúdico, una alusión a un hecho externo a lo que se dice sirven perfectamente a nuestros fines. Cuidado, no obstante, pues la pieza de humor ha de estar bien pensada y, sobre todo, muy bien dispuesta, en el lugar preciso, y representada de forma natural, ya que si no es así, puede lograrse un efecto no deseado y el rechazo de los otros. Estas claves lúdicas pueden aparecer también en los inicios y cierres del discurso dentro de una estrategia para ganarse al oyente.

El éxito o el fracaso de un discurso se debe con frecuencia al desorden en la transmisión de las ideas, a una escasa ordenación de éstas o a una mala ordenación. Existen varios tipos de ordenaciones, más o menos adecuadas a las circunstancias de la comunicación y a los géneros de discurso (véase capítulo 3), pero todas éstas coinciden en un mismo objetivo: las ideas se disponen de un modo u otro para llegar a una conclusión. Y, además, tienen un principio y un final. Aunque lo afirmado parece de Perogrullo, ya hemos señalado que algunos oradores no acaban nunca y, precisamente, quienes escuchan han de tener claro desde el comienzo estas partes, sobre todo el final.

La ordenación de cualquier discurso responde a las distintas fases en que puede quedar dividido. Todo el mundo conoce la división clásica en tres partes: *inicio, nudo* y *desenlace.* En el *inicio* o introducción al tema se han de fijar los objetivos, las metas del discurso, las hipótesis en el caso de discursos primordialmente argumentativos, así como las fases o partes del mismo; desde el inicio se ha de buscar ya la adhesión del público mediante alguna estrategia de acercamiento, con muestras, por ejemplo, de modestia y a la vez de autoridad en la materia.

El *nudo* es la parte principal desde el punto de vista informativo, explicativo, narrativo..., donde se desarrollan los contenidos, los análisis, se establecen y argumentan las tesis. Cómo se ordenen las ideas, los contenidos, etcétera dependerá de la intencionalidad del discurso y de las circunstancias de la enunciación. Por ejemplo, ante un público especialista puedo alterar el orden natural anterior y comenzar por la conclusión: el final al principio, y explicar entonces cómo he llegado a tal o cual conclusión. Pero este modo de organización conviene solo a cierto género discursivo; con tal orden busco el mayor impacto, sobre todo, si la conclusión rompe con otras previas y conocidas.

El *desenlace,* en el orden más normal o natural, es el punto final del discurso, la síntesis o conclusión de lo anterior. Ha de ser breve, claro y no ha de contener ningún elemento nuevo. Conviene buscar marcas de adhesión del público en este final, por ejemplo, de agradecimiento por la atención prestada. Un consejo: *la afectividad ha de estar presente de manera especial en los principios y finales de cualquier intervención oral* (véase capítulo 9 sobre el discurso con fines sociales).

Es cierto, no obstante, que esta división tripartita se precisa o desarrolla según el género y el tipo de discurso. Así, por ejemplo, en una negociación comercial se requiere de un estudio previo de lo que se prevé será el proceso negociador e, iniciado el proceso, de un establecimiento de la relación personal (saludos, presentaciones, inicio o apertura, etcétera); llegado el momento se intercambian las informaciones (el nudo), se intenta convencer y persuadir al otro, a veces con concesiones (desarrollo del nudo), para llegar finalmente a un acuerdo (desenlace o conclusión), aunque éste sea de mínimos. En la presentación de una ponencia en un congreso se comenzará con los agradecimientos al comité organizador por la posibilidad que ha ofrecido al ponente de participar en el evento y saludará a éste y a los presentes, un modo ritual y cortés para empezar a conectar con éstos, se intentará captar su atención, motivarlos; a continuación se introducirá la cuestión tratada, es decir, el objetivo y los distintos aspectos que se van a plantear, así como la metodología empleada. De la introducción pasamos al nudo, al desarrollo del análisis realizado sobre la cuestión y, tras éste, ha de llegar la conclusión. En este género de discurso suele a continuación iniciarse un debate sobre lo expuesto; si lo hay, como los inicios siempre cuestan, se puede animar al público para que participe, por ejemplo, planteando alguna cuestión, algún problema no resuelto, etcétera. Tras el debate se terminará el discurso con nuevos agradecimientos a los oyentes por la atención prestada.

Esta especie de guía de la estructura de los discursos asegura su ordenación y, en cierto modo, vela por otra cualidad esencial de los mismos, la *concisión* (véase capítulo 4).

1.4.3. La claridad en la expresión

Habla bien quien es claro al articular y producir el habla. La claridad de los buenos discursos se refiere ahora a la fluidez articulatoria, a la buena pronunciación, combinada con el tono, la entonación, la intensidad, el ritmo, la melodía oportunos en cada caso (véase capítulo 4). «Me encanta oírlo hablar» se dice especialmente de alguien cuya voz reúne una serie de cualidades tonales y rítmicas agradables, naturales y espontáneas. O, por el contrario, «habla de modo afectado», cualidad opuesta a natural. En ocasiones alteramos nuestra voz por motivos diferentes; ocurre, por ejemplo, cuando hablamos por teléfono con personas que no conocemos y a las que hemos de realizar alguna petición. Suena tan artificial, incluso para quien no nos conoce de nada, que resultamos poco fiables. Conviene cuidar la dicción, pues es lo inmediatamente perceptible y lo que primero llama la atención de los oyentes. La naturalidad es una de las claves del éxito, de eso que intentamos definir como buen discurso o saber hablar. ¿Ha oído alguna vez una intervención memorizada? La monotonía, el automatismo en la producción hace cansino el discurso; la rapidez que a veces toma éste impide la comprensión de muchas partes del mismo. El éxito de la articulación de un discurso ha de huir de esta monotonía, de esta entonación plana y ha de imprimir el ritmo y la velocidad oportunos en cada momento. La lentitud excesiva está reñida también con la cualidad que todo público alaba y reclama de un orador: la pasión por lo que hace. La rapidez suele estar asociada a un mal uso del tiempo de ejecución del discurso, además de estar reñida muchas veces, según se ha notado antes, con la claridad. Y la afectación, sea por languidez o por solemnidad, en el modo de expresión es otro sinónimo de fracaso.

    ¿Qué decir de la reproducción oral de lo escrito? *Cuando el público espera un discurso oral, el tono de lectura que imprimen algunos oradores a su discurso provoca rechazo.* Así en esta situación y aunque el discurso esté por escrito y se esté leyendo realmente, se ha de dar apariencia oral a lo escrito. Téngase en cuenta que en todo discurso oral el público valora muy positivamente la espontaneidad del orador; de ahí que el método más eficaz y el que asegura mayor grado de espontaneidad, aunque también el más difícil al principio, sea el de llevar preparado solo un guion o esquema. Quien no tenga tal habilidad deberá escribir el discurso y practicar la oralización de lo escrito hasta lograr imprimir el sello de lo natural y lo espontáneo en su elocución. Incluso, algunos oradores con experiencia se marcan en el texto escrito las pausas, las inflexiones tonales y, aún más, graban sus intervenciones, las oyen, corrigen los errores en la dicción y, sobre todo, eliminan en lo posible la influencia de lo escrito en la oralización (véase capítulo 5).

    No sabe hablar quien no tiene un buen dominio de la entonación y de los elementos prosódicos en general.

1.4.4. El buen uso de lo extraverbal

Es preciso subrayar, asimismo, *la relevancia en la producción del discurso de la comunicación no verbal*, de los gestos y las posturas (kinésica), del espacio o distancia entre los interlocutores (proxémica), de la orientación temporal (cronémica), de los elementos de apariencia o aspecto personal (la vestimenta). Aunque siempre en su justa medida, controlando la cantidad de gestos y la calidad de los mismos (véase capítulo 5).

Sabe hablar bien quien hace un buen uso de los gestos y los movimientos del cuerpo. En el mundo hispánico somos, en general, muy gesticulantes. El cuerpo se mueve cuando hablamos, y ese movimiento es a menudo un mecanismo de apoyo de lo que decimos, refuerza o minimiza nuestra argumentación en un intento de convencer al otro; además, las manos actúan a menudo como la batuta de un director de orquesta marcando el ritmo y el compás de lo hablado; con gestos también mostramos continuamente nuestra colaboración con el otro, la cabeza se mueve de arriba abajo como señal del acuerdo con el interlocutor, del interés y de la atención con lo que está diciendo. Estos gestos argumentativos, rítmicos y fáticos son característicos de nuestros discursos, y a nadie sorprenden en el mundo hispánico, pero conviene tener en cuenta que otras sociedades pueden no ser tan comprensivas con este exceso gestual.

Los gestos convencionales y ocasionales, esto es, aquellos que tienen un significado establecido son también muy frecuentes en los discursos orales. El gesto acompaña al enunciado con frecuencia, ratificando lo dicho; por ejemplo, un *no* se acompaña de un movimiento de la cabeza de izquierda a derecha, incluso a veces el gesto sustituye a la expresión. La sustitución de la palabra por un gesto solo puede tener un carácter ocasional.

La prudencia expresada en la utilización de los gestos no niega el carácter primordial de estos elementos en cualquier tipo de comunicación, concretamente, desde el punto de vista estratégico. Por ejemplo, los recursos no verbales, sean de carácter entonativo, gestual, facial, etcétera se emplean para captar y mantener la atención del auditorio, especialmente en algunos tipos de discurso, por ejemplo en los de carácter expositivo y con estructura monologal, donde quien habla se enfrenta solo ante un público y corre el riesgo de no ser escuchado. La gestualidad, a veces, exagerada y, en general, la teatralización suele constituir un recurso en la actuación de algunos profesores para captar la atención, para lograr una mayor comprensión de lo explicado; piénsese en el caso antes mencionado del profesor de primaria que dramatiza la explicación, que exagera los gestos, lo cual hacer reír a los jóvenes estudiantes, aumenta la empatía y la simpatía; bazas para llegar con éxito a la meta. Cuidado, sin embargo, con estos excesos no verbales, pues en otros géneros y situaciones pueden producir el efecto contrario, el rechazo del otro hacia la persona que habla y a lo que está exponiendo. Pensemos, además, en lo que ya señalábamos antes: hay culturas que transmiten emociones e, incluso, llegan a negociar a través de gestos, movimientos, sonrisas; hay otras, en cambio, que gesticulan muy poco. El desconocimiento de estas conductas y estos rituales provoca malentendidos cuando no fracasos, que en el caso, por ejemplo, de la negociación empresarial, pueden llevar a perder un contrato y, así pues, beneficios económicos.

Saber hablar es también mantener la distancia física con nuestro interlocutor. Los espacios son necesarios, pues son como escudos de la intimidad, de la privacidad. Dicen que mientras británicos y norteamericanos mantienen la distancia noventa centímetros, en el mundo hispánico nos contentamos con la mitad. Téngase muy en cuenta la necesidad de mantener en mayor o menor medida estos espacios en la comunicación intercultural. Huya de los pesados que tocan y hasta golpean los brazos a sus interlocutores, que esto no se soporta en ninguna cultura, so pena de que puedan provocarle un esguince de hombro o algún otro problema muscular.

La mirada es un mecanismo estratégico que sirve para aumentar la intersubjetividad, la relación con el otro. El hablante ha de mirar a sus oyentes, aunque el modo de mirar varía de discurso a discurso; por ejemplo, la mirada en la conversación o en la entrevista ha de ser más directa. Ante un público numeroso la mirada es, en cambio, más hacia lo que se denomina el infinito o puede por el contrario ir recorriendo poco a poco los rostros de los asistentes. ¡Cuidado con esto! Hay hablantes que parecen estar solo interactuando con una de las personas que forman su audiencia, lo que provoca el desagrado del resto, que se siente ignorado. Mirar al otro es reconocerlo como oyente y no solo como mero emisor, y aceptarlo como posible candidato a obtener el turno como nuevo hablante. Y la mirada del otro es un indicador del interés y el grado de aceptación que nuestro discurso está teniendo. Nos viene a la memoria ahora un ejemplo interesante, desde el punto de vista cultural: en las culturas escandinavas y germánicas no se considera un brindis correcto o sincero si los que brindan no se miran a los ojos. Esa mirada tan directa podría interpretarse en otros mundos de modo muy diferente.

1.5. Saber hablar es establecer y mantener las relaciones interpersonales, es velar por la imagen ajena y propia

A la actividad lingüística se une al hablar una actividad social. *Mantener y aumentar nuestras relaciones interpersonales, aproximarse verbalmente a quienes nos escuchan es favorecer el éxito de la elocución.* En efecto, cuando hablamos no solo negociamos significados, sino imágenes, derechos, espacios y territorios (véase capítulo 6). Las agendas personales han de conciliarse con las agendas de quienes nos escuchan, los derechos de uno con los de otro, los beneficios han de ser mutuos. Así pues el lenguaje se somete a reglas de gramática, pero también a convenciones sociales: no se imponga al receptor, dele opciones, refuerce los lazos con él, cuide y vele por la imagen ajena, no realce demasiado sus contribuciones, minimice sus opiniones, sobre todo si considera que puede provocar tensiones, sea amable, cooperativo; en suma, sea cortés. Usted dispone para llevar a cabo esta actividad social de los llamados *atenuantes*.

Escuche también lo que el otro tiene que decirle, hable y deje hablar. Evite siempre los conflictos. En su auxilio, por si acaso, vienen *mecanismos reparadores*, incluso, *agradadores o valorizantes*, que salvarán las imágenes de ambos.

La actividad cortés consiste en la búsqueda de un equilibrio en la protección y maximización de las imágenes del yo y el tú. Así, por ejemplo, una de las claves señaladas por los estudiosos del éxito en la interacción entre profesor y estudiante es la de mantener un equilibrio entre distancia y proximidad, dicho de otro modo, entre la imagen de competencia y la autoridad del profesor y la imagen del estudiante. Así, por ejemplo, el profesor puede atenuar los posibles efectos negativos de dicha autoridad valorando al alumno y buscando la complicidad de éste. Utilizar bien las estrategias de cortesía supone mantener y a su vez dar imagen mediante los recursos necesarios de cortesía mitigadora y agradadora. El hecho de crear un buen clima, de distensión y confianza, de respeto y proximidad al mismo tiempo, sea en la clase o en cualquier acto de comunicación, redundará en la buena transmisión y construcción del discurso y, sobre todo, del fin, que, por ejemplo, en el caso de la docencia es el conocimiento. Esta otra tarea social de acercamiento al otro o de aproximación de éste a nuestra persona (simpatía y empatía) es clave para aumentar su interés por lo que estamos diciendo.

Utilicemos otro ejemplo. La negociación define cualquier tipo de discurso, como ya se ha explicado, si bien es la actividad típica de la interacción profesional, por ejemplo, comercial. La regulación de la relación interpersonal se convierte en un asunto básico en este tipo de negociación; es preciso establecer el contacto y crear un buen ambiente antes y durante el proceso negociador. Téngase en cuenta que negocian varias partes con intereses comunes, pero también muchas veces conflictivos; lo común es lo que nos va a permitir dialogar, lo conflictivo lo que da lugar a la negociación. El cuidado y protección de la imagen social es aquí primordial, y en parte de ello depende el logro de los beneficios comerciales o empresariales que se pretenden. Las imágenes, por tanto, son el primero de los negocios a los que hay que atender, y el equilibrio de éstas ha de mantenerse durante el tiempo que dure el proceso negociador, más aún, si se opta no por un estilo de ataque y derribo del otro, sino por un estilo integrador, esto es, si se piensa en un reparto de la ganancia, en que las dos partes, si cooperan, pueden ganar.

Ahora bien, *las relaciones sociales y, así pues, los estilos negociadores pueden variar de cultura a cultura y así también el modo concretamente de ser cortés.*

Según afirman ciertos autores (Edgard T. Hall, en *The Silent Language* y G. Hofstede, en *Culture's Consequences)* la comunicación es cultural, se realiza según normas que varían de cultura a cultura. Hay culturas que son más *monocrónicas* y otras que son más *policrónicas*, esto es, que entienden el tiempo, respectivamente, más o menos cronológicamente, más o menos linealmente. Hay culturas que otorgan un valor enorme a la *jerarquía social*, y otras que propician el *igualitarismo*. En fin, las hay que presentan un grado mayor de *individualismo* y otras tienden hacia el *colectivismo*.

Siguiendo con el caso de la negociación comercial, en las culturas de orientación temporal monocrónica, por ejemplo, las de norte de Europa, los aspectos que se van a negociar están dispuestos uno tras otro, los puntos de la agenda están separados de forma estricta: «una cosa por vez» dicen, por ejemplo, los suecos; y la pun-

tualidad es aquí un factor fundamental. En cambio en las policrónicas, la mayor flexibilidad temporal determina que sea más frecuente tratar dos cosas a la vez y las agendas se planteen de manera menos estricta. Así, en las primeras se negocia punto por punto
y cada uno de éstos, y en las segundas parece negociarse el paquete
completo; este último es el sistema que, según E. T. Hall, predomina en los países mediterráneos y en éstos, además, la puntuali-
dad es un aspecto menos importante.

Asimismo, hay culturas que tienden al acercamiento o la aproximación al otro de manera inmediata, por ejemplo, las culturas
latinoamericanas y la española, frente a la inglesa, donde se requiere
mayor distancia. Molestaría a un inglés nuestra cercanía afectiva al
hablar, también física, y nuestro exceso de confianza. Para la comunicación intercultural es clave conocer estas diferencias; por
ejemplo, en el ámbito de los negocios, un sueco cree que el español es directo en el trato personal y un español piensa de un sueco
o de un alemán que son más directos en el tratamiento del tema; no
se andan con rodeos, van al grano. Para el español la discusión, la
disputa, el cuerpo a cuerpo son naturales; ello es indicio de entrega al negocio; en cambio el sueco intenta evitarla, pues la considera como negativa a cooperar. Lo afirmaba Lars Fant, un prestigioso
lingüista sueco, hace algún tiempo: los suecos son monocrónicos
e individualistas, se orientan al tema; los españoles son policróni-
cos y colectivistas y se orientan primero hacia la persona con la que
negocian. Aunque cabría matizar que en España, entre el norte, el
centro y el sur, existen también algunas de las diferencias anteriores.

Lo dicho se puede extrapolar a cualquier tipo de interacción.
Por tanto cabe destacar la importancia de tener en cuenta esas diferencias interculturales, todo ello a pesar de que cada comunidad
discursiva, y la empresarial lo es, cree su propia cultura nacional,
multinacional, etcétera.

En efecto, *para hablar de modo adecuado hay que someterse a esas
convenciones dentro de cada cultura y sociedad,* que varían de cultura
a cultura. Volvamos a lo cortés. *La cortesía es un mecanismo de acercamiento social* en todas las lenguas y culturas, pero *no todas las sociedades entienden y practican del mismo modo dicha cortesía.* Lo que aquí
y para usted es cortés puede no serlo en otro lugar y para otras personas. Por ejemplo, en el mundo hispánico gustamos en general de
los halagos, halagamos y queremos que nos halaguen. Esto, que for-

QUÉ ES SABER HABLAR?

ma parte de los mecanismos de cortesía valorizante y agradadora en el mundo hispánico, no agrada tanto en otras culturas donde el halago puede llegar a interpretarse como descortés. Asimismo, la cortesía en español es diferente en España y en América, y no siempre se coincide en la interpretación de lo (des)cortés. Contrasta, por ejemplo, el escaso uso del imperativo para pedir en la mayor parte de Latinoamérica, si lo comparamos con la alta frecuencia que tiene en muchas zonas de España. La fórmula de cortesía ritual *por favor* que siempre acompaña allí a una solicitud o pedido no abunda tanto aquí. En general los españoles (los canarios y los gallegos irían en grupo aparte) son menos atenuados que los latinoamericanos (cierto que algunos argentinos irían con la mayoría de españoles), agradecen demasiado poco, quizá, las acciones de otros, pero a menudo antes que de descortesía cabe pensar que se trata de un modo distinto de establecer y mantener las relaciones interpersonales.

El grado de acercamiento al otro es mayor en la interacción española peninsular, incluso en situaciones donde convendría mantener algo más la distancia (el español pertenece a culturas de más acercamiento y solidaridad, de más colectivismo). Parece que los españoles, según muestran algunos estudios sociológicos, dan confianza a los interlocutores desde el inicio de la interacción, incluso cuando no conocen a las personas con quienes interactúan, y quieren que esa confianza se les devuelva de inmediato, de ahí que su modo de hablar sea menos atenuado que el de otras culturas de mayor distanciamiento, como la anglosajona, donde además existe una tendencia marcada hacia los valores de privacidad y un celo extremo hacia los valores de libertad de acción individual. En estas últimas sociedades las estrategias comunicativas son más indirectas; piénsese, por ejemplo, que cualquier petición se realiza con la perífrasis verbal de posibilidad con el verbo «poder» (*¿Puedes traer ese libro?*); ocurre también en muchas zonas de Hispanoamérica, donde llega a molestar que el español peninsular realice una petición de manera directa, sin atenuar, con el imperativo: *trae ese libro*. Se observa de nuevo que las diferencias culturales se manifiestan lingüísticamente y cabe insistir en que, a la hora de hablar, mucho tiene ganado quien conoce bien a sus interlocutores.

El habla eficaz depende de que hayamos elegido bien la forma lingüística ya no solo según los fines, sino, como estamos notando, de acuerdo también con la convención social. Es fácil entender que quien no responde a un saludo incumple una convención social y, en consecuencia, será poco aceptado dentro del grupo; y si un español usa un imperativo para pedir o no usa la fórmula *por favor* en Chile sepa que obtendrá un claro fracaso. *Del dominio mayor o menor de las convenciones sociales a la hora de interactuar depende el éxito en la consecución de nuestras metas.*

Sirvámonos otra vez del mundo empresarial. Actualmente las empresas se expanden hacia otros lugares del mundo. Los contactos internacionales con otras organizaciones son continuos y, en consecuencia, la comunicación intercultural. Las operaciones comerciales y financieras con éxito, los buenos negocios con países y sociedades extranjeros dependen también de la buena comunicación y ésta solo se logra si el personal que ha de llevar adelante la negociación no solo es un hablante bilingüe, sino persona conocedora de los secretos de la cultura lingüística en cuestión, un mediador lingüístico y cultural. Como señalábamos, muchas empresas empiezan a diseñar planes de gestión lingüístico-cultural, especialmente las que se han expandido por distintas vías hacia otros países más o menos alejados de la lengua y la cultura propias. El caso del discurso publicitario, de los diferentes modos de hacer publicidad es otro buen ejemplo de la diversidad en la comunicación intercultural; mientras que en algunas culturas se tiende en publicidad a un estilo comunicativo más persuasivo, en otras lo primordial es ganarse la confianza del consumidor. En suma, *la cooperación y la cortesía, principios básicos para el desarrollo de cualquier interacción, se negocian de modo diferente en las distintas sociedades.*

1.6. SABER HABLAR BIEN ES USAR DE MODO ESTRATÉGICO EL LENGUAJE PARA LOGRAR LOS OBJETIVOS PREVISTOS

Ésta sería una de las conclusiones generales que se obtendrían de todo lo dicho con anterioridad: *hablar es negociar los fines de unos y otros a través de estrategias.* Decimos que alguien habla de modo inteligente cuando ha utilizado la estrategia y las tácticas verbales y extraverbales adecuadas a las metas previstas.

Al hablar intentamos siempre lograr la aceptación y el acuerdo del otro. Es preciso tener muy en cuenta que se habla siempre con un fin transaccional o interpersonal, y al servicio de estos dos fines generales hemos de poner los medios y los mecanismos que nos ofrece la lengua. El estudiante que pedía a su profesor una información (*Oye, dime cuándo es el examen*) tenía un fin transaccional, pero no era un buen estratega, equivocó su elección lingüística y por ello su solicitud no fue atendida. Alabar la comida que ha cocinado para nosotros un amigo, incluso en el caso de que no nos agrade demasiado, tiene un fin normalmente interpersonal, el acuerdo que se intenta aquí lograr es de carácter social. En ocasiones, no obstante, conviene aludir y eludir, esto es, hay fines confesables y otros menos confesables, por lo que no conviene explicitarlos tanto.

Aunque semánticamente las cuatro expresiones que siguen aluden a la ausencia de clase de un tal Antonio y al intento de que éste se presente, las estrategias para lograrlo son diferentes:

a. ¡Ven a clase!
b. ¿Puedes venir a clase?
c. Antonio, ven a clase, te echamos de menos.
d. Antonio, las clases ya han empezado.

La opción lingüística *a)* es un procedimiento que muestra la intención a las claras y no parece se piense en los posibles efectos; responde, así pues, a una estrategia abierta, una especie de orden, y directa. La opción *b)* se corresponde con una estrategia abierta, pero indirecta; la acción, que es más bien ahora de petición o recomendación, está atenuada (hay cortesía mitigadora) mediante el uso de la estructura interrogativa y el verbo de posibilidad «poder». Una elección como la de *c)* forma parte también de una estrategia abierta, pero utiliza un procedimiento de cortesía agradadora. Y, en fin, la *d)* constituye un procedimiento que deja al oyente que interprete la intención, táctica de una estrategia encubierta. Puede que de nuestra elección, de acuerdo con las circunstancias propias de dicho acto de comunicación, dependa la aceptación o el rechazo del tal Antonio.

Nadie *habla por hablar*; siempre hay una meta que lograr, aunque solo sea la de mantener las relaciones sociales o la de buscar una mayor integración con el grupo social. Hay que ir con cuidado, puesto que las tácticas verbales pueden variar en las distintas normas regionales del español y, más aún, en otras lenguas. Según notábamos el imperativo se utiliza con frecuencia en España para pedir, dar consejos, recomendar. No se entiende así en muchos lugares de Hispanoamérica, donde dicha forma verbal indica por lo general orden e imposición y su uso amenaza la imagen del otro.

Es decir, no es cortés su empleo y, por tanto, tampoco éste sería eficaz ni eficiente.

Pensar lo que uno va a decir, el hablar bien fundado, bien pensado, es un hablar estratégico para llegar a la meta prevista. Las estrategias discursivas al hablar son los instrumentos verbales y no verbales que se emplean intencionalmente para lograr la máxima efectividad de lo comunicado. Por tanto están orientadas al logro del fin concreto del discurso, sea éste explicativo, argumentativo, emotivo, etcétera o, como hemos resuelto de modo más amplio, sea un fin de carácter transaccional o interpersonal. En ocasiones hay que dar fuerza argumentativa a lo dicho, objetivar el discurso para darle mayor veracidad, otras, en cambio, conviene minimizar, restar fuerza a lo dicho y al acto de decir, pues la consecución de los fines depende de ello.

En suma *el buen discurso es el que logra ser eficaz y eficiente* desde el punto de vista comunicativo *mediante la corrección gramatical, la adecuación* a la situación de comunicación, a las características y las reacciones de los interlocutores, al tiempo justo; es también aquel que de antemano *responde a unas ideas claras, es claro en la expresión* de los contenidos y *sabe establecer y mantener las relaciones con el otro. El saber hablar bien es un saber estratégico,* tanto desde el punto de vista lingüístico como social. Por tanto no se adquiere, *no se hereda,* sino que *se aprende.*

Este libro trata de ser un modelo para dicho aprendizaje.

CAPÍTULO 2

Hablar correctamente

En este capítulo nos vamos a centrar en el análisis de una de las condiciones que resultan fundamentales para conseguir hablar bien en público y ser adecuado en función del contexto comunicativo en el que estemos participando: *hablar correctamente*.

Hablar con corrección significa:

a) *Pronunciar correctamente;* por ejemplo, las letras *b* y *v* representan el mismo sonido consonántico bilabial sonoro /b/ en las palabras «barco» [b] y «vaso» [b].

b) *Respetar las reglas gramaticales* de la norma lingüística, sin cometer errores de tipo morfológico y sintáctico; así, el plural de «menú» es «menús» (y no *«menúes») o en la frase «*La he dicho que venga» se ha producido un uso incorrecto del pronombre «la» (debería ser «le») conocido como *laísmo*.

c) *Expresarse correctamente desde un punto de vista léxico,* evitando, por ejemplo, el abuso de muletillas (del tipo «bueno», «entonces», «pues», etcétera).

Ya hemos señalado en el capítulo anterior que el buen hablar no se adquiere espontáneamente, sino que se aprende mediante una serie de técnicas y habilidades que pueden desarrollarse y mejorarse con observación, instrucción y práctica. Hablar correctamente no es algo que se encuentre solo al alcance de un selecto grupo de comunicadores —profesores, intelectuales, políticos...—, sino de cualquier hablante que preste atención a las normas lingüísticas básicas del español estándar.

Es cierto que la lengua oral, en líneas generales, es menos sistemática en los niveles fonético, morfosintáctico y léxico, y posee unos rasgos lingüísticos propios, tales como la relajación articula-

47

toria en la pronunciación, incluso a veces con pérdida de sonidos (por ejemplo, de la /-d-/ en los participios de pasado, especialmente aquellos que acaban en /—ado/ (*«terminao», *«sobrao», etcétera), los desplazamientos a veces de la sílaba tónica de las palabras *(el [pré]sidente* en lugar de *el presi[dén]te)*, la presencia de frases cortas, los frecuentes cortes en lo comunicado, las vacilaciones en la formulación y los replanteamientos en el hilo discursivo («Yo creo que sería mejor...», «vamos que me parece que...»).

Estos aspectos y otros que veremos a continuación aportan a la oralidad su sello de identidad frente a la lengua escrita. Sin embargo, hay una serie de vulgarismos y errores lingüísticos que no son justificables y que, en la lengua oral —así como en la escrita—, ofrecen una impresión muy negativa, desde el punto de vista comunicativo, del hablante que los comete. Son éstos, precisamente, los que usted debe evitar, siendo consciente, en primer lugar, de que los comete, mediante el desarrollo de una serie de habilidades de corrección lingüística.

 Imagine, por ejemplo, la impresión que se lleva la persona que realiza una entrevista de trabajo, en una empresa de servicios informáticos, si uno de los aspirantes comienza su entrevista con estas palabras: *«Buenos días, estoy aquí *pa ver si consigo el puesto *pos pienso *de que mis cualidades son muy buenas».*

En esta breve intervención nuestro aspirante ha cometido dos errores de tipo ortológico: *pa*, en lugar de *para*, y *pos*, en lugar de *pues*; un error gramatical que consiste en un *dequeísmo*, al utilizar incorrectamente la preposición *de* con el verbo *pensar*, que no rige un complemento con esa preposición: *pienso *de que*, en lugar de *pienso que*; y ha mostrado pobreza léxica al calificar tan imprecisamente sus cualidades como *muy buenas* en lugar, por ejemplo, de *óptimas*. Puede que hayamos exagerado el ejemplo, pero valga para mostrar la terrible imagen de quien así se expresa y las consecuencias negativas que ello tendrá.

Algunos de estos errores están muy extendidos hoy en día, incluso entre hablantes que, habitualmente, nos deberían tener acostumbrados a una expresión lingüística correcta y adecuada, como es el caso de políticos y algunos comunicadores. No debemos pensar por ello que esos errores tienen menos importancia, sino que tendremos que seguir atentos y consultar las fuentes oportunas cuando, por ejemplo, nos asalte la duda de cómo se pronuncia la letra *x* en la palabra *xilófono*, de si es correcta la forma *cancillera* o de si el adjetivo *latente* está bien empleado en la expresión «asunto de *latente* actualidad» con el significado de «visible y manifiesto».

En el *Diccionario panhispánico de dudas*, de la Real Academia Española y de la Asociación de Academias de la Lengua Española, puede confirmar que la letra *x* en posición inicial de palabra representa el sonido /s/, por tanto se pronuncia [s]; que *canciller* es un sustantivo común respecto al género, es decir, es igual para masculino y femenino, solo cambian los determinantes y adjetivos que lo acompañan *(el duro canciller/ la dura canciller)*, lo que significa que la forma femenina correcta es *la canciller* (*cancillera* se considera incorrecto); y que el adjetivo *latente* está mal empleado en esta oración, ya que significa «escondido»; lo correcto habría sido usar el adjetivo *patente*, que sí se refiere a algo «visible y manifiesto».

2.1. CORRECCIÓN FÓNICA

Una de las condiciones básicas para conseguir nuestro objetivo final, que es el de hablar bien, consiste en pronunciar con corrección, evitando errores ortológicos, y de modo natural, sin afectación. Una dicción afectada, por ejemplo, exagerando la pronunciación del fonema que corresponde a la letra *x* en una palabra como *éxito* puede resultar tan impropia y desagradable al oído como una pronunciación descuidada. Como comprobará en muchos ejemplos del libro que usted tiene en sus manos el término medio es siempre el deseable.

2.2.1. La Ortología o el arte de pronunciar correctamente

La *Ortología* se define, según el Diccionario de la Real Academia Española (DRAE), como «el arte de pronunciar correctamente y, en sentido más general, de hablar con propiedad». Para pronunciar con corrección debemos tener en cuenta las normas de pronunciación del español estándar cuya referencia es la norma común de los hablantes cultos, mayoritaria entre los hispanohablantes, la cual podemos observar en los ámbitos académicos, políticos, profesionales de alto nivel y en medios de comunicación, salvo excepciones. Todos los hablantes tenemos nuestra propia variedad lingüística, que resulta, básicamente, de la conjunción de tres tipos de variantes:

a) de tipo *diatópico*, o geográfico *(dialectos)*. Según nuestra procedencia predominan unos determinados rasgos dialectales en nuestra manera de hablar. Piense que la variedad del norte de España no es la misma que la de un canario —procedente de las islas Canarias— o la de un argentino (del noroeste), por ejemplo; y esto se manifiesta en diferentes rasgos dialectales característicos de cada una de estas zonas: predominio en el uso de unos tiempos verbales frente a otros, por ejemplo, las formas *dije* o *hice* frente a *he dicho* o *he hecho* en la variedad del norte de España; la pronunciación seseante en el caso, por ejemplo, del andaluz, o el uso de personas gramaticales como *vos*, en lugar de *tú*, en la variedad argentina, que origina el fenómeno denominado *voseo*;

b) de tipo *diastrático*, o sociocultural *(sociolectos)*. Estas variantes vienen relacionadas, por ejemplo, con el nivel de formación académica del hablante (alto, medio y bajo); con los diferentes ámbitos en que se usa la lengua: en razón del sexo, de la edad, (lenguaje infantil, juvenil...), del tipo de especialización profesional (lenguaje administrativo, médico, bursátil...), etcétera;

c) de tipo *diafásico*, o de situación comunicativa *(registros)*. Tienen que ver con la forma en que nos expresamos en función de la situación y de las circunstancias concretas de cada acto comunicativo. Así, por ejemplo, la adopción de una forma de tratamiento u otra según la relación de proximidad —*tú*— o distancia —*usted*— que mantengamos con nuestro interlocutor.

Las variedades en la pronunciación y la diversidad de acentos (regionales y locales) contribuyen, sin duda, a la riqueza de una lengua como el español. No obstante en esta obra, dado su carácter más general, nos centraremos en el análisis de aquellos fenómenos que se registran en el español estándar.

Mediante la lengua oral, tal y como hemos señalado y veremos en los capítulos siguientes, se producen las manifestaciones más habituales en la comunicación humana, lo cual supone que se encuentre expuesta en mayor medida que la lengua escrita a cambios, vacilaciones, evoluciones y, también, errores de todo tipo. Por eso, para evitar caer en esos errores, usted puede repasar los rasgos más frecuentes de pronunciación que caracterizan a determinadas letras, según la posición que ocupan en la cadena hablada, así como los errores ortológicos más registrados.

2.1.2. Pronunciación de determinadas letras

Al margen de las variantes personales de cada hablante que, según hemos visto en el apartado anterior, condicionan nuestra forma de hablar y, por tanto, de pronunciar, todos experimentamos en algún momento dudas sobre la pronunciación de una letra en una determinada palabra, básicamente, en función de la posición que ocupa (inicial o final de sílaba o palabra).

Sin pretender hacer un análisis exhaustivo de la pronunciación de las veintinueve letras del abecedario español (hemos seleccionado entre las consonantes las que suelen plantear más dudas), ni mucho menos, de todas las posiciones que pueden ocupar, usted encontrará en las siguientes tablas la información básica sobre la pronunciación de algunas de ellas en posición inicial de sílaba o palabra, como la *m* en la palabra *manual* (véase 2.1.2.1) y de otras letras que, encontrándose en posición implosiva o trabada, es decir, al final de sílaba o palabra, como la *t* y la *s* en la palabra *atlas* (véase 2.1.2.2), suelen ocasionar pronunciaciones excesivamente relajadas que han de evitarse si pretendemos una pronunciación esmerada, ya sea por un afán de querer pronunciar mejor o por la formalidad de la situación comunicativa.

Así, en un ambiente distendido, puede oírse pronunciada la *p-* de la palabra *diptongo* como [θ], mientras que lo preceptivo, ortológicamente hablando, es pronunciar con suavidad esa *p* trabada.

2.1.2.1. Letras en posición inicial de sílaba o palabra

Hemos simplificado al máximo la transcripción fonética de los ejemplos para que le resulte comprensible a cualquier lector.

Letra	Fonema	Ejemplo	Observaciones
b / v	Bilabial oclusivo sonoro /b/	baca [b]aca vaca [b]aca	Se pronuncian igual. No pronuncie la *v* como una *f* suave
w	Bilabial oclusivo sonoro /b/ en palabras de origen alemán	Wagner [b]agner	En las palabras de origen inglés se pronuncia como *gu*, cuando forma diptongo con la vocal siguiente Washington [gu]
h	No corresponde a ningún fonema, es muda	hola [óla]	En el sur de España puede aparecer aspirada en palabras como *hondo* [x]ondo o *harto* [x]arto, aspiración similar al sonido velar [x] de la palabra *joven*
y	— Fonema vocálico /i/ — Fonema consonántico palatal fricativo sonoro	-rey re[i] -yeso [y]eso	La letra *y* corresponde a dos fonemas distintos: vocálico [i] y consonántico [y]
ll	Palatal lateral sonoro /λ/	lluvia /λ/uvia	En la actualidad la *ll* se pronuncia como la *y*, cuando es un fonema consonántico. Esta neutralización recibe el nombre de *yeísmo*
x	— En posición intervocálica representa un grupo de dos sonidos: [ks] o [gs] — Seguido de consonante	éxito e[ks]ito o e[gs]ito extensión, e[s]tensión	En posición intervocálica su pronunciación no es la de la letra *s* *é[s]ito. La /k/ y la /g/ se pronuncian de manera suave

52

Letra	Fonema	Ejemplo	Observaciones
g	— Ante *a/o/u*: velar oclusivo sonoro /g/ — Ante *e/i*: velar fricativo sordo /x/	gato [g]ato gota [g]ota gusto [g]usto gesto [x]esto giro [x]iro	El dígrafo *gu* representa el fonema velar oclusivo sonoro /g/, ante las vocales *e/i: guerra* [g]erra y *guiso* [g]iso
j	Velar fricativo sordo /x/	jamás [x]amás jefe [x]efe jirafa [x]irafa jota [x]ota julio [x]ulio	Al representar al mismo fonema /x/ ante *e/i*, las letras *g* y *j* suelen provocar faltas de ortografía
c	— Ante *a/o/u*: velar oclusivo sordo /k/ — Ante *e/i*: interdental fricativo sordo /θ/	cama [k]ama coto [k]oto cuna [k]una cero [θ]ero cine [θ]ine	El dígrafo *qu* representa el fonema velar oclusivo sordo /k/, ante las vocales *e/i: queso* [k]eso y *quinto* [k]into. La letra *k* representa el mismo fonema /k/ en palabras como *karate* [k]arate y *kilo* [k]ilo. Ante *e*, *i*, en la mayor parte del mundo hispánico, la pronunciación es seseante [se] [si]
z	Interdental fricativo sordo /θ/	zapato [θ]apato zelandés [θ]elandés zigzag [θ]ig[θ]ag zumo [θ]umo zoco [θ]oco	A excepción de las variedades del norte y del centro de España, la amplia mayoría de hispanohablantes pronuncian este fonema como [s]. Se trata del llamado *seseo*

Letra	Fonema	Ejemplo	Observaciones
r	— En posición intervocálica y en contacto con otra consonante —que no sea *l/n/s*— corresponde al fonema alveolar vibrante simple sonoro /r/ — En posición inicial y precedida de *l/n/s*, representa el fonema alveolar vibrante múltiple sonoro /r̄/	pera pe[r]a truco t[r]uco rosa [r̄]osa Enrique En[r̄]ique	El dígrafo *rr* se escribe en posición intervocálica y representa al fonema alveolar vibrante múltiple sonoro /r̄/ *parra* pa[r̄]a
s	Dorsodental fricativo sordo /s/. Ésta es la realización más extendida en el mundo hispánico, aunque tiene otras realizaciones como la apicoalveolar —en el español de España, excepto la variante sureña y Canarias—. En posición final de sílaba o palabra, en algunos dialectos y hablas del centro y sur de España, así como en casi toda Hispanoamérica, se pronuncia con aspiración /h/	seta [s]eta caso ca[s]o las dos [lah doh]	En algunas zonas de Andalucía se pronuncia este fonema como si se tratara de la letra z /θ/: casarse ca[θ]arse. Este fenómeno, llamado *ceceo*, ha de evitarse en una pronunciación cuidada

Unas últimas observaciones. En algunas variedades dialectales, principalmente en la rioplatense, se produce el fenómeno conocido como *rehilamiento*, que consiste en pronunciar la *y* o la *ll*, de palabras como *hoyo* o *llave*, con una vibración especial que añade su sonoridad a la que produce la propia vibración de las cuerdas vocales.

Los fenómenos que hemos señalado de *yeísmo* y *seseo* están ampliamente extendidos entre todos los hispanohablantes, tanto de España como de Hispanoamérica. Sesear, por ejemplo, no supone pronunciar incorrectamente la letra *z*, sino un determinado rasgo dialectal que, incluso por extensión, supera, como hemos indicado, al no seseante. Volvemos a insistir en que no hay una variedad dialectal mejor que otra y que usted no tiene que intentar forzar unos rasgos de pronunciación que no son los suyos para intentar hablar bien. Ésta parece ser la recomendación que hacen las Academias de la lengua española.

En el caso concreto del *ceceo*, en cambio, es cierto que su consideración resulta incorrecta y se considera negativa en una pronunciación esmerada, por lo que el hablante preocupado por pronunciar bien ha de restituir el fonema /s/ en estos casos.

2.1.2.2. Letras en posición implosiva o trabada

Nos referiremos en este apartado a algunas de las consonantes (como en otros apartados de este capítulo nos limitamos a mostrar algunos casos más habituales) que se encuentran trabadas tanto en posición final de sílaba, como en posición final de palabra; así, por ejemplo, en la palabra *mensual*, las letras *n* y *l* se encuentran en posición trabada, en final de sílaba y de palabra, respectivamente.

Tenga en cuenta que, en líneas generales, la pronunciación de las consonantes en esta posición tiende a relajarse. Ahora bien, aunque en una conversación distendida los hablantes no suelen reparar en ello ni darle importancia (lo que les lleva a pronunciar unas letras como si fueran otras: por ejemplo, la letra *p* como si fuera una *z* [θ] en una palabra como *captar*), dicha relajación articulatoria debe intentar evitarse en una situación comunicativa que requiera un grado mayor de corrección formal, por ejemplo, en la defensa de un proyecto académico o profesional, en una entrevista de trabajo, etcétera.

Por ello le recomendamos que, especialmente en aquellos momentos en que usted se quiera esmerar al hablar, tenga en cuenta la pronunciación cuidada que, en el habla culta, corresponde a estas consonantes implosivas. Esta pronunciación es la del fonema correspondiente, pero «más suave», por ejemplo, en la palabra *acto*, a la letra *c* le corresponde el sonido [k], pero más relajado, menos marcado que cuando ocupa la posición inicial de sílaba, como en la palabra *caso*. De manera general recuerde también que la pronunciación afectada —exagerada— resulta igual de impropia que la excesivamente relajada.

Letra	Pronunciación que debe evitarse	Pronunciación cuidada
-/p/ *dioptría*	— /θ/ dio[θ]tría — incluso /f/ dio[f]tría — o desaparición: diotría	Evite, asimismo, la pronunciación exagerada de la *p*, ya que resulta forzada
-/k/ *directo* *doctor*	— /θ/ dire[θ]to — incluso desaparición: dotor	Pronuncie una *[k]* suave, como la que corresponde a la *x* en la palabra *éxito* e[gs]ito
-/t/ *Atlántico*	— /θ/ A[θ]lántico	Se trata de una *t* suave, próxima a *d*. No caiga en la pronunciación exagerada de la *t*
-/d/ *advertir* *majestad* *Madrid*	— /θ/ a[θ]verter, majesta[θ], Madri[θ] — Desaparición en final de palabra majestá, Madrí — /t/ Madri[t]	Conviene evitar estos usos dialectales y pronunciar una /d/ relajada
-/g/ *Magdalena*	— Desaparición madalena	Como en el caso de /k/, pronuncie una /g/ suave, como la de /gs/ que corresponde a la *x* en la palabra *éxito* e[gs]ito

La desaparición total del fonema que corresponde a la letra *p* en la palabra *dioptría*, así como sucede con la letra *c* en el caso de la palabra *doctor*, se identifica no con una pronunciación relajada, sino con un escaso nivel sociocultural del hablante.

2.1.3. Incorrecciones ortológicas

Si bien hemos indicado que algunos rasgos de pronunciación considerados como «desviaciones de la norma culta» pueden aparecer en un ámbito coloquial sin llamar la atención, por ejemplo, la pronunciación relajada e, incluso, la desaparición de la —*d*— intervocálica en una palabra como **sonao* —lo correcto es *sonado*—, hay otros que siempre resultan reprobables, por tanto usted debe evitarlos si quiere que su pronunciación no resulte tachada de vulgar.

Este tipo de errores pueden ir en detrimento de la corrección y la claridad deseadas y tienen su origen en supresiones (**pá* por *para*), incorporaciones (**hicistes* por *hiciste)* y cambios o sustituciones de determinados fonemas y sílabas (**metereológico* por *meteorológico* o **pos* por *pues)*. Algunos vicios de dicción, como los barbarismos o los metaplasmos, están más extendidos que otros y los más negativamente marcados se asocian a niveles de lengua caracterizados por prácticas vulgares propias de personas sin cultura, tal y como sucede, por ejemplo, en la disimilación que se produce en la pronunciación incorrecta **poblema* (en lugar de *problema)*, en la incorporación de una *a-* inicial en palabras como *moto* o *radio*: **amoto, *arradio;* o en el cambio del pronombre personal átono *os* por **sus* en expresiones como **sus digo.*

Es muy probable que usted, que tiene este libro en sus manos, no cometa este tipo de errores, pero seguramente puede caer en otros que desgraciadamente hoy en día se escuchan en el habla de algunos periodistas, representantes políticos, tertulianos intelectuales, etcétera, individuos que supuestamente deberían ser ejemplo del buen uso del lenguaje, y a los que oímos «lindezas» del tipo «el fiscal general del **Estao*» (Estado) o «hemos **ganao* (ganado) las elecciones», «los incidentes se *producieron*».

A continuación, en nuestro periplo de análisis de aspectos lingüísticos que debemos considerar para hablar correctamente, arribaremos al nivel morfosintáctico. No descienda todavía, el viaje en busca de la corrección formal no ha hecho más que empezar.

2.2. CORRECCIÓN GRAMATICAL

La corrección gramatical debe ser otro de los objetivos de todo aquel que quiera hablar bien, especialmente en aquellas situaciones que conllevan un uso formal y más cuidado de la lengua, según hemos indicado.

Ser correcto desde un punto de vista gramatical requiere prestar atención a las características lingüísticas, tanto morfológicas como sintácticas, y tratar de respetar las convenciones más estandarizadas de la norma culta, sin perder de vista la situación comunicativa y el tipo de auditorio que nos escucha, por ejemplo, ¿qué pensaría usted, como hablante interesado por el buen uso de la lengua, si escuchara a un periodista, en el transcurso de una tertulia radiofónica, «No *habrán condiciones para el cese de la violencia»? La concordancia incorrecta, en este caso, de la forma verbal *habrán* con el sustantivo *condiciones* le provocará, seguramente, una reacción más negativa ante la forma de hablar de ese periodista (profesional formado en el uso de la palabra) que cuando la escuche en un contexto informal, por ejemplo, en una conversación entre amigos.

 De la misma forma, un estudiante universitario no habla igual cuando se dirige a un profesor para informarse sobre el procedimiento de evaluación de la asignatura que imparte que cuando charla con sus compañeros de clase en la cafetería de la facultad sobre cómo lo ha evaluado ese mismo profesor. En el primer caso tendrá mucho más cuidado e intentará expresarse con corrección, al encontrarse en un contexto académico con marcado carácter formal, mientras que con sus amigos se sentirá relajado y «no hará el esfuerzo de hablar mejor».

Analicemos esta consideración en otro ejemplo que nos sirve para confirmar que la expresión oral en situaciones comunicativas planificadas (contextos académicos y profesionales, citas y reuniones formales, etcétera) debe prestar más atención a las normas de corrección gramatical y ser más elaborada que en aquellas otras que, como la conversación informal, no requieren una planificación previa. Volvamos al caso recién mencionado de la frase pronunciada por un político en su primera comparecencia mediática tras ganar unas elecciones: «hemos *ganao las elecciones». Imagine ahora esa misma expresión pronunciada por el mismo político, pero ante sus colaboradores más cercanos, momentos antes de comparecer en público: «Qué gran equipo somos. Hemos *ganao las elecciones. Somos los mejores». Es innegable que las repercusiones de ese vulgarismo fonético serán distintas entre la opinión pública, que analizará «con lupa» lo que ha dicho y cómo lo ha dicho, que entre sus compañeros de partido, que estarán compartiendo con él ese momento de euforia y el éxito de su victoria.

En relación con la corrección gramatical hay otro aspecto importante que usted debe considerar cuando habla en público: *su propia variedad dialectal*. Ya hemos indicado que todos los hablantes presentan unas características particulares en su forma de hablar que dependen de su procedencia geográfica. Recuerde lo dicho antes sobre los usos de los tiempos verbales que corresponden al pretérito indefinido o pretérito perfecto simple «llegué» y al pretérito perfecto compuesto «he llegado». La variedad norteña de España (toda la franja del Cantábrico) y la de las islas Canarias coinciden con la variedad dialectal hispanoamericana en la neutralización de los dos tiempos verbales y en el uso generalizado del primero «ahorita mismo llegué», «llegué hace cinco años», mientras que, en líneas generales, en el resto de España la forma «he llegado» se reserva para aquellos pasados más cercanos al presente o que se refieren a franjas temporales que no están aún cerradas, concluidas (hoy, esta mañana, este año, etcétera): «he llegado ahora mismo», «he llegado hace cinco minutos». No hay más diferencia en usar una forma u otra que la de identificar al hablante con una procedencia geográfica determinada.

Ninguna variedad dialectal es mejor que otra aunque en todas ellas hay formas correctas e incorrectas de acuerdo con la norma.

La norma lingüística, en el sentido de regla, considerada como «lo que los hispanohablantes han convertido en hábito de corrección, siguiendo los modelos de la escritura o del habla considerados cultos» (Presentación del *Diccionario panhispánico de dudas)*, es común para todas las variedades diatópicas del español (en concreto, la norma gramatical se consulta en la *Gramática* académica) y se recoge en las obras que la RAE viene publicando en colaboración con las Academias de la Lengua española, especialmente, hasta la fecha, en el ya señalado *Diccionario panhispánico de dudas*. Así, en relación con nuestro ejemplo «No habrán *condiciones para el cese de la violencia», citado más arriba, y el error en la concordancia de número del verbo *haber*, la norma lingüística establece —tras una extensa y detallada explicación del fenómeno— que «aunque (la concordancia entre el sustantivo pospuesto y el verbo) es uso muy extendido en el habla informal de muchos países de América y se da también en España, especialmente entre hablantes catalanes, se debe seguir utilizando este verbo como impersonal en la lengua culta formal, de acuerdo con el uso mayoritario entre los escritores de prestigio» (DPD: 331).

2.2.1. *Características gramaticales de la lengua oral*

En este apartado dedicado a la corrección gramatical vamos a repasar a continuación algunas de las características morfosintácticas de la lengua que, en el plano oral, suelen presentar peculiaridades de uso y, en ocasiones, provocar errores respecto a la norma. No es nuestro objetivo realizar una taxonomía exhaustiva de todos los aspectos de gramática normativa del español actual, pero sí mostrar y analizar las principales dificultades y dudas que tenemos los hablantes al expresarnos.

Ha de saber que, si presta atención a la corrección gramatical, contribuirá a que su expresión oral sea mejor. No podrá evitar ni corregir un error gramatical si no es consciente de que lo comete.

Seguramente, como hablante, habrá pensado en muchas ocasiones que no habla bien o, al menos, no todo lo bien que le gustaría, y que desearía mejorar su expresión. No se preocupe, siempre es posible y lo animamos a emprender la tarea de observar y ser crítico, una crítica constructiva que lo ayudará a autocorregirse y hablar mejor en las situaciones que usted lo precise.

Vamos a partir del análisis de un fragmento de conversación informal que tiene lugar entre dos empleados de una importante multinacional automovilística. Leamos la transcripción de la interacción comunicativa que se desarrolla entre nuestros interlocutores, Paco y Enrique, y fijémonos, en primer lugar, en las palabras y expresiones destacadas en letra cursiva y en negrita, que corresponden a rasgos característicos —no tienen por qué ser incorrectos— de este tipo de interacciones orales informales, no planificadas (los distintos turnos de palabra se han numerado de manera correlativa para poder buscar más fácilmente los ejemplos que se van a comentar).

Paco y Enrique son amigos y compañeros de trabajo, lo cual va a marcar el tono de su conversación, y comparten experiencias y datos relacionados con su situación laboral: las opiniones sobre su jefe directo, Carlos; los problemas para conseguir que les asignen un proyecto; la cancelación previa de una reunión; la existencia de Sophie, la jefa de su jefe, etcétera.

A la vez hay una serie de informaciones que Paco, recién llegado de vacaciones, desconoce y que le proporciona Enrique en el transcurso del intercambio comunicativo que mantienen: su jefe les ha enviado un nuevo correo «amenazante», la reunión que se había cancelado ha vuelto a ser convocada, el proyecto se les está escapando de las manos, la jefa europea no es consciente de la gravedad del problema debido a que Carlos no está siendo demasiado sincero con ella, etcétera.

—(1) ¡Hola, Enrique! ¿Qué tal va todo?

—(2) ¡Paco, *tío!* ¿Qué pasa? Pero ¿ya has vuelto de vacaciones? Yo *te hacía por* la playa.

—(3) **Pues** ya ves, la verdad es que <u>andé</u> por allí los primeros días **y... bueno**, <u>son cosas que no quiero entrar...</u> **pero tú** ya sabes que me va más la ciudad...

—(4) **Sí, sí, tú... me parece que... el caso es que** no puedes negar <u>ese alma</u> de «**urbanitas**»... Pues, como ya estás aquí, te pongo rápidamente al día, **no te me asustes**, ¿eh? Carlos nos ha enviado un correo **de esos de los suyos** a todos los del grupo, **que** si no llegamos a los objetivos «**ni de coña**», **que** no nos ponemos las pilas, **que** nuestra filial está a punto de perder el proyecto...

—(5) Ya, lo de siempre: «Tú, prepara este informe para ayer»; «Vosotros, <u>terminar</u> los documentos de la primera parte para el lunes pasado», «Ya os dije que, si no cumplíais los plazos, *que* nos quedábamos sin el negocio...».

—(6) Bueno, y eso no es todo, ¿*tú* te acuerdas que había cancelado la reunión con el *tío* de la factoría alemana?, *ese* que su equipo ganó el proyecto de diseño del nuevo prototipo, *el de* *que* «delante mío no se pone nadie».

—(7) ¿Quién, *tú*? ¿Quién había cancelado la reunión?

—(8) No, *tío*, yo, no, *él, él* había cancelado... Estás *como muy espesito*, ¿no? Pues ahora hay que ir todos, verás qué trago. ¿Y *ésos*? Ya verás, se creerán de que *vamos de listos* y fíjate... *A mí*, desde luego, si encontrara otro *curro, me iba ahora mismo, aquí* iba a estar yo. Así que decirte que yo, si puedo, no pienso ir...

—(9) Oye, ¿y su jefa europea? ¿Está al corriente de *todo esto*?

—(10) [Le suena el móvil] [Hace un gesto de desagrado y lo apaga] Espera... ¿Qué *decías*?

—(11) Su jefa, *que qué* sabe de *esto*.

—(12) ¿La Sophie Bauer? Pues nada, la ha contado que todo va bien, que salen los números *y todo eso*, y la *tía* tan tranquila. Por lo visto, da como cierto la explicación que la *ha vendido* Carlos, ya ves.

Observe que, desde un punto de vista lingüístico, esta conversación presenta algunos de los rasgos más característicos y habituales en las formas de expresión oral no planificadas:

Características gramaticales de la lengua oral	Ejemplos
Uso de formas enfáticas	*de esos de los suyos* (4)
Uso de deícticos y referencias al momento actual de la conversación	*Ese* (6), ¿Y *ésos*? (8), *aquí* iba a estar yo (8)
Uso de pronombres redundantes con valor expresivo	¿*tú* te acuerdas que...? (6)

Características gramaticales de la lengua oral	Ejemplos
Uso de pronombres dativos con valor expresivo	no te *me* asustes (4)
Repeticiones con valor expresivo	**Sí, sí...** (4), **él, él...** (8)
Uso de diminutivos (con función expresiva)	*espesito* (8)
Discurso directo, citas, sin presencia de verbo introductor	*que* si no llegamos a los objetivos *«ni de coña»*, *que* no nos ponemos las pilas, *que* nuestra filial está a punto de perder el proyecto... (4), **el de que...** (6), **que qué** sabe de esto (11)
Uso de numerosos nexos (continuativos), algunos innecesarios	*Pues* ya ves, la verdad es que andé por allí los primeros días *y... bueno*, son cosas que no quiero entrar... *pero tú* ya sabes que me va más la ciudad... (3)
Repeticiones de nexos tras incisos	Ya os dije que, si no cumplíais los plazos, *que* nos quedábamos sin el negocio (5)
Usos coloquiales de tiempos verbales	Si encontrara otro curro, *me iba* ahora mismo (8) —en lugar del condicional *me iría*— Espera... ¿Qué *decías*? (10) —en lugar del presente *dices*, se utiliza para retomar una conversación interrumpida—

Características gramaticales de la lengua oral	Ejemplos
Abundancia de citas directas	Ya, lo de siempre: «*Tú, prepara este informe para ayer*»; «*Vosotros, terminar los documentos de la primera parte para el lunes pasado*», «*Ya os dije que, si no cumplíais los plazos, que nos quedábamos sin el negocio*»... (5)
Uso frecuente de expresiones coloquiales y neologismos	*tío* (2, 6, 8), *tía* (12), *hacer (a alguien) por (un lugar)* —pensar que alguien está en un lugar— (2), *ni de coña* (4), *ir de listos* (8), *vender* —con el sentido de *convencer de algo*— (12) *urbanitas* (4) *como muy* (8) *curro* (8)
Uso de expresiones imprecisas, de cierres enumerativos	*todo esto* (9), *esto* (11), *y todo eso* (12)
Interrupciones, cambios de plan sintáctico y reformulaciones en la construcción de las frases, lo que provoca a veces errores de concordancia	*tú... me parece que... el caso es que* (4) *A mí*, desde luego, si encontrara otro curro... (8)
Tendencia a la yuxtaposición y a las oraciones cortas	*¡Paco, tío! ¿Qué pasa? // Pero ¿ya has vuelto de vacaciones? // Yo te hacía por la playa* (2)

2.2.2. Incorrecciones frecuentes cometidas cuando hablamos

Además de estos y otros rasgos propios de la lengua usada en intercambios orales, debemos tener en cuenta que, si queremos ser correctos desde un punto de vista morfosintáctico, tendremos que evitar aquellos vicios que sí se consideran errores respecto a la norma: formaciones desviadas respecto al género gramatical (así, por ejemplo, al sustantivarse, el adjetivo *atenuante* puede ser masculino o femenino, dependiendo del género del sustantivo que se sobreentiende: *el* «rasgo» *atenuante; la* «circunstancia» *atenuante)*; a la formación del plural (el plural de *álbum* es *álbumes*, se considera incorrecta la forma **álbunes)*; al uso incorrecto de algunos determinantes (en la frase «el hacha está en el garaje», se utiliza la forma *el* en lugar de *la* porque así lo establece la regla del uso de este determinante ante sustantivos femeninos que comienzan por *a* tónica*)*; a la supresión errónea de preposiciones (en la expresión «fíjate que ya te lo dije» se ha producido una supresión incorrecta de la preposición *en*, ya que el verbo es *fijarse en algo)*, etcétera.

Retomemos de nuevo la conversación analizada entre Paco y Enrique, fijándonos esta vez en las expresiones <u>subrayadas</u>, que corresponden a ejemplos de errores gramaticales que sí tenemos que evitar.

Incorrecciones frecuentes cuando hablamos	No debe utilizarse	Debe utilizarse
Formaciones incorrectas de verbos irregulares	<u>andé</u> (3)	anduve
Uso incorrecto de determinantes delante de sustantivos femeninos que comienzan por *a* tónica	<u>ese alma</u> ... (4)	esa alma
Uso incorrecto de *infinitivos* en lugar de *imperativos*	Vosotros, <u>terminar</u> los documentos... (5)	Vosotros, terminad los documentos...

Incorrecciones frecuentes cuando hablamos	No debe utilizarse	Debe utilizarse
Uso incorrecto de *infinitivos* con sentido de generalización o conclusión de lo dicho	Así que <u>decirte</u> que... (8)	Así que te digo que...
Supresiones incorrectas de preposiciones *(queísmo)*	¿Tú te acuerdas <u>que</u>...? (6)	¿Tú te acuerdas de que...?
Supresión incorrecta de *preposiciones* delante de *pronombres relativos*	Son cosas <u>que no quiero entrar</u> (3)	Son cosas en las que no quiero entrar
Uso incorrecto de la expresión *que su* en lugar de *cuyo* *(quesuismo)*	Ese <u>que su</u> equipo ganó el proyecto (6)	Ese cuyo equipo ganó el proyecto
Empleo incorrecto de *posesivos tónicos tras adverbios* en lugar de *preposición + posesivos átonos*	<u>delante mío</u> (6)	delante de mí
Concordancias incorrectas entre sintagmas de la oración	Pues <u>ahora hay que ir todos</u>... (8)	Pues ahora tenemos que ir todos
Uso incorrecto de la preposición *de* junto a *que (dequeísmo)*	Se creerán <u>de que</u> vamos de listos (8)	Se creerán que vamos de listos
Uso incorrecto del artículo determinado delante de nombres propios	¿<u>La</u> Sophie Bauer? (12)	¿Sophie Bauer?
Usos incorrectos de los pronombres personales átonos de 3ª persona —*laísmo, leísmo* y *loísmo*—	<u>La</u> ha contado que todo va bien (12) La explicación que <u>la</u> ha vendido Carlos (12)	Le ha contado que todo va bien La explicación que le ha vendido Carlos

En este último ejemplo encontramos dos casos de *laísmo* —uso incorrecto del pronombre *la*— ya que, con ambos verbos «contar» y «vender», el pronombre se refiere al complemento indirecto; por eso, a pesar de ser femenino, debe ser *le* en lugar de *la*. El *leísmo* es el uso incorrecto del pronombre *le* («¿el coche? Ya no *le* tengo») y el *loísmo*, el uso incorrecto de *lo* («al niño pequeño *lo* han dado una patada en el parque»). El *laísmo* es un error muy extendido en la variante central de España. En Hispanoamérica no se suelen cometer estos errores morfosintácticos con los pronombres personales átonos de tercera persona.

Recuerde siempre que la corrección morfosintáctica se considera con referencia a la norma culta y que, si tiene dudas, la mejor opción es recurrir siempre a las instituciones lingüísticas. En el caso del español contamos, como ya sabe, con el *Diccionario panhispánico de dudas*. En él podrá encontrar muchas de las respuestas a las preguntas que se plantee en este sentido.

2.3. CORRECCIÓN LÉXICA

Analizaremos, por último, el apartado de la corrección léxica cuya norma, como ya señalamos en el capítulo 1 (§ 1.2), no es tan estable como la morfosintáctica. Esto se debe a las constantes variaciones que los hablantes realizamos sobre las palabras al emplearlas, fundamentalmente, en la lengua oral, que es la que estamos analizando en esta obra.

¿En qué consiste la corrección léxica? y ¿por qué es necesaria para hablar bien? Responder a la primera cuestión no es fácil puesto que los criterios de corrección léxica no son los mismos para todos los hablantes, ni para todas las situaciones comunicativas; no olvide que precisamente es el nivel léxico el que más variaciones y cambios ha sufrido y sufre en el devenir lingüístico, debido a factores tales como la influencia de otras lenguas (por ejemplo, la incorporación de términos del inglés en el ámbito de las nuevas tecnologías: *software*, *bytes*, *bluetooth*, *wi-fi*, etcétera), la edad de los hablantes (hay términos y expresiones propios de una determinada franja generacional, por ejemplo, del lenguaje juvenil, tales como «mazo», «flipar», «dar la brasa», «estar *empanao», «¡qué fuerte!», etcétera), la existencia del vocabulario específico de las lenguas especializadas (acabamos de hablar del lenguaje juvenil, así como podríamos hacerlo del lenguaje económico, médico, etcétera).

A pesar de esta variedad, sí podemos ofrecerle una serie de pautas generales comúnmente aceptadas sobre lo que significa la corrección léxica y sobre aquellas carencias o «vicios» léxicos que debe evitar o mejorar para conseguir hablar bien.

En cuanto a la segunda pregunta, de por qué necesitamos ser correctos desde un punto de vista léxico, trataremos de responderla partiendo de una consideración fundamental e innegable: la importancia de la calidad educativa en los programas de Lengua española, en concreto, en el ámbito léxico, y sus repercusiones en la futura corrección expresiva de un hablante.

Hoy en día desde casi todas las instituciones sociales, culturales y políticas se suele criticar el hecho de que en las distintas etapas educativas no se haya sabido desarrollar de forma satisfactoria en los estudiantes las habilidades lingüísticas y la competencia comunicativa en la lengua materna (ya no digamos en la lengua extranjera estudiada), lo cual ha provocado, sobre todo entre las generaciones más jóvenes, aunque no exclusivamente, una pobreza léxica generalizada, que se manifiesta en una deficiente expresión lingüística y en los problemas para comprender con claridad los textos que leen y los discursos que escuchan.

2.3.1. Carencias y «vicios» léxicos que hay que evitar

El hecho de que sus interlocutores piensen que usted se expresa bien va a depender, en gran medida, de la variedad y riqueza del léxico que emplee al hablar. Por ello, de manera general, le presentamos en esta sección las principales características de lo que se suele definir como un «léxico pobre», algo que debe intentar evitar o corregir para conseguir mejorar su vocabulario y causar, en este sentido, una impresión positiva al resto de hablantes:

— *vocabulario limitado*, con un empleo abusivo de términos comodines como el sustantivo «tema», en detrimento de la riqueza expresiva de los términos casi sinónimos entre los que podemos señalar para este caso: «asunto», «cuestión», «materia», «contenido», «proyecto», «motivo», «problema», «aspecto», «razón», «tesis», «argumento», «elemento», etcétera. Otros ejemplos interesantes los constituyen algunos adjetivos que se utilizan para describir a las personas, tales como «tacaño», que no deja salir a la luz a otros tan expresivos como «miserable», «rácano», «ruin», «mezquino», «avaro», «avaricioso», «sórdido», «agarrado», «cicatero», «usurero», «interesado», «roñoso»...; o el coloquial *cabezota* —o *cabezón*—, que nos priva de los matices de otros muchos como «testarudo», «obstinado», «terco», «pertinaz», «irreducible», «porfiado», «tozudo», «obcecado», «inflexible», «empecinado», «intransigente», «tenaz», «persistente», etcétera;

— *falta de precisión léxica:* se emplean términos generales por otros de significación más precisa. Es más adecuado y preciso, por ejemplo, decir «impartir» una conferencia que «dar» una conferencia, «arrestar» a un ladrón que «coger» a un ladrón, o *la boda se celebrará* que *la boda será*. La precisión léxica se puede desarrollar con ejercicios prácticos que consisten en sustituir, en una serie de frases dadas, aquellas palabras de significado muy general (verbos como «hacer», «ser», «dar», «poner» o «haber»; sustantivos como «cosa», «eso», etcétera) por otras más precisas o más especializadas en ciertos contextos concretos, tal como aparece en los ejemplos citados;

— *impropiedad léxica,* o falta de exactitud en el empleo de determinadas palabras y expresiones, causada por:

a) el desconocimiento del significado de las palabras; así, por ejemplo, escuchamos en algunos medios de comunicación enunciados como «el turismo ha descendido este verano por la "climatología" adversa». ¿No debería decirse el «clima» adverso? La «climatología» es una ciencia encargada del estudio del clima mientras que el término «clima» se refiere a la temperatura y a las condiciones atmosféricas y es el que debería utilizarse en esta ocasión. Lo adverso es el clima, no la climatología;

b) la coincidencia en la forma y en el sonido de dos palabras diferentes que, debido a esta similitud, se confunden en el uso; sucede con términos como *constricción* («opresión», «reducción») y *contrición* («arrepentimiento»), *linotipia* («máquina de imprenta») y *lipotimia* («desmayo»). Este fenómeno lingüístico se conoce como *paronimia* (término de origen griego que significa «de nombre semejante») y los términos afectados son, por tanto, parónimos.

El empleo consciente de dos términos parónimos en una misma expresión constituye un uso retórico del lenguaje conocido como *paronomasia,* muy utilizado, por cierto, en el lenguaje publicitario, en expresiones como «ahora puede perder peso sin que le pese» (anuncio de un producto adelgazante);

c) las deformaciones de palabras y expresiones por etimología popular, que producen términos inexistentes como el verbo **sostentar*, neologismo nacido del cruce de los verbos «sustentar» y «ostentar», **rebundancia* por «redundancia» en la expresión «válgame la redundancia», o el conocido ejemplo **destornillarse de risa*, en lugar de la correcta «desternillarse». A modo de anécdota, y para mostrar la repercusión mediática que pueden tener estos fenómenos lingüísticos, señalaremos que hace unos años una conocida modelo española de pasarela utilizó en una entrevista la expresión «estar en el **candelabro*» en lugar de «estar en el candelero» («estar de moda, tener éxito o poder»); sin que sepamos si lo hizo conscientemente o no, sí podemos afirmar que lo que podría haber sido algo anecdótico y puntual pasó a convertirse en un uso lúdico: «está en el candelabro, como diría...». El hecho de crear términos que no existen en la lengua —y que tienen su origen en estos fenómenos lingüísticos que estamos analizando— suele utilizarse también como seña de identidad y rasgo distintivo de algunos de los personajes de series televisivas españolas, que basan su popularidad mediática en su curiosa forma de hablar.

La *etimología popular* es uno de los síntomas más claros de la vitalidad de la lengua y puede afectar tanto al cambio de significado como de forma de las palabras. Un ejemplo de cambio de significado es el que ha sufrido diacrónicamente la palabra *azafata*, que de designar a la «criada de la reina que portaba la bandeja para que ésta depositara sus enseres al desvestirse» ha derivado en su sentido actual de «profesional que atiende al público en los aviones y en reuniones o congresos».

En cuanto a los cambios formales hay casos curiosos tales como el que nos ofrece el *Diccionario de Coll*, en el que con mucho humor y creatividad propone definiciones «absurdas» basadas en estos juegos de palabras: *diademas* «veintinueve de febrero», *bermudas* «observar a las que no hablan», etcétera.

2.3.2. *¿Qué podemos hacer cuando no conocemos una palabra?*

La falta de conocimiento léxico no supone solo una carencia manifiesta en las destrezas expresivas (la expresión y la interacción), sino también en las receptivas (la comprensión), ya que el hecho de no entender el significado de una palabra, tanto al leer como al escuchar, plantea un problema que, en ocasiones, no se llega a solucionar en el transcurso de esa misma situación y puede conducir al fracaso comunicativo.

Debemos ser conscientes de que no siempre se tiene a mano un diccionario para consultar esa palabra ni tampoco la posibilidad de pedir ayuda a nuestros interlocutores para resolver nuestras dudas.

Un caso significativo es el de los hablantes no nativos en sus etapas iniciales de aprendizaje de una lengua extranjera. En esos momentos no suelen contar todavía con los recursos comunicativos suficientes para solicitar aclaraciones a sus interlocutores nativos cuando no entienden una palabra, pues desconocen aún las fórmulas y expresiones que cumplen dicha función: «¿qué significa...?», «¿puedes repetir, por favor?» o «¿cómo se deletrea...?». Ello supone que, en muchos casos, esas dudas se queden sin resolver en detrimento de la comunicación.

Al margen del hecho de desconocer palabras que necesitaríamos expresar o que llegan hasta nosotros —por vía escrita u oral—, es cierto que, cuando hablamos, experimentamos lapsus momentáneos que nos impiden recordar en un momento dado una palabra determinada. ¿Quién no ha dicho en alguna ocasión, ante ese término que no consigue recordar, «lo tengo en la punta de la lengua» o «¿cómo se llama o se dice...?».

A veces también sucede que no somos capaces de expresar con toda la precisión que nos gustaría lo que tenemos en mente: sabemos lo que queremos decir, pero no acertamos a decirlo como querríamos, no encontramos las palabras justas.

Todos los hablantes experimentamos alguna vez estas dudas e indecisiones, independientemente del nivel cultural y de la situación comunicativa en que nos encontremos; lo importante es disponer de recursos para compensarlas y conseguir así nuestros objetivos comunicativos. Se preguntará usted de qué manera puede suplir esta carencia ocasional. Pues, por ejemplo, cuando no conozca una palabra, puede hacer uso de estrategias de comunicación compensatorias como las descripciones y paráfrasis (una paráfrasis es un rodeo lingüístico, la expresión alternativa de una palabra o idea con una formulación diferente, con otras palabras, pero manteniendo el significado). Sirva el ejemplo siguiente:

Cuando usted acude a una ferretería porque necesita una herramienta de bricolaje cuyo nombre desconoce, pero cuyos tamaño, utilidad, forma, funciones, etcétera sí sabe, lo que suele hacer es intentar describírsela al vendedor, no solo con palabras, sino también, probablemente, con gestos e incluso intentando dibujarla si es preciso («Verá, necesito una herramienta que sirve para... y es así como... suele tener...»). En casi todos los casos este recurso suele ser suficiente para que el vendedor sepa cuál es la herramienta que usted necesita.

La estrategia comunicativa de paráfrasis puede ser transferida a otras situaciones más formales en las que usted experimente el mismo problema; así en una consulta médica, cuando hablando con el médico tiene que referirse a una prueba diagnóstica cuyo nombre no recuerda, puede probar a describir sus funciones, sus rasgos característicos, el tipo de aparato con el que se realizó, si fue necesaria o no hospitalización, etcétera.

2.3.3. ¿Qué implica la corrección léxica?

Ser correcto desde un punto de vista léxico implica tener el conocimiento y desarrollar las destrezas comunicativas para utilizar un vocabulario amplio y rico en matices y significados, que nos sirva para modelar de manera adecuada la expresión de nuestras ideas, adecuándola lo mejor posible a las necesidades de las diferentes situaciones de comunicación.

El matiz «trágico y desesperado» que aporta el verbo *implorar* a la acción de pedir suele ir acompañado de lágrimas que no necesariamente derramamos cuando, por ejemplo, pedimos una cita con el médico del ejemplo anterior, ¿o deberíamos decir «concertamos una cita» para ser más precisos? Una vez más el diccionario será su mejor aliado en buena lid con las palabras.

A pesar de la definición estandarizada del párrafo anterior sobre lo que significa la corrección léxica usted puede estar preguntándose, a efectos prácticos, por ejemplo, ¿resulta fácil hablar de corrección cuando tomamos como criterio el que una palabra aparezca o no en el diccionario? Ciertamente no, aunque hablando de norma léxica el diccionario ha de ser siempre nuestra referencia. Como señalábamos en el capítulo 1 (§ 1.2), el nivel léxico de la lengua es probablemente el que más cambios y transformaciones sufre a lo largo del tiempo, ya que los hablantes somos los verdaderos creadores y deformadores del idioma y nuestras necesidades comunicativas hacen florecer nuestra competencia léxica. Todos los hablantes tenemos dudas y pensamos en algún momento si una determinada palabra es correcta o no, y normalmente queremos decir con ello si existe o no.

¿Existe la palabra *autobusero?* Quizá le extrañe saber que la respuesta es *sí*, que aparece en el DRAE y se define como «conductor de autobús». Veamos otro caso, hace poco, escuchando en la radio un programa divulgativo sobre vertidos tóxicos, la locutora decía: «En la actualidad *vertimos* todo tipo de sustancias al mar». ¿*Vertimos* o *vertemos*, o son válidas ambas formas? La duda puede asaltarnos a cualquier hablante e incurrir en una interpretación y uso erróneos. Si existen las formas *vertido* y *vertimiento*, quizá lo más lógico sea pensar que el verbo es *vertir*, pero no lo es. Nuestro verbo es *verter*, y su conjugación irregular se hace como la del verbo *perder*; por eso la forma correcta es *vertemos* y no **vertimos*.

El componente léxico de la lengua está íntimamente relacionado con el morfológico y el sintáctico: los procesos de creación de palabras (por prefijación —pensemos en sufijos tan productivos como *pre-, anti-, a-*...—, sufijación, etcétera), tan importantes en el desarrollo de la competencia léxica de los hablantes, son los responsables directos de la gran cantidad de neologismos y nuevos términos que se acuñan día a día y que corren suertes distintas en su proceso de asentamiento en la lengua.

En el fragmento de conversación entre Paco y Enrique, analizado más arriba, hemos señalado algunos ejemplos concretos de esta competencia neológica de los hablantes y de su manifestación en la lengua oral: términos tan coloquiales y frecuentes como *tío, tía, curro* «trabajo», *urbanitas* «amante de la vida urbana», *espeso/espesito* «lento para comprender algo», etcétera; expresiones habituales del tipo *hacer a alguien por un lugar, ni de coña* «de ninguna manera», *ir de listos, vender algo a alguien*, en el sentido de «intentar convencer»; y fórmulas del tipo *como muy*, cuyo valor atenuante se admite desde un punto de vista normativo cuando la intención del hablante es matizar, suavizar, rebajar el nivel de seguridad con el que se expresa algo; por ejemplo, en *estás como muy espesito* quiere suavizar el sentido negativo del término *espesito*.

2.3.4. *Consejos prácticos para el uso correcto del léxico*

Los consejos que le proponemos a continuación para mejorar su léxico y ser más correcto en este nivel lingüístico están pensados, sobre todo, para aquellas situaciones más formales que requieren de un cuidado especial en la expresión. En el caso de los intercambios informales o distendidos, como hemos señalado hasta ahora y seguiremos viendo a lo largo de este libro, la «permisividad» siempre es mayor, aunque dependerá del grado de confianza y complicidad que usted mantenga con sus interlocutores.

Nadie criticaría los cómplices guiños lingüísticos que se permite hacer un conocido periodista a sus oyentes radiofónicos cuando para referirse a los euros dice «leuros», o cuando llama «correo electrógeno» al correo electrónico, pero todos se extrañarían si usted utilizara esos mismos términos deformados en una entrevista de trabajo o al hablar con el director de recursos informáticos de su empresa.

Si quiere mejorar y adecuar su léxico al hablar:
— asegúrese de tener disponible un vocabulario variado para no caer en las repeticiones de las mismas palabras, lo cual siempre da impresión de pobreza léxica; por ejemplo, para introducir y expresar causas no use siempre la palabra «porque», cuenta con otros términos como «ya que», «puesto que», «debido a que», «a causa de»..., altérnelos en la expresión y no resultará repetitivo. No olvide que le serán de gran ayuda los diccionarios de sinónimos y antónimos; lo animamos a consultarlos;
— practique la agilidad mental para recuperar palabras en situaciones comunicativas no planificadas, en las que apenas hay tiempo para pensar lo que vamos a decir. Por ejemplo, sustituya mentalmente y de forma rápida el término «perspicaz» por otro de significado similar en la siguiente frase: «El empleado ha sido muy "perspicaz" al intuir las pretensiones del director». Podríamos decir «agudo», «sagaz», «astuto», «avispado», «ingenioso», «listo», «rápido», «sutil», etcétera;

— si no está muy seguro de la forma de una palabra, es mejor que la sustituya por otra de significado similar. Así, ante la duda de si el término «constricción» es con una -c- o con dos (lo correcto es con dos: -cc-), puede optar por utilizar las palabras sinónimas «opresión», «reducción» o «limitación». No haga como algunos personajes de ciertos programas televisivos, los cuales, intentando aparentar una expresión y corrección lingüísticas que no poseen, consiguen el efecto contrario, caen en el ridículo y provocan hilaridad en quienes los escuchan pacientemente;

— en situaciones formales no intente utilizar palabras desconocidas o que resulten ajenas a su idiolecto, ya que esto puede provocar en usted sensación de inseguridad al hablar y en sus interlocutores el efecto de pensar que no sabe lo que está diciendo o que resulta demasiado forzado y poco creíble. Por ejemplo, si le resulta lejano el término «implementación», use otra expresión como «desarrollo» o «puesta en marcha». Piense también en la impresión negativa que produce ante su auditorio alguien que pronuncia un discurso que le ha escrito otra persona cuando llega a una palabra que desconoce y en la que «tropieza» inevitablemente;

— sea razonablemente creativo, puede utilizar alguna metáfora cotidiana que resulte sorprendente o, cuando menos, curiosa para sus interlocutores. Los políticos son especialistas en esta búsqueda de expresividad. No hace mucho uno de ellos destacaba la inmejorable situación de la economía española diciendo que España está en la «*Champions League* de la economía». Una metáfora cotidiana podrá tener más o menos éxito en su auditorio, pero siempre resultará expresiva;

— localice sus muletillas («bueno», «pues», «en definitiva», «o sea», «¿vale?», etcétera) e intente evitar su abuso. Haga un ejercicio consciente de limitación, ya sabe que «lo mucho cansa»;

— recuerde siempre que la lectura y el diccionario son sus mejores aliados para conseguir tener un léxico rico y variado.

Una vez analizadas las claves para conseguir hablar correctamente pasamos a analizar las fases de la preparación y la producción del discurso. Éste será el tema central que abordaremos en los capítulos siguientes.

CAPÍTULO 3

La producción del discurso oral: la claridad en las ideas

En este capítulo vamos a comenzar a explicar las *fases en las que se divide la preparación de un discurso*. Dichas fases fueron descritas por los retóricos grecolatinos y, con pequeñas variaciones, se respetan en la inmensa mayoría de los libros que tratan de este tema. La preparación de un discurso se divide en cuatro etapas: en primer lugar *hay que saber de qué se va a hablar,* esto es, qué ideas se van a desarrollar y cuál es su grado de importancia. En segundo lugar es necesario *ordenar las ideas*, puesto que el lugar en el que aparezca una idea influye de forma significativa en su recepción. El tercer paso consiste en *revestir de palabras las ideas;* aquí es donde se va a decidir el tono del discurso, la estructura del inicio o las figuras retóricas que se van a emplear. Por último hay que tener en cuenta la *puesta en acción* de todo discurso, lo que implica conocer los medios técnicos que se van a emplear y su funcionamiento, el uso de estrategias de memorización y las reacciones más adecuadas ante el público, entre otras cosas. Vistas en conjunto, estas cuatro fases proporcionan una guía del proceso de preparación del discurso (en rigor la Retórica clásica distinguía cinco fases: la invención, la disposición, la elocución, la memoria y la acción. Hemos unificado estas dos últimas fases porque, hoy en día, no es necesario aprender los discursos de memoria en prácticamente ningún ámbito).

En el presente capítulo desarrollaremos los dos primeros pasos del método retórico, la invención y la disposición; los capítulos 4 y 5 se ocuparán de las dos siguientes fases. Si el lector sigue las recomendaciones que le ofrecemos (y, a través de nosotros, a los retóricos de la Antigüedad), dispondrá de una orientación práctica y ordenada para aprender la técnica oratoria. Si está dispuesto a comenzar la singladura, embárquese en este apasionante viaje.

3.1. La preparación del discurso: las circunstancias del público, la intención del discurso, la elección del tema o título, la recogida de ideas

Un error frecuente en el que se suele caer al oír a algún orador especialmente brillante consiste en atribuir la facilidad de palabra, la claridad en las ideas y la habilidad dialéctica a un don. Lo bueno de los dones (como, por ejemplo, poseer una bonita voz) es que son algo innato a quienes los poseen; lo malo es que su disfrute está vedado a quienes carecen de ellos. Afortunadamente para nosotros, como venimos repitiendo, la habilidad oratoria no es un don, sino *una técnica*, que se puede adquirir con esfuerzo y dedicación. Si el lector de estas líneas siente miedo cada vez que se ve obligado a hablar en público porque no se considera dotado para ello, tranquilícese. Con la ayuda de un método, el *método retórico*, usted podrá emitir un discurso totalmente adaptado a las circunstancias y favorable a sus objetivos.

Para hacer más comprensibles las ideas que vamos a desarrollar le proponemos dos circunstancias distintas en las que es necesario hablar en público. Estas situaciones concretas permitirán ejemplificar cómo se crea un discurso en una situación concreta y ayudarán al atribulado lector que se encuentre en un trance parecido.

En primer lugar, nos pondremos en la piel de un alto ejecutivo que trabaja para una importante multinacional de vehículos al que corresponde defender la pertinencia de fabricar un nuevo modelo de coche en una fábrica española, en lugar de trasladarla a otro punto de Europa. Esta intervención es decisiva, porque de su defensa puede depender el futuro de muchos puestos de trabajo (comenzando por el suyo).

En segundo lugar, imaginaremos que somos un ingeniero informático recién licenciado y nos enfrentamos por primera vez a una entrevista de trabajo para un suculento puesto en una empresa de tecnología informática, en la que tenemos que competir con numerosos candidatos.

3.1.1. Adecuación del discurso a las circunstancias

Lo primero que tenemos que hacer es *estudiar el terreno*. Es decir, debemos *analizar las circunstancias en las que se va a producir nuestra intervención*, así como el *tipo de público* al que nos vamos a enfrentar, *lo que dicho público espera de nuestro discurso* y, asimismo, *lo que queremos y/o podemos conseguir*.

En el caso de la reunión en la multinacional es esencial saber que nuestro discurso se va a dar en el ámbito profesional; que nuestros interlocutores, en su mayor parte, son superiores jerárquicos nuestros en la empresa; que lo que esperan son argumentos que defiendan nuestra postura, y que posiblemente manejen informes técnicos que conozcan de antemano. Tampoco olvidaremos el carácter dialéctico de nuestro discurso: nos enfrentamos a otros interlocutores, que van a exponer sus argumentos para ser ellos quienes fabriquen el nuevo modelo de automóvil; ellos, a su vez, habrán estudiado nuestra postura.

En el caso del ingeniero informático hay que tener presente que la entrevista de trabajo es un examen de nuestras capacidades profesionales y personales en la que existe una situación asimétrica, ya que nuestro entrevistador dispone de un poder del que carecemos nosotros. Es importante ajustarnos a lo que se espera de un buen trabajador (si bien esta característica variará en función del puesto de trabajo). No hay que olvidar que la entrevista contendrá un número de preguntas personales destinadas a examinar nuestras reacciones, ni tampoco que nuestra entrevista se evaluará con las entrevistas de los otros aspirantes.

Todas las circunstancias que acabamos de exponer constituyen el contexto en el que se va a evaluar nuestra intervención y sería suicida, desde el punto de vista argumentativo, no tenerlas en cuenta. Recuerde:

> Todo discurso que no tenga en cuenta las circunstancias de emisión está condenado al fracaso.

Hemos dejado un aspecto por comentar: *lo que queremos y/o podemos obtener con nuestra intervención.* En efecto, antes de planificar lo que vamos a decir es esencial tener una idea clara y definida de qué es lo que pretendemos con nuestro discurso, es decir, de cuál va a ser nuestro punto de llegada. Asimismo, hay que analizar de forma realista nuestros objetivos y saber a cuáles podríamos renunciar llegado el caso y cuáles constituyen el núcleo irrenunciable de nuestra propuesta. Recuerde que la finalidad última de una intervención hablada es la de *convencer* a un público de algo y que, con mucha frecuencia, solo se consigue persuadir de manera parcial, por lo que nunca debemos pensar en alcanzar todos nuestros objetivos a la vez. La relación entre hablar y convencer ha sido puesta de manifiesto repetidas veces en Retórica y en Lingüística. El lingüista francés Jean-Claude Anscombre afirma que hablamos siempre para algo, y que detrás de cada una de nuestras intervenciones, por anodinas que parezcan, se esconde una intención. Así pues el lenguaje está dirigido a influir en las creencias y comportamientos de los otros.

En la reunión de trabajo sabemos que nuestro objetivo final consiste en conseguir la fabricación de un modelo de coche en España, pero haríamos mal en no calcular posibles situaciones alternativas con las que se puede obtener un éxito parcial: ¿estaríamos dispuestos a ceder una parte de la producción a otras filiales para convertirlas en aliadas de nuestra postura? ¿Contemplamos la posibilidad de realizar solo algunos componentes, de ajustar el volumen de nuestra plantilla, de disminuir el sueldo de nuestros trabajadores, de invertir en modernizar nuestras instalaciones? Tampoco estaría de más que definiéramos de forma realista qué constituiría un fracaso y que supiéramos, de acuerdo con nuestra priorización, de qué objetivos estamos dispuestos a despojarnos en un más que probable proceso de negociación.

En el caso de la entrevista es importante determinar cuál va a ser nuestra posición como empleados, es decir, cuánto estamos dispuestos a dar y qué pretendemos recibir. ¿Seríamos capaces de dejarlo todo por un sueldo de mil doscientos euros? ¿Estaríamos dispuestos a trabajar horas extra sin cobrar? ¿Vamos a plegarnos en todo a las exigencias del entrevistador o existe un límite que no vamos a traspasar? Recuerde que una actitud excesivamente servil puede resultar tan negativa para sus objetivos como una actitud demasiado exigente.

> Sepa en todo momento cuáles son sus objetivos y sepa distinguir lo básico de lo accesorio para un hipotético caso de negociación.

Saber que hablamos para convencer es necesario, pero no es suficiente, puesto que diferentes públicos se convencen de forma distinta. Los argumentos que son válidos en la Gran Feria del Tarot y de los Amuletos no van a ser aceptados en el Congreso Nacional de Astronomía, porque las creencias de ambos públicos son completamente diversas. Tampoco los paroxismos producidos por un telepredicador van a reproducirse si repite su mensaje en una discoteca de música *dance* porque el público, que comparte sus ideas en el primero de los escenarios, es indiferente a las mismas en el segundo. Quien no calcule esta diferencia produce un discurso inadecuado, y los discursos inadecuados raramente convencen (¿tiene el lector hijos adolescentes?). Antes de ponerse a escribir su discurso, piense en cuáles son los argumentos que su público va a aceptar:

> Cada público admite como válido un conjunto diferente de argumentos.

 Nuestro ejecutivo está pensando en su intervención. Tiene en cuenta argumentos económicos, de producción y de coherencia con la estructura global de su empresa. Como conoce la filosofía interna de la misma, cuida que sus argumentos estén en consonancia con lo que se suele hacer en casos parecidos. Al llegar al final de su lista de argumentos aceptables piensa en incluir uno de tipo emocional, referido al destino de las familias que se quedarían sin empleo en caso de deslocalización, pero lo rechaza rápidamente: el destino de las familias de los trabajadores no es un argumento que vaya a pesar en la decisión final y, en última instancia, los puestos que se mantengan en España se van a perder en otra parte del mundo, lo que neutraliza la fuerza argumentativa del mismo dentro de la visión global de la empresa, así que tacha el argumento emotivo y sigue con su lista de argumentos profesionales.

El ingeniero informático piensa en cuáles son sus principales virtudes y defectos para el puesto al que opta. Llega a la conclusión de que su mayor virtud es su excelente preparación académica y su brillante currículum; su mayor defecto, por el contrario, es la falta de experiencia. Considera que la falta de experiencia es evidente para el entrevistador, de modo que decide resaltar su capacidad de aprendizaje como contraargumento con el que contrarrestar una desventaja de partida inocultable: los inconvenientes que pueda producir su bisoñería pueden quedar compensados con creces en cuanto aprenda los modos de trabajar y la filosofía de la empresa.

Llegados a este punto, ya sabemos en qué circunstancias vamos a hablar, qué es lo que pretendemos conseguir y cuál es el tipo de razonamientos que nuestro público va a considerar como válidos. Todos estos condicionantes actúan como *limitadores externos* de nuestro discurso y plantean la frontera que no debemos traspasar si queremos obtener el éxito comunicativo. Es el momento de comenzar a articular las ideas que van a formar nuestro discurso.

3.1.2. Selección y ordenación de las ideas

La tendencia general del que tiene que preparar un discurso consiste en ponerse a escribir de inmediato un texto, unos apuntes o unas fichas. Ponerse manos a la obra es una sensación gratificante: parece que ya se ha adelantado parte del trabajo cuando un par de líneas comienzan a cubrir el papel o la pantalla en blanco del ordenador. Sin embargo, apenas se agota el inicio fulgurante que se había entrevisto aparece un sentimiento de bloqueo que impide continuar. La primera fase en la preparación de una intervención no consiste en ponerse a escribir, sino en *seleccionar y ordenar ideas* (de entre aquellas que van a ser aceptadas por el auditorio). Las ideas son la columna vertebral de nuestra intervención; sin ellas cualquier discurso se hace vago e indefinido (y, por mucha facilidad de palabra de que disponga el orador, la ausencia de contenidos no se puede disimular).

Seleccionar supone elegir. Ante un tema determinado, especialmente si es de tipo técnico, es muy frecuente que dispongamos de una cantidad superior de datos a la que podemos exponer en un tiempo limitado. En esta fase deberemos *elegir los argumentos que mejor se ajusten a nuestros objetivos.* Recuerde que lo importante es que la relación entre los contenidos sirva a nuestro objetivo último de convencer.

La selección de argumentos está supeditada a una *estrategia.* Dado que todo nuestro discurso está orientado a un fin, nada en su composición debe ser ajeno al mismo. Si nuestro objetivo es convencer a una audiencia, nuestras ideas deben ser las mejores para ello. En esta fase es necesario hacer acopio de *datos;* éstos tendrán que ser más abundantes y más técnicos cuanto más especializado sea el tema y el auditorio. La sociedad actual produce una sobreabundancia de datos. No confíe, sin embargo, en el valor probatorio de los datos aislados: desgajado de un proceso argumentativo, difícilmente puede un dato ser utilizado como elemento de convicción. Usted tendrá que decidir *cuáles* y *cuántos datos va a utilizar,* teniendo en cuenta que una intervención sin ellos (especialmente en el ámbito profesional) producirá un discurso vacío, y una intervención plagada de datos dará lugar a un discurso excesivamente técnico, que provocará el aburrimiento de la audiencia. Tenga asimismo en cuenta que los datos más especializados suelen estar en poder de los interesados antes de la reunión y que son estudiados por los técnicos competentes, que elaboran informes.

 Nuestro ejecutivo tiene ante sí informes, memorandos, balances con los resultados de la filial española, tablas con los índices de producción de los distintos países, comparativas con los puntos fuertes y débiles de las factorías aspirantes, así como un plan de viabilidad. A partir de estos datos debe encontrar un hilo argumental en el que basar su defensa. En principio parece una opción difícil de defender; las otras candidatas son la factoría inglesa, del mismo país que la multinacional; la checa, que cuenta a su favor con su situación estratégica y sus bajos costes de producción; y la alemana, que cuenta con los obreros mejor preparados. Finalmente; decide basar su argumentación en la buena relación entre coste del producto, índice de productividad de su factoría, cercanía a vías de transporte y estructura de la plantilla. El coste de fabricación no es más barato que el de la factoría checa, pero tampoco es el más caro. El índice de productividad no es superior a la opción alemana, pero no es excesivamente inferior. La cercanía a un puerto de mar neutraliza la posición marginal de España comparada con las factorías del Este europeo. Por último el reciente ajuste de plantilla permitiría asumir los nuevos costes de producción sin invertir en prejubilaciones, al contrario de lo que sucede en el caso inglés. Aislado, ninguno de estos factores favorece a la opción española pero, en conjunto, dan un resultado equilibrado.

El recién licenciado, por su parte, dispone de un currículum en el que se resume toda su formación. Este documento fue enviado unas semanas antes a la empresa y es bastante probable que haya sido la lectura del mismo la responsable de esta entrevista, pero no es seguro que el entrevistador al que se va a enfrentar sea la misma persona que seleccionó su currículum; aun en dicho caso es muy posible que se haya olvidado de las cualidades positivas del candidato. Por ello el licenciado decide resaltar en la entrevista aquellas características de su formación que le sean más favorables. Lo primero que hace es repasar el anuncio de trabajo de la empresa informática, donde se destacaba la experiencia previa, el conocimiento de sistemas expertos y webs semánticas, así como el dominio de idiomas y la capacidad de innovación. A continuación analiza sus posibilidades. Su mayor inconveniente es la falta de experiencia; su mayor ventaja, el conocimiento avanzado de francés, producto de una estancia en una universidad francesa, y sus prácticas en una empresa que estaba desarrollando una web semántica. La falta de experiencia laboral no se puede ocultar, así que decide compensar esta ausencia presentando sus prácticas como experiencia en el tipo de trabajo que se solicita. Asimismo resaltará de forma implícita su facilidad para asimilar nuevos conocimientos.

Además de los datos existen otros dos tipos de materiales de los que se puede servir en su discurso. El primero es la *argumentación*; el segundo, la *apelación a los sentimientos del auditorio*.

Una argumentación es un encadenamiento de pensamientos que da lugar a una conclusión (por ejemplo, en el caso de: *Si aumentan los tipos de interés, las hipotecas suben*). Se puede pasar de un argumento a una conclusión porque existe una idea subyacente, admitida por los oyentes, que lo permite (en el caso anterior «el paradigma económico dominante así lo establece»). Una consecuencia importante de esta idea es la siguiente: el conjunto de conclusiones aceptables variará en función de la audiencia (nuestro ejecutivo no se atrevería a emplear una argumentación como la que hemos expuesto arriba, por ejemplo, ante el Comité Sindical de su empresa).

Aunque podría pensarse que argumentar es una actividad propia de abogados, parlamentarios y filósofos, la lingüística moderna ha subrayado que la posibilidad de establecer relaciones entre argumentos y conclusiones se da en el lenguaje cotidiano, porque argumentar es una característica propia del lenguaje. Según esta concepción, *todos los hablantes argumentamos todos los días*, al igual que los parlamentarios en los grandes debates, de modo que cuando usted dice a su pareja «como necesitamos más espacio en casa, y ya que estamos juntos (argumentos), vamos a ordenar los armarios (conclusión)» estamos realizando básicamente la misma operación que la del famoso silogismo «todos los hombres son mortales; Sócrates es hombre (argumentos), luego Sócrates es mortal (conclusión)». La única diferencia en ambos casos radica en que las reglas para formar silogismos lógicos son más estrictas que para crear argumentaciones cotidianas: para el filósofo los argumentos deben ser verdades incontrovertibles y la conclusión se debe derivar de los mismos. En la práctica cotidiana basta con que los argumentos sean aceptados y que la conclusión esté garantizada por ellos.

Desarrollemos algo más esta idea: lo importante, tanto de argumentos como de conclusiones, es que sean *aceptados* por nuestros interlocutores. Por eso *la forma de argumentar estará sujeta a diferencias culturales*. No se sorprenda si un argumento perfectamente aceptable para un español resulta extraño a un venezolano, a un mexicano o a un cubano; o si lo que le suena perfectamente admisible en español o catalán parece absurdo expresado en alemán o en inglés. Si se enfrenta a una audiencia que no pertenece a su misma sociedad, procure averiguar qué tipos de argumentación va a rechazar; de lo contrario puede encontrarse con problemas inesperados.

Un viajero español se dirige a los Estados Unidos. Al facturar su maleta en Vigo le comunican que pesa dos kilos de más y que deberá pagar exceso de equipaje. Para evitar el pago el viajero explica con una sonrisa encantadora que lo que el equipaje contiene son instrumentos necesarios para desarrollar el trabajo para el que ha sido contratado en América, añadiendo que solo se trata de dos kilos de más y que en ese preciso momento no tiene euros porque solo lleva dólares. El agente de la compañía aérea toma en consideración sus argumentos, considera que la infracción no es especialmente grave y que el exceso está producido por cuestiones laborales, es decir, necesarias; de modo que le perdona el pago y le da su tarjeta de embarque, contando con el efusivo agradecimiento del viajero.

A la vuelta el mismo viajero se encuentra con idéntico problema en un aeropuerto norteamericano. Animado por su anterior éxito, el español comienza una larga explicación que no llega a ser acabada, porque el empleado de la línea aérea le responde con cara de póquer que ése no es su problema y que, si quiere la tarjeta de embarque, deberá pagar el sobrepeso. Avergonzado, el viajero paga con la sensación de no entender qué está ocurriendo.

Un estudiante alemán solicita su expediente académico en Tubinga para optar a una estancia en una universidad española. Al examinarlo descubre un par de errores en sus calificaciones, por lo que se dirige al funcionario de secretaría en su facultad y le pide que le entreguen una copia corregida del mismo. El funcionario le dice que eso no es posible, a lo que el estudiante responde que corregir el documento es su responsabilidad. El funcionario guarda un silencio pensativo, examina el documento y le responde que en media hora estará listo. El estudiante se retira de la cola exultante.

Antes de acabar su estancia en España el mismo estudiante solicita una copia de su expediente académico al funcionario correspondiente en su facultad española, a lo que éste responde que el responsable de este trámite está ausente y que vuelva más tarde. El estudiante alemán, con cara seria, le dice que él necesita el expediente en ese momento y que solucionar ese problema es responsabilidad del funcionario. Éste le responde que un estudiante no es quién para decirle cuáles son sus responsabilidades y le recomienda aprender educación. El alemán se retira de la ventanilla perplejo.

En los ejemplos que acabamos de exponer se cruzan dos tipos de argumentaciones: la primera, frecuente en las sociedades mediterráneas, podría denominarse «de acercamiento» (véase capítulo 1, apartado 1.5 y capítulo 6, apartado 6.2.1): el interlocutor es animado a colocarse en la situación del otro y a relajar sus exigencias, porque él también podría estar afectado por el mismo problema. Es lo que hace el viajero español al partir. Como el interlocutor comparte su sistema de referencias, el argumento resulta convincente y el emisor consigue su objetivo. Sin embargo, a la vuelta se encuentra con un interlocutor que activa una estrategia distinta, que podríamos denominar «de distanciamiento» (véase capítulo 1, apartado 1.5 y capítulo 6, apartado 6.2.1), por la que todo individuo está obligado a tratar los asuntos sobre los que tiene jurisdicción, pero no tiene por qué ocuparse de situaciones excepcionales. Ante el español, que despliega su estrategia de acercamiento, el funcionario americano rechaza el argumento basándose en razones de responsabilidad; de ahí el fracaso argumentativo del viajero.

En el caso del estudiante alemán, los parámetros son los mismos, pero se aplican en la dirección contraria: en Alemania la estrategia de distanciamiento, compartida por hablante y oyente, resulta argumentativamente adecuada. En cambio en España sus argumentos son rechazados, puesto que no existe una idea subyacente que convierta en válido el argumento «es su responsabilidad». Más aún, la actitud del estudiante genera rechazo por parte del funcionario, que no se pone en su lugar y se sitúa en los límites estrictos de su trabajo.

Además de los contenidos *la estructura del lenguaje influye en los encadenamientos entre argumentos y conclusiones.* Tomemos dos argumentos: «ser caro» y «estar bueno», y una conjunción, «pero». Combinándolos podemos decir tanto «La langosta está buena, pero es cara», como «La langosta es cara, pero está buena». Los hechos son los mismos; sin embargo, las conclusiones a las que nos llevan ambos enunciados son completamente opuestas: mientras que la primera sirve como un argumento para no comprar langostas, la segunda sirve para todo lo contrario. Esto significa dos cosas: en primer lugar que, en el lenguaje, el orden de los factores sí altera el valor del producto. En segundo lugar que existen clases de palabras cuya misión consiste en ordenar el encadenamiento de argumentos, imponiéndoles una estructura. Como acabamos de comprobar «pero» es uno de estos elementos. Su función es doble: en primer lugar opone dos argumentos que llevan a conclusiones distintas (así, «La langosta es cara» es un argumento para no comprar, mientras que «La langosta está buena» es un argumento para comprar); en segundo lugar indica que, de los dos argumentos unidos, el segundo es el más importante: por eso, en los ejemplos anteriores, todo el enunciado posee el valor argumentativo del elemento que aparece en último lugar:

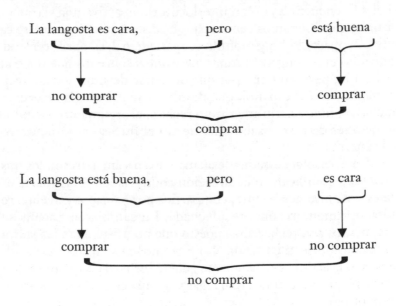

«Por tanto» o «por consiguiente» y, en general, todas las conjunciones consecutivas, indican una relación entre argumentos (antes de la conjunción) y conclusión (inmediatamente detrás de la misma): «La causa ha sido archivada, por consiguiente soy inocente». «Poco» o «apenas» se utilizan cuando se quiere orientar un argumento hacia lo negativo («María ha trabajado poco» o «su voz apenas se oye»), mientras que «un poco» o «casi» sirven para orientar un argumento hacia lo positivo («María ha trabajado un poco» o «su voz casi se oye»). Obsérvese que en el primer caso se podría concluir «Habrá que despedirla» o «Al teléfono se le están acabando las pilas», mientras que en el segundo dichas conclusiones no son posibles:

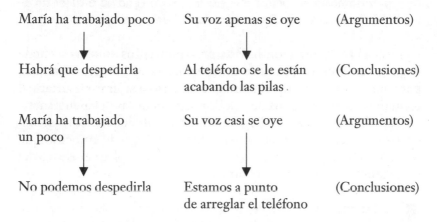

María ha trabajado poco	Su voz apenas se oye	(Argumentos)
↓	↓	
Habrá que despedirla	Al teléfono se le están acabando las pilas	(Conclusiones)
María ha trabajado un poco	Su voz casi se oye	(Argumentos)
↓	↓	
No podemos despedirla	Estamos a punto de arreglar el teléfono	(Conclusiones)

Lo dicho debería servir para prestar atención a la progresión de una argumentación en el discurso y a los mecanismos con los que se consigue encadenar las ideas. Este proceso no debería pasarse por alto en la planificación de una intervención, especialmente si se va a producir en un contexto de conflicto.

Hemos realizado un breve examen de las ideas basadas en hechos y de las realizadas por argumentación. Solo quedan por analizar los *argumentos basados en las emociones*. Éstos utilizan referencias a datos o a hechos del mundo pero, a diferencia de los argumentos, pretenden, en lugar de una conclusión, avivar los sentimientos más básicos del auditorio. Las referencias al amor, a la patria, a la tierra, a la seguridad, a algunos derechos básicos o a las tradiciones forman parte de este tipo de argumentaciones emotivas. A menudo la argumentación emotiva es manejada por oradores con una formación poco académica, por lo que parecen inofensivos y fácilmente neutralizables. Sin embargo, los argumentos basados en emociones se escapan de los encadenamientos racionales, por lo que son muy difíciles de contrarrestar. Veamos un ejemplo:

Un técnico del Gobierno acude a una cooperativa de agricultores para explicarles que, por razones técnicas, el trasvase de agua que reclaman no va a ser concedido. Tras una exposición razonada y razonable de motivos toma la palabra el alcalde de la localidad y argumenta que, mientras en otras regiones despilfarran el agua, su campo se muere de sed y que, igual que un padre no pararía hasta encontrar pan para su hijo, él no va a dejar de luchar hasta que consiga calmar la sed de su campo.

Una argumentación basada en argumentos emotivos puede llegar a tener un efecto devastador sobre el oponente. Manejada por un orador experto, alineará al auditorio a su favor y dejará al contrincante en una situación delicada. Una de las pocas alternativas, en el caso de que se dispongan datos suficientes, consiste en deconstruir el discurso emotivo y demostrar que la emoción que recorría al orador era falsa, con lo que se puede volver el efecto del argumento emotivo en su contra.

El técnico responde que, si el alcalde hubiera actuado como un padre con su hijo, habría pedido ayudas al Ministerio para efectuar prospecciones, o habría solicitado subvenciones para modernizar los sistemas de riego, o no habría aprobado la construcción de un campo de golf en su término municipal. Pero el alcalde, al contrario de lo que ha sucedido con otros alcaldes de municipios vecinos, no ha llevado a cabo ninguna de estas iniciativas, por lo que, siguiendo el símil propuesto, se trata de un extraño padre.

Recuerde que tanto datos como encadenamientos argumentativos y argumentos emotivos están subordinados a una estrategia global, en la que se define de dónde se quiere partir y adónde se pretende llegar. Nunca desprecie la estrategia. No crea que por defender temas «justos», «racionales» o «de sentido común» va a salir ganador en una confrontación dialéctica. En debates públicos no es extraño que los contertulios que sostienen una postura extrema salgan airosos de los mismos, aun cuando tengan al resto de los participantes en contra. La razón es simple: éstos han estudiado cuidadosamente los argumentos que van a utilizar para atacarlos mientras que aquéllos, confiados en la razón de sus propuestas, no creen necesario un trabajo de este tipo. *Si un oponente ha estudiado sus argumentos y los rebate, usted se puede quedar sin capacidad de respuesta.* Al igual que en las batallas la elección del terreno (dialéctico, en este caso) es fundamental para el desarrollo posterior del discurso.

La elección del terreno es importante, pero no olvide que un debate es un proceso dinámico en el que todos los interlocutores van a intentar proponer sus argumentos como los únicos válidos para el desarrollo del discurso. Una de las habilidades retóricas más importantes consiste precisamente en que los aspectos que se discutan del tema sujeto a debate sean precisamente los que el orador desee (la actualidad política ofrece frecuentes ejemplos de cómo un determinado partido, independientemente de que se halle en el Gobierno o en la oposición, puede fijar la «agenda política» de cada legislatura). Como venimos repitiendo, esta habilidad se consigue con un estudio previo de cuáles son las opciones del/de los oponente(s), así como de las estrategias necesarias para neutralizarlas. Nunca pierda de vista cuál es la deriva del debate o caerá en la estrategia de la parte contraria.

No permita que lleven el debate a un terreno que no sea el suyo.

 El ejecutivo estudia en qué se van a basar los proponentes de las tres opciones concurrentes: el checo defenderá el menor coste de fabricación, así como la cercanía a los centros de distribución europeos. El alemán se servirá de este último argumento, así como de la mayor capacitación de sus operarios. El inglés jugará la carta implícita de pertenecer al mismo país que el de la empresa matriz, así como la cercanía de su fábrica a los mayores puertos europeos. Por su parte la propuesta española cuenta con las desventajas de la situación y de los costes de fabricación. El ejecutivo piensa en cómo intentar resaltar su posición y evitar los ataques a la opción española. Decide finalmente proponer la decisión como un proceso multifactorial y atacar cualquier intervención que tenga en cuenta un único factor. Si consigue que la discusión de las opciones se haga en el plano global, habrá llevado la discusión a su terreno.

En resumen, esta sección ha presentado *dos factores que limitan la producción* de un discurso: *las circunstancias en que se va a producir y los objetivos que se pretenden* con el mismo. Asimismo hemos expuesto los principios que guían la primera fase de creación del discurso: la *selección de ideas* y el *uso de datos, encadenamientos argumen-*

tativos y *argumentos emotivos*. Por último hemos destacado la *importancia de la estrategia global* a la hora de planificar y estructurar un discurso.

3.2. ORDENAR LO QUE SE VA A DECIR. JERARQUIZACIÓN DE LAS IDEAS. EL GUION

Llegados a este punto, ya sabemos lo que queremos decir, de qué ideas nos vamos a servir, cuál es su procedencia y cuál es la estrategia que vamos a desarrollar. Es el momento de *ordenarlas*, así como de *establecer el guion definitivo* de nuestro discurso.

Puede que a usted esta fase le parezca poco importante; al fin y al cabo las ideas son las ideas y su ordenación no parece deber estar sujeta a más restricciones que a la comprensibilidad; es decir, que las causas no precedan a las consecuencias, que los hechos se describan en sucesión temporal y poco más. En definitiva, que el orden no tendría nada que ver con el tipo de discurso. Si piensa así, considere que todo discurso, como un menú, se divide en partes y, al igual que con los menús, no se puede tomar cualquier alimento en cualquier parte de la comida. A nadie se le ocurriría comenzar una cena con una copa de brandy, seguir con café y helado para acabar con una sopa caliente. Del mismo modo la progresión de nuestras ideas se ha de ajustar a un orden, que está determinado en parte por cuestiones de atención. Si nuestro discurso presenta una buena adecuación entre su estructura y la progresión argumentativa, nuestros contenidos serán bien asimilados. Si, por el contrario, no respetamos esta restricción, (parte de) nuestro discurso se perderá y no será procesado por nuestra audiencia. Por tanto recuerde:

> La estructura de un discurso determina su comprensión.

Por supuesto, al igual que sucede con los menús, no existe una única forma de organizar la disposición de los platos. Las cenas de navidad, por ejemplo, tienen varios capítulos de postre (fruta, frutos secos, turrones y mazapanes, pasteles) y los banquetes de bodas cuentan con un plato de carne y uno de pescado. En ambos casos los comensales están encantados. También nosotros contamos con varias posibilidades de organizar nuestro material. En este apartado distinguiremos, en primer lugar, las partes en las que se divide un discurso (apartado 3.2.1) y, en segundo lugar, estudiaremos diversos modelos de ordenación discursiva (apartado 3.2.2).

3.2.1. La partición de un discurso

Una forma sencilla de dividir un discurso en partes consiste en distinguir una *introducción*, un *desarrollo* y una *conclusión*. Así aparece descrito, en efecto, en muchos manuales al uso. La primera parte consiste en una toma de contacto con el público; la segunda carga con el desarrollo de las ideas y la tercera resume lo dicho anteriormente y cierra el discurso. *Esta división tripartita* puede ser válida para casos sencillos, pero *resulta insuficiente* ante discursos largos o más complicados. Una vez más la Retórica clásica ofrece un esquema más complejo que puede ser adoptado sin excesivas adaptaciones hoy en día.

Todo discurso, en efecto, comienza con una *introducción*. Dentro de la misma se pueden distinguir dos partes. La primera consiste en un *saludo* y unas palabras de agradecimiento con las que conseguir la atención y la simpatía del público (la tradicionalmente llamada *captatio benevolentiae*). Quisiéramos llamar la atención sobre el saludo (véase capítulo 9): suele ser cada vez más frecuente que los oradores que toman la palabra en distintos ámbitos (exámenes, oposiciones, reuniones de trabajo, juntas de accionistas, juicios) no agradezcan dicha toma de palabra y que, cuando lo hagan, no sepan los términos con los que se deben dirigir a su audiencia. Observe que pocas veces alguien se sienta de modo voluntario para dejar hablar a alguien durante media hora. Aunque no lo parezca en la sociedad actual *escuchar es un acto de cortesía* que debe agradecerse, porque implica la cesión al orador de un bien escaso: el tiempo (y, por tanto, será un acto de descortesía hacerle malgastar el tiempo con un discurso mal planificado). Igualmente importante es saber los términos con los que el orador se debe dirigir a su audiencia, especialmente si dicho orador se está jugando algo importante, como suele ocurrir, por ejemplo, en los exámenes de oposiciones. En España se extiende cada vez más la idea de que hay que evitar los formalismos en todas las ocasiones y que hablar coloquialmente es mejor que resultar excesivamente formal. Esta idea es incorrecta: hay situaciones en las que es necesario ser formal, y formal significa aquí *adecuado a las circunstancias*. Recuerde cuándo y ante quién va a hablar y tenga previsto el saludo adecuado; no se arriesgue a causar una mala impresión de partida por una cuestión de forma. Recuerde, asimismo, que si usted no saluda a su audiencia o lo hace de una forma inadecuada, resaltará la ausencia de algo que se le presuponía: el respeto y la consideración hacia la misma (véase capítulo 6).

La ausencia de cortesía provoca un efecto negativo en el auditorio.

El licenciado piensa en cómo va a saludar a su entrevistador. Descarta «buenas» por demasiado informal; «hola» y «¿qué tal?» le sugieren una confianza excesiva. «Buenos días tenga usted» le parece anacrónico; valora asimismo la posibilidad de no saludar y, finalmente, escoge un saludo neutro: «Buenos días, ¿cómo está?».

La segunda parte de la introducción consiste en un *resumen de los principales puntos que se van a tratar* en nuestro discurso, así como de las secciones en que se va a dividir *(partitio)*.

Nuestro ejecutivo piensa en cómo empezar su discurso. Las primeras palabras son especialmente importantes, ya que van a crear una imagen suya en su auditorio y lo van a predisponer a su favor o en su contra. Después de pensarlo decide ser neutro y agradecer simplemente la palabra dada, continuar subrayando la importancia de la decisión que se discute en la sala, resaltar el aspecto cooperativo de todas las propuestas para el bien de la empresa y avanzar las líneas maestras de su argumentación. Aunque no lo parezca hay en esta decisión una captación, ya que, al poner de manifiesto lo importante de la decisión para la empresa, está ensalzando de forma indirecta el papel de los responsables, subrayando de este modo su valor. Por otro lado al superponer los intereses de la empresa a los de las distintas filiales, el orador se sitúa en una posición aparente de inferioridad, que ensalza su papel de «buen empleado».

Quisiéramos llamar la atención sobre la importancia de la partición. A menudo olvidamos que un discurso oral se produce en unas condiciones muy distintas a las de un discurso escrito. Aunque las diferencias son muchas (ya se han señalado algunas en los capítulos 1 y 2) vamos a destacar aquí dos: la primera consiste en la velocidad: estudios lingüísticos calculan que hablar es diez veces más rápido que escribir, y una proporción menor se da entre escuchar y leer. La segunda diferencia tiene que ver con la imposibilidad de volver a escuchar lo que ya se ha dicho. A menos que nuestra audiencia esté grabando nuestro discurso las palabras pasadas no se pueden recuperar; esta opción, por el contrario, está disponible en el texto escrito, donde el lector puede volver a leer páginas anteriores. Estas características producen que buena parte de la información se pierda, ya que el oyente puede estar distraído, poco atento o, simplemente, estar pensando una idea previa. Por ello se hace esencial introducir resúmenes, sintetizar lo ya dicho y avanzar las ideas futuras en diversos momentos del discurso, con lo que se puede compensar, mediante la repetición, el volumen de información que se pierde por las características intrínsecas de la oralidad. De este modo ayudamos a que el oyente recree en su cabeza el esquema de nuestro discurso. (Si algún lector escéptico no nos cree, le aconsejamos que escuche atentamente a un entrevistado durante cinco minutos e intente resumir a continuación cuáles han sido sus ideas principales).

El *cuerpo* del discurso puede constar de una *narración* de hechos previos; un *núcleo argumentativo* en el que se desarrollan las principales ideas del discurso; una *refutación* de los argumentos de los rivales y, finalmente, un *epílogo*. Comentemos una por una estas secciones.

La *narración* es, en apariencia, un resumen ordenado de hechos conocidos, muchos de ellos por la mayoría del auditorio. Es posible reconocer esta parte en las películas que tratan de procesos judiciales: es la escena en la que abogado y fiscal reconstruyen verbalmente ante el jurado los hechos objeto de delito. Pero esta apariencia trivial esconde una poderosa manipulación argumentativa, dado que no existe una reproducción objetiva de hechos. La teoría literaria nos ha enseñado que narrar implica adoptar una posición, una perspectiva, y que narrar desde una perspectiva nunca es neutral. Así que toda narración esconde una manipulación interesada de los hechos que se presentan. La habilidad del orador consiste en presentar los hechos de forma que parezcan objetivos y, por tanto, incontrovertibles, y no sean puestos en duda por ninguno de los antagonistas. La narración es, así, la base sobre la que va a reposar la argumentación de nuestro discurso.

Ahora llega el momento de resumir las fases que han llevado al proceso de decisión que nos ocupa en el ejemplo del ejecutivo de la multinacional. Éste piensa en realizar una narración de antecedentes que le permita enlazar con su línea argumentativa. Así, como lo que va a defender es la necesidad de tomar una decisión que tenga en cuenta varios factores a la vez y no enfatice ninguno en especial, va a hacer una presentación interesada de la historia reciente de la empresa. En concreto se va a centrar en los tres últimos modelos de coche desarrollados por la misma, subrayando no tanto los éxitos de venta que supusieron, sino los problemas internos que causó a la empresa no haber valorado la estructura laboral de la fábrica (modelo X), la relación entre costes de fabricación y cualificación de los trabajadores (modelo Y) o una mala localización de la factoría (modelo Z). Aunque se presente como una serie de hechos, más adelante los va a utilizar como argumentos para defender su idea central.

Después de la narración, que presenta los hechos que nos llevan a la situación actual y que describe los aspectos más importantes de la misma, es el momento de presentar nuestra postura: en esto consiste la *argumentación*. Esta parte concentra el núcleo argumentativo de nuestro discurso y es aquí donde se presentará la mayor parte de las pruebas que sustentan nuestra postura: los datos, los encadenamientos argumentativos y, en su caso, los argumentos emotivos. Si nuestro discurso es de tipo profesional y pretende transmitir una información, al finalizar esta sección todos los oyentes deberían saber con precisión qué es lo que pretendemos o qué opinamos sobre el tema objeto de debate. En caso contrario nuestro discurso posiblemente esté mal construido.

En el ejemplo del ejecutivo hay que enlazar la narración de la suerte de los modelos previos con la posición de la filial española. La idea que enlaza la narración con la argumentación es «debemos aprender de los errores previos», y la conclusión argumentativa será «no se debe basar esta decisión en un único factor preponderante», que a su vez lleva a la conclusión «la factoría elegida debe ser la que presente un mejor equilibrio entre los principales factores de decisión». Aprovechando la narración anterior, nuestro ejecutivo va a defender que los factores que se deben tener en cuenta son la estructura laboral de la fábrica (como en el caso del modelo X), la relación entre costes de fabricación y cualificación de los trabajadores (caso del modelo Y) y la localización de la factoría (modelo Z). Comenzará por concluir que de todas las opciones presentes la española es la que presenta un mejor equilibrio y, a continuación, desarrollará punto por punto cada uno de estos aspectos. Para ello se servirá de una selección de los datos, estadísticas e informes que posea.

La narración se termina con la *disputación*, que es una refutación anticipada de los argumentos de las otras partes. Lo que se pretende en esta sección es anticipar las posibles objeciones a nuestros argumentos antes de que nuestros oponentes puedan formularlas. Al hacerlo ganamos terreno a nuestros adversarios: como somos nosotros quienes exponemos los contraargumentos, podemos prevenir al auditorio, ironizar sobre los mismos, advertir de lo que suele suceder cuando se toma en serio su opinión... En suma, podemos subordinarlos a nuestra voz para hacer que funcionen como nosotros queremos (y aquí es donde se hace evidente la necesidad de una estrategia de la que hablábamos en la sección anterior).

Tras haber presentado la postura de nuestros oponentes podemos pasar a rebatirla. De este modo se contrarresta el factor sorpresa de sus argumentaciones y los obligamos a responder a nuestras contraargumentaciones; si lo conseguimos, habremos llevado la discusión al terreno que deseábamos.

Nuestro ejecutivo ha pensado cuál va a ser la línea de defensa de las otras tres aspirantes, pero decide no entrar en un proceso de confrontación directa porque, como se vio en el apartado de la captación, se ha decidido por la «estrategia del bien común». Así que, sin mencionar directamente a las otras factorías, estima cuál sería el coste de una decisión desequilibrada y presenta un análisis multifactorial que defienda la pertinencia de la opción española como la más rentable a medio y a largo plazo (recuérdese que el público suele aceptar las pruebas de carácter matemático como hechos probados y que, por tanto, poseen un alto poder de convicción).

El *epílogo* es un resumen concentrado de lo que hemos dicho hasta el momento. Se trata de ser sintéticos. *Recuerde que está hablando y no escribiendo.* Es muy importante que señale qué se está debatiendo y cuál es su postura ante dicho tema; que sintetice sus opiniones, de modo que se graben en la mente de sus oyentes; que indique cuántas son, y que resuma en una frase final el núcleo de su propuesta. No tenga miedo de ser insistente. No olvide que lo que en la escritura puede parecer redundante en el habla resulta necesario.

Por último *su discurso se cerrará, al igual que se abrió, con unas palabras que creen una buena impresión en su auditorio,* así como con los agradecimientos de rigor en su caso. Sea discreto al despedirse; excederse en este punto puede provocar la impresión de que usted no está siendo sincero.

Ya hemos pasado revista a las partes de un discurso, así como a las ideas que se van a utilizar en el mismo. Los oradores más expertos suelen fundir ambas fases mediante la redacción de un esquema. En el esquema las ideas se van sucediendo y jerarquizando a medida que el discurso progresa de modo que, con la única ayuda del mismo, un orador puede reproducir el contenido completo del discurso. Sin embargo, cuando las circunstancias lo requieran, especialmente en el caso de discursos de una especial longitud, importancia o complejidad, aconsejamos separar ambos procesos para tener una mayor conciencia de su interacción.

3.2.2. Modelos de estructuración de un discurso

El que un discurso tenga una estructura determinada no quiere decir que todos los discursos deban tener la misma; si la Retórica es un arte es precisamente porque existe la posibilidad de alterar el orden en función de los objetivos del orador. Por ello en esta sección vamos a ofrecer varias formas de estructuración de un discurso, con las que se consiguen diferentes efectos. Tomando los modelos de esta sección con la estructura del discurso desarrollada en la sección precedente, el lector dispondrá de un abanico de posibilidades para ordenar y distribuir su discurso.

Tal vez la forma más sencilla de organizar un discurso sea mediante la *estructura inductiva*, con la que el discurso progresa de forma lineal desde el planteamiento del problema hasta una conclusión, pasando por una argumentación intermedia. El planteamiento puede situarse en la partición o en lugar de la narración y, a partir de este punto, sigue una argumentación que lleva, a menudo sin necesidad de refutación, a una conclusión final que puede colocarse directamente en el epílogo:

Como el acusado hizo X, y como se hallaba en Y, y como se le encontró el objeto Z, concluimos que el acusado es culpable del crimen que se le imputa.

Esta estructura posee la ventaja de reflejar de forma bastante transparente el proceso de razonamiento humano: se parte de un problema, se examinan los aspectos del mismo y se llega, finalmente, a una decisión fundada en razones. Es una estructura por defecto muy útil cuando lo que se pretende es transmitir una determinada información y se quiere primar la transparencia sobre otro tipo de efectos retóricos.

Una alternativa a la estructura inductiva es la *deductiva*. Comparte con la anterior el ser lineal, solo que revierte el orden: se comienza por una conclusión, que se va apoyando con argumentos. La conclusión se suele situar en el lugar de la partición y la argumentación sucede a continuación, normalmente sin narración ni disputación. Con esta ordenación la audiencia conoce desde un primer momento nuestra opinión y se hace posible centrar su atención en las razones que la sostienen.

El acusado es culpable del crimen que se le imputa porque hizo X, porque se hallaba en Y y porque se le encontró el objeto Z.

La *estructura encuadrada* es, a diferencia de las anteriores, circular. Se parte de una idea, como en la estructura inductiva; sigue una serie de argumentos, que aparentemente llevan a una nueva conclusión pero, a diferencia de la estructura inductiva, dicha conclusión vuelve sobre la idea inicial, obligando a reconsiderarla.

Amparo Fuster está hoy de suerte. Ha podido ir a comprar al mercado con treinta euros. Su vecino Andrés, no. Andrés solo puede ir a comprar a una gran superficie, donde los precios son, de media, un 30 por cierto más caros.

La situación de Andrés es la de muchos españoles que se ven perjudicados por su horario de trabajo...

Al coste de la compra se debe añadir el de la gasolina, ya que muchos de estos centros están alejados de los cascos urbanos...

La presencia de intermediarios no contribuye a mejorar el problema...

Las soluciones a los mencionados problemas son, a día de hoy, difíciles...

Mientras tanto, los productos frescos suben un céntimo cada ocho días en España. Hoy lo paga Andrés, mañana puede ser Amparo. En esto, como en tantos otros problemas, la economía familiar no entiende de macroeconomía.

Desde el punto de vista argumentativo es ésta una estructura con la que se pueden obtener efectos muy brillantes, dado que fuerza al oyente a realizar una asociación entre ideas que en un principio no parecían relacionadas y provoca una sorpresa que redunda en provecho retórico para el orador. Es bastante frecuente en los artículos de los semanarios, como el recreado en el ejemplo anterior, donde esta estructura asume la forma de caso particular-reflexión general-caso particular.

Nuestro ejecutivo decide decantarse por una estructura encuadrada. Recuérdese que, al tomar la palabra, había señalado la importancia de la decisión para la empresa. Después de una narración orientada hacia los problemas de modelos previos, había decidido enlazar narración y argumentación con la idea de «debemos aprender de los errores previos», de donde extraer la conclusión argumentativa «no se debe basar esta decisión en un único factor preponderante», que a su vez lleva a la conclusión «la factoría elegida debe ser la que presente un mejor equilibrio entre los principales factores de decisión». Con esta progresión la conclusión de su discurso debería volver sobre la idea «importancia de la decisión», pero enriquecida con la argumentación previa. Decide cerrar su discurso con las ideas «necesidad de no cometer errores» y «relación entre el presente y el futuro de la empresa».

Por último la *estructura en paralelo* consiste en contraponer varias opciones en función de una serie de factores. Este tipo de estructura puede darse en todo el discurso o solo en una parte del mismo (por ejemplo, en una narración que describa cómo se enfrentaron a una situación de crisis tres multinacionales distintas, o en la argumentación, desarrollando las ventajas e inconvenientes de una determinada toma de decisiones). A su vez la estructura en paralelo se puede desarrollar de dos formas distintas: la primera de ellas describe en primer lugar todas las características de la primera opción y a continuación evalúa los mismos aspectos de la segunda, tercera o cuarta opciones:

Éste podría ser el informe de un grupo de técnicos que hubiera evaluado las opciones de las cuatro filiales para la producción de un nuevo motor.

En nuestro examen vamos a tener en cuenta tres factores de forma preponderante: el coste global del producto, la viabilidad de la propuesta y la estructura productiva de cada candidato.

La opción inglesa ofrece una visión realista... Con respecto al coste global... Por último la estructura de la plantilla...

La propuesta alemana cuenta con la ventaja... Los costes de fabricación, por el contrario... Finalmente las prejubilaciones a las que se verá obligada...

La filial española propone... Es cierto que sus costes son sensiblemente superiores... Sin embargo, la estructura laboral permitiría...

La factoría checa combina con equilibrio costes de fabricación y buena estructura productiva. En su contra se halla la posibilidad de que los problemas estructurales de la región repercutan...

Una estructura alternativa consiste en evaluar cada opción con respecto al primer aspecto estudiado, repitiendo la operación para cada uno de los factores objeto de evaluación:

En nuestro examen vamos a tener en cuenta tres factores de forma preponderante: el coste global del producto, la viabilidad de la propuesta y la estructura productiva de cada candidato.

Con respecto al coste del producto la propuesta checa presenta los mejores valores absolutos. Hay que tener en cuenta, sin embargo, que las propuestas española e inglesa no son mucho más costosas...

Los planes de fabricación parecen realistas en los casos... La propuesta alemana, dado el volumen actual de trabajo y la necesidad de externalizar la producción de ciertos componentes, plantea el interrogante de su viabilidad...

Por último la estructura de la plantilla en la factoría española es claramente favorable a nuestro proyecto, especialmente por haber llevado a cabo una reestructuración en los dos años anteriores. El caso británico es similar... Una situación diferente es la que plantea la propuesta checa...

La *elección de un tipo u otro de estructura dependerá*, como en casi todos los aspectos del discurso, *de nuestra finalidad última*.

Resaltamos para terminar la idea más importante de este capítulo: si lo que se pretende al hablar en público es convencer y conseguir que nuestra audiencia haga suyas nuestras ideas, opiniones e iniciativas, *deberemos tener en cuenta en todo momento dónde y ante quiénes vamos a hablar y qué es exactamente lo que pretendemos conseguir*. Estos presupuestos determinan el conjunto de ideas que vamos a seleccionar y su disposición en las distintas partes de nuestro discurso. Si usted se ha preguntado alguna vez por qué se quedaba en blanco en cuanto empezaba a escribir una intervención, tal vez este capítulo le haya dado alguna respuesta, porque sin una planificación global es muy difícil comenzar a darle la forma definitiva a un discurso.

El lector habrá observado que, hasta este momento, todavía no hemos dicho nada de las palabras con las que vamos a expresar nuestras ideas. Para vestir nuestros razonamientos con palabras deberemos pasar a la tercera fase de la operación retórica, la *elocución;* también deberemos pasar al siguiente capítulo.

CAPÍTULO 4

La producción del discurso oral: la claridad en la expresión

Sabemos ya cómo localizar y organizar las ideas que pretendemos desarrollar en nuestra exposición (sea monológica o interactiva). Hemos asumido una serie de consejos útiles sobre lo recomendable y lo no aconsejable en la elaboración previa del discurso oral, tanto si se trata de un discurso de presentación de un ejecutivo que pretende defender la conveniencia de fabricar un nuevo modelo de automóvil en el propio país antes que en otro extranjero como si se trata de la intervención de alguien que va a pasar una entrevista de trabajo de alto nivel (en competencia con otros candidatos) con objeto de acceder a un puesto de ingeniero informático en una empresa privada dedicada a nuevas tecnologías de la información. En ambos casos (y por supuesto, en otros muchos) la actitud expresiva, la capacidad de persuasión, la adecuación de las respuestas, la apariencia personal, etcétera, son factores decisivos— al margen de la valía intrínseca de los profesionales en cuestión— a la hora de alcanzar los respectivos fines. En ambos casos saber hablar será un factor determinante para alcanzar los objetivos pretendidos.

Somos conscientes, en fin, de que la mejor manera de construir el discurso es presentar las ideas en un orden y siguiendo una progresión, desde la *introducción*, pasando por el *nudo* o *cuerpo*, hasta el *desenlace* o *conclusión*. Como ya se ha dicho en el capítulo anterior la introducción implica captar la atención del público (asistentes a una reunión, entrevistador, público más o menos numeroso, etcétera), para lo cual debemos seguir ciertas pautas como, por ejemplo, hacer referencia al tema breve y explícitamente, aludir a nuestra persona reflejando modestia y sinceridad, iniciar nuestra intervención (por ejemplo, en el caso de la reunión aludida en defensa de la fabricación de un nuevo modelo en la filial automovilística de nuestro país) con una pregunta retórica (método sencillo que permite abrir la mente de los oyentes desde el principio mismo de nuestra intervención), una afirmación sorprendente (lo que constituye el llamado «choque técnico») o una cita conocida. Los procedimientos pueden ser muy diversos.

Del mismo modo se advertía previamente de la necesidad de evitar a toda costa ciertos problemas tales como el uso de preámbulos demasiado largos, el recurso a circunloquios embarazosos o a la presentación de excusas banales, la «manía» de empezar machaconamente refiriendo algún cuento o alguna anécdota humorística (lo que puede hacernos perder credibilidad ante el auditorio), etcétera. Imaginemos qué pasaría si iniciamos nuestra entrevista de trabajo de alto nivel contando al entrevistador alguna anécdota personal (negativa) relacionada con otras entrevistas de trabajo anteriores por las que hayamos pasado.

Al margen de la introducción el nudo o cuerpo es la parte donde se distribuyen jerárquicamente las ideas principales del texto; el desenlace o conclusión, por su parte, representa la síntesis del discurso previo, añadiendo en lo posible afectividad (moviendo al público, si se cree oportuno, a la emoción, a la risa, etcétera).

En cualquier caso no debemos olvidar que nuestra exposición oral persigue un propósito y que el éxito de la misma, es decir, la consecución de los objetivos preestablecidos, viene condicionado por el dominio de ciertas habilidades lingüísticas por parte del orador, ya sea un conferenciante, o un ejecutivo que defiende el mantenimiento de la rentabilidad de una fábrica, ya sea un aspirante a un puesto de trabajo de alto nivel, etcétera. Entre los objetivos fundamentales del orador está, pues, dominar los recursos que la lengua le ofrece; el presente capítulo tratará sobre dichos recursos, dividiendo su descripción en dos ámbitos: el de las *tácticas verbales* y el de las *tácticas prosódicas*.

Por un lado el dominio de las tácticas verbales constituye una técnica que puede llegar a dominarse, como viene señalándose, si bien ello exige esfuerzo de asimilación y voluntad de aprendizaje.

Por el otro lado, al hilo de la elaboración del discurso, el autor debe tener en cuenta que su intervención está prevista para ser expuesta oralmente: debe meditar sobre la fuerza acústica de sus palabras, sobre el énfasis con que articulará determinadas fases de su intervención, de la buena o mala recepción por el público de ciertas combinaciones de sonidos...

4.1. TÁCTICAS VERBALES

Tras saber lo que va a decir el orador se enfrenta a otro problema, ¿cómo debe decirlo? ¿qué *recursos lingüísticos* le interesa aprovechar y de qué elementos debería desprenderse? En todo caso, antes de tratar de responder a estas cuestiones, no debemos olvidar algo muy importante: el discurso no es algo que se elabore sobre la marcha de forma espontánea, irreflexiva, etcétera, sino que es el producto final de una elaboración previa, de ahí la conveniencia de plasmarlo por escrito antes de ser expuesto.

Evidentemente, según la naturaleza o las circunstancias del discurso, este escrito preliminar podrá ser muy diverso. Unas veces el texto se escribirá íntegramente (por ejemplo, un discurso de ingreso en la Academia de la Lengua Española); otras veces pueden ser suficientes unas notas breves (el *guion);* en relación con el aspirante informático al puesto de alto nivel ya comentado en líneas anteriores, no le vendría mal preparar de antemano (por escrito, antes de interiorizarlas) las respuestas a ciertas preguntas que pueda formularle el entrevistador («hábleme de usted, ¿qué pretende encontrar en esta empresa?», «¿qué experiencia tiene en relación con el puesto?», «¿por qué piensa que usted es la persona idónea para este puesto?», etcétera).

De cualquier forma se trata, principalmente, de calcular las respuestas más adecuadas a la situación discursiva contraída. Por ejemplo, si le hacen preguntas personales, no le conviene extenderse innecesariamente en la respuesta ni detenerse en detalles demasiado íntimos; una salida airosa puede ser reaccionar preguntando al entrevistador cuáles son los aspectos específicos sobre los que desea información; una pregunta como «¿cuál es su experiencia en relación con el puesto ofrecido?» podría representar una oportunidad para el lucimiento personal, pero no debe olvidar que el entrevistador trata de indagar simplemente sobre su grado de adecuación a las necesidades específicas del puesto. A una pregunta como «¿ha pasado periodos de tiempo en paro?» responda con una preparación minuciosa, ya que no debe dar a entender que la causa de desempleo ha sido su incompetencia...

En definitiva el orador debe entender desde un principio que escribir de antemano el discurso (sea bajo la forma que sea, guion o discurso desarrollado) lo ayudará a reconocer sus deficiencias lingüísticas más habituales y a asimilar las estrategias verbales más idóneas para que el discurso alcance finalmente la apariencia más adecuada. De hecho los errores o «vicios» que la oralidad suele acarrear se observan más nítidamente si el discurso antes de ser oral es escrito: la elaboración previa del discurso permite al autor la corrección de esos errores y lo ayuda a evitar usos lingüísticos defectuosos como anacolutos (construcciones inacabadas, truncadas...), faltas de concordancia...

Por lo demás, antes de formalizar sus ideas y otorgarles el cuerpo definitivo le conviene saber en qué punto del discurso va a ubicar determinados *indicios* que la audiencia desea reconocer en su intervención. Pues bien, usted puede transmitir tales *indicios de fiabilidad* a través de algunas tácticas verbales. Así, es conveniente aclarar al público desde el principio que no le vamos a hacer perder el tiempo; tal sería la función de una frase como «me centraré en los aspectos fundamentales del tema sobre el que voy a hablarles».

Es fundamental también conocer bien a la audiencia y hacérselo saber; por ejemplo, aludiendo al público de forma directa usted favorecerá la *complicidad*. Asimismo, si usted ha sido presentado antes de su intervención, se habrán destacado sus conocimientos y aptitudes, pero tanto si ha sido así, como si no, conviene que usted mismo muestre su dominio del tema.

Otra táctica verbal que el público le agradecerá es *anunciar explícitamente la parte más importante del discurso*; observe la siguiente frase como ejemplo de esta advertencia estratégica: «Aunque sea lo único que nos quede claro de la charla de hoy, confío en que recordarán siempre lo que voy a comentar a continuación; ésta es la idea clave de todo lo que he venido a exponer aquí».

El final de su intervención debe quedar marcado con idéntica precisión; observe como ejemplo la frase «antes de despedirme, y agradeciendo su presencia y colaboración, me gustaría decir...».

4.1.1. Cualidades para una buena expresión oral

De lo dicho hasta aquí se deriva que el discurso oral debe satisfacer ciertos mínimos lingüísticos; en la medida en que se incremente la presencia de esos rasgos el resultado final será elocutivamente tanto más eficaz: no debe olvidar que, en última instancia, el objetivo del orador es influir en sus oyentes, para lo cual debe conseguir que no solo los contenidos sino también las expresiones transmitidas resulten atractivos, interesantes, etcétera, a todos ellos. Pero en lo lingüístico *¿qué características debería cubrir una exposición oral?*

4.1.1.1. Claridad

Imaginemos a un profesor de historia contemporánea explicando a sus alumnos de bachillerato las causas y consecuencias de la Segunda Guerra Mundial en los cincuenta minutos de clase. La limitación temporal impone de por sí una restricción inicial importante: el profesor no puede detenerse en aspectos tangenciales ni apurar ningún elemento puntual. Sobre todo, debe tener en cuenta el nivel intelectual de sus estudiantes por lo que, aunque este profesor hubiera obtenido su doctorado en una prestigiosa universidad con la tesis «El papel de la dictadura franquista durante la Segunda Guerra Mundial», no podría partir de ese estudio como principio y fundamento de su explicación en el aula, ya que en el mejor de los casos su inserción llevaría a crear en el alumnado la impresión (equivocada, por supuesto) de que España desempeñó cierto protagonismo en el desarrollo de esta guerra. El profesor debe optar, en cambio, por la expresión clara de la información. Insistir en la inserción de su tesis como base explicativa de la Segunda Guerra Mundial para un nivel de bachillerato representa un elemento de distorsión de la realidad y de confusión: la mención al papel de España en la segunda gran guerra debería ser poco menos que anecdótica.

En definitiva, la actitud selectiva del profesor se deriva de un hecho obvio: en su expresión lingüística *la exposición debe resultar clara;* si usted es el orador responsable de esta situación deberá adaptar su expresión a la capacidad de captación y comprensión de los oyentes. Por lo demás según a quién se dirija y lo que piense conseguir empleará el medio de transmisión más oportuno. Por ejemplo, habrá muchas diferencias si usted va a dirigirse a personas que reciben su mensaje voluntariamente (imagine que se dirige a un público fervoroso) o si su disertación está destinada a personas que lo atienden por obligación (como era el caso, quizá, del profesor de bachillerato antes mencionado); análogamente la predisposición receptora del auditorio será también muy diferente en diversas situaciones. Recuerde, en definitiva que

> Su discurso debe ser claro. Y no lo será si su exposición no se adapta (no es adecuada) a las características de los receptores.

Entre los recursos lingüísticos específicos que lo ayudarán al objetivo de claridad puede usted usar la *enumeración*, consistente en una exposición sucesiva de partes, de cualidades, de circunstancias..., relativas al objeto tratado; su/s oyente/s entenderán mejor esta secuencia:

«Para entender bien el proceso del desarrollo industrial en la España del siglo XIX hay que tener en cuenta el retraso económico del país, sus insalvables diferencias sociogeográficas, el poco o nulo protagonismo de la burguesía adinerada y el desinterés del Estado por fortalecer el sistema productivo»,

que esta otra:

«El proceso del desarrollo industrial en la España del siglo XIX se enfrentó a un notable retraso económico acompañado de insalvables diferencias sociogeográficas, a los que se añadieron el poco o nulo interés de la burguesía adinerada así como el desinterés del Estado por fortalecer el sistema productivo».

Otro recurso orientado en la misma dirección es la *gradación*, esto es, la presentación escalonada de ideas en progresión ascendente o descendente. Compare, así, las secuencias siguientes, la primera con presencia de gradación, la segunda sin tal recurso; seguramente su eventual auditorio entendería mejor la primera de ellas:

«Para educar bien al niño es necesario comenzar por una vida familiar sin discusiones altisonantes, seguir con cierta flexibilidad en el trato no exenta de mano izquierda, mantener la línea con el fomento de actividades lúdicas creativas y, sobre todo, predicar con el ejemplo de los padres».

«El ejemplo de los padres es fundamental para la educación de los niños. También es importante evitar las discusiones domésticas y los juegos que favorezcan el sedentarismo, y hay que saber castigar a los niños cuando la situación lo requiera».

Lo opuesto a la claridad es la *oscuridad* expresiva; evite este defecto en el que suelen incurrir algunos especialistas cuando mantienen en sus discursos niveles intelectuales demasiado elevados para el público. Estos oradores no cumplen con la regla de oro de adaptar su discurso a la capacidad de captación y recepción de los oyentes. Lea el siguiente ejemplo y reflexione sobre su inadecuación en el caso de que el orador se dirija a un club de amas de casa que ha decidido sufragar una conferencia sobre la obra literaria de Valle-Inclán:

La esquizoidia del barroquismo léxico y el furor neológico ocultan el simplismo de una trama construida como una fábula didascálica más que como el desarrollo de una diégesis meramente indiciaria (ejemplo extraído del libro de G. Reyes *Cómo escribir en español*).

4.1.1.2. Precisión

No se trata solo de ser claro; conviene además *ser preciso*, esto es, decir exactamente lo que se quiere decir sin dar pie a ambigüedades o confusiones en el significado de las cosas. La *precisión* en el lenguaje implica que hemos de expresarnos certeramente, usando las palabras de forma idónea y específica.

Frente a la precisión se sitúa la *ambigüedad*, que se debe a motivos tan diversos como una inadecuada selección léxica del orador o su incapacidad para la explicación de los aspectos más complejos del discurso.

En general la precisión expositiva está relacionada con la obligación del orador de cuidar el uso del léxico, cuestión que podemos ejemplificar en diferentes vertientes (véase un tratamiento extenso de la cuestión en el capítulo 2, apartado 2.3).

Está, por un lado, la tendencia (errónea) al empleo de verbos comodines («tener», «haber», «poner», «dar», «decir», «romper», «cambiar») que conviene alternar con otros de significado más preciso de acuerdo con el contexto; igualmente, es un riesgo para la precisión del discurso «jugar» descontroladamente con la distinción entre los significados de algunos adjetivos derivados de sustantivos («celeste» y «celestial» o «cárnico» y «carnal», por ejemplo, no significan lo mismo). Otros problemas afectan a la valoración del léxico: a menudo las palabras añaden alguna valoración sobre la idea que expresan; los vocablos no siempre son asépticos ni objetivos, sino que pueden llegar a implicar una toma de postura, una opinión ante lo expresado: «trabajador tenaz» no es lo mismo que «trabajador empedernido»; aunque ambos adjetivos significan «constante», la valoración subjetiva de ambos es diferente, positiva en el primer caso y negativa en el segundo. Atiéndase, pues, al uso preciso de los vocablos y expresiones usados.

No escapa a esta revisión el peligro del uso de términos *parónimos*, palabras que se asemejan en cuanto a la forma, pero expresan significados diferentes («inerme/inerte», «preeminente/prominente», «sima/cima»); tampoco el uso de *cultismos* inadecuados, como tendencia a redimensionar las palabras, esto es, a utilizar por puro capricho (más bien pedantería) vocablos de muchas letras en lugar de los términos precisos: «uniformizar» por «uniformar». Relacionados con lo anterior está la atracción ocasional por palabras o expresiones nuevas que nos llegan como creaciones recientes o que, simplemente, representan palabras cultas o demasiado rebuscadas (este último es el caso de algunas palabras de acentuación esdrújula, como «plúmbeo», «hermenéutica», etcétera).

Otras veces, en fin, la confusión de significado tiene lugar entre construcciones más o menos fijadas; obsérvese, así, lo incorrecto de la expresión «su argumento adolece de rigor», frente a la expresión correcta «su argumento adolece de falta de rigor».

Por otra parte, junto con una adecuada selección léxica, usted debería considerar otros aspectos relacionados con el empleo de técnicas lingüísticas apropiadas:
a) intente transmitir una idea por frase o diversas frases para una idea, pero nunca diversas ideas en una sola frase;
b) use un lenguaje concreto, evite las vaguedades y las exageraciones; hable con *propiedad*; no divague ni tampoco permita en el ca-

so, por ejemplo, de una situación discursiva de entrevista, que el entrevistador dé pie a ello: si no entiende bien la pregunta, conviene que solicite mayor concreción en la formulación («¿puede concretarme un poco más?»); evite reacciones del tipo «¿puede repetirme la pregunta?» (podría representar un indicio de dificultad comprensiva o, simplemente, de distracción) y responda de forma firme y convencida, con enunciados ricos en matices;

c) restrinja las *muletillas* o *palabras comodines:* pueden llegar a ser frecuentes en el orador (o el entrevistado), producto a veces de los nervios, como apoyos discursivos, que rellenan vacíos o silencios en el discurso, si bien las *muletillas* denotan en realidad vicios oratorios del comunicador y, en definitiva, sus insuficiencias lingüísticas. Más concretamente no abuse de «bueno», «pues», «o sea», «vale», «¿eh?», «¿no?», «¿entiendes?»... No convierta su empleo en un tic lingüístico.

Hay, sin embargo, algunos recursos que le permitirán reducir al mínimo el uso de muletillas; así, si comienza hablando lentamente, conseguirá algún tiempo para pensar qué va a decir, cómo lo va a decir, etcétera, y evitará así el recurso a la muletilla como mecanismo retardatario. Hable de forma que se oiga a sí mismo: es la mejor manera de poder evitar la tentación de pronunciar a cada paso las fórmulas citadas. Tenga en cuenta que las *muletillas* pueden ser de dos tipos:

— *corporales:* movimientos corporales, manos en los bolsillos, acariciarse la barbilla, la oreja, la nariz, taparse la cara, rascarse... (de las que se hablará en el capítulo 5, apartado 5.6);

— *lingüísticas:* en unos casos coloquiales, como «mm», «este», «esto», «o sea», «pues», etcétera, y en otros casos de carácter formal culto, como «evidentemente», «en definitiva», «en efecto», «está claro», «desde luego», etcétera, las cuales denotan cierto nivel de dominio oratorio, si bien el abuso de su empleo acaba convirtiéndolas en vicios expresivos.

Para ser más *preciso* en su discurso puede emplear algunos de los *recursos lingüísticos* que le presentamos a continuación. El más elemental de ellos es la *definición,* es decir, la exposición clara y exacta de los caracteres genéricos y diferenciales de una cosa, idea, etcétera. Son paradigmáticas en este sentido las innumerables definiciones que podemos hallar en cualquier diccionario. El oyente le agradecerá que ante nociones complejas usted se detenga en la definición minuciosa de las mismas.

Se consigue precisión también mediante la *división* coherente de conceptos. Ello favorece la interpretación y la manipulación de la realidad; evidentemente tal división debe seguir un criterio específico, basado en un orden (cronológico, alfabético, de relevancia con respecto al asunto tratado, etcétera). En la medida en que la división sea más minuciosa se alcanza la fase de *análisis*, que puede implicar, en los casos de profundizacion expositiva, la consideración de aspectos externos al propio discurso como el contexto temporal, social, espacial, etcétera.

Ocasionalmente la *sinonimia* también puede permitirle mayor precisión en las definiciones, descripciones, etcétera. En todo caso los sinónimos pueden ser muy útiles para aclarar nociones complejas difíciles de explicar, pero su empleo como vía de respuesta rebuscada o culta (por ejemplo, en una situación de entrevista) puede ser contraproducente, porque puede dar la impresión de insinceridad, artificialidad e, incluso, pedantería.

Procure utilizar palabras precisas para conceptos específicos; defina la idea, divida su explicación en partes bien diferenciadas o analícela con detalle. Use la sinonimia para aclarar las ideas que quiera explicar, pero evítela si su empleo introduce algún elemento de dificultad para la comprensión de lo expuesto.

4.1.1.3. Corrección

De las cuestiones relacionadas con la norma ya se ha tratado en el capítulo 2, de modo que aquí incidiremos especialmente en la figura del orador y en su actitud ante problemas tales como los errores de *concordancia* (*«este agua» por «esta agua»*), *apócopes* indebidos (*«primer vez» por «primera vez»*), usos anómalos de los *pronombres personales átonos* (leísmo como en *«Ya se le di ayer»*, el regalo; laísmo como en *«La dije que se fuera»*, a ella; o loísmo como en *«Lo entregué el dinero esta mañana»*, a él), uso incorrecto del *gerundio de posterioridad* («El ladrón huyó, siendo apresado dos horas después», en lugar de «El ladrón huyó y fue apresado dos horas después»), etcétera.

La noción de corrección abarca todos los aspectos de la normativa, desde la pronunciación hasta la adecuación semántica, pasando por la buena construcción sintáctica y el uso con propiedad de las palabras.

Los *problemas de pronunciación* pueden tener su origen en causas patológicas o físicas (tartamudeo, gangueo, balbuceo...), pero en muchos casos con un adecuado tratamiento logopédico pueden subsanarse. Otras veces estas pronunciaciones defectuosas se deben al desconocimiento del orador, que usa palabras de estructura fonética complicada y no propia de su vocabulario habitual. El defecto consiste unas veces en añadir algún sonido (*«preveer» por «prever», *«confesionario» por «confesonario», *«disgresión» por «digresión») o bien en suprimir sonidos necesarios (*«pograma» por «programa», *«poblema» por «problema», *«pa'» por «para»). En otras ocasiones el problema radica en la modificación de los sonidos o el intercambio de su posición en casos como los examinados en el capítulo 2, apartado 2.1: *«metereología» por «meteorología», *«vertir» por «verter», etcétera.

Por lo que respecta a la *incorrección gramatical*, son casos frecuentes el uso de periodos oracionales demasiado extensos (evite en este sentido las frases que más parecen párrafos), los anacolutos y las frases truncadas que nunca se acaban y que se deben a la escasa destreza oratoria del expositor, las vacilaciones en la construcción sintáctica, etcétera. Otras veces es el *inciso* el factor que interrumpe caprichosamente la oración, haciendo dificultosa o a veces imposible la comprensión del discurso por parte del que escucha. Observe, por ejemplo, la dificultad de compresión de la secuencia siguiente:

«Las principales responsables del atentado fueron las facciones más extremistas de la FAI y de la CNT, sectores que, dentro del sindicalismo republicano favorecían habitualmente la rebeldía popular —constante, dicho sea de paso—, y las manifestaciones —a veces "descontroladas", por decirlo de forma eufemística— de obreros descontentos con un sistema político que, lejos de garantizar su bienestar —lo que, por otro lado, difícilmente se podía conseguir en la España del momento—, se afanaba en reprimir —a duras penas— los continuos pronunciamientos del proletariado urbano —si es que así se podía llamar a los obreros que vivían en las grandes ciudades—».

Habrá comprobado hasta qué punto el inciso representa más un lastre que un resorte del discurso. En todo caso, es preferible su colocación al final de la frase, que así podrá exponerse de un tirón sin incómodas interrupciones.

En realidad debe entenderse que la armonía del periodo sintáctico depende, por una parte, de las construcciones, de la coordinación y de la distribución de todos los miembros en el periodo y, por otra, de la cadencia final; es en este sentido fundamental atender a la *longitud de las frases*. No hay prescripciones claras sobre cuál deba ser la extensión apropiada de una frase. Depende del estilo de cada uno. Así por ejemplo, a partir de la segunda mitad del siglo XX se observa cierta inclinación hacia la frase breve, sobre todo en ámbitos científicos y técnicos, pero no por ello una frase larga es necesariamente errónea. Todo depende de la habilidad del orador para conseguir que no se pierda el hilo discursivo. Lo cierto es que cuanto más larga sea una frase más posibilidades habrá de que se incurra en anacolutos o inconsecuencias sintácticas.

En todo caso la extensión de las frases representa generalmente una marca de estilo: las frases largas, con abundancia de subordinación, paráfrasis o rodeos explicativos, complementos circunstanciales, referencias espaciales y temporales, etcétera, desarrollan un tempo o velocidad de habla lento, apropiado para discursos de tono serio, grave, como por ejemplo los jurídicos.

No utilice palabras si no conoce bien su significado. Pronuncie cuidadosamente. No use aquellas construcciones gramaticales de cuya corrección no esté seguro, evite alargar excesivamente las frases de su discurso: tendrá menos probabilidad de cometer errores.

4.1.1.4. Concisión y elegancia

A la corrección y la escrupulosidad en el uso de la norma se les une la *concisión* (es mejor dejar a los oyentes con ganas de más que cansarlos); todos estamos acostumbrados a mensajes cortos. El público buscará esa misma brevedad en su intervención, de modo que no prolongue innecesariamente con palabras huecas o frases sin trasfondo su discurso. La frase clave es *sea breve*.

Pero *ser breve no implica hablar poco tiempo*, sino decir lo justo en el menor tiempo posible, es decir, ajustarse al tiempo sin traicionar el fondo del discurso. Es preferible acabar un par de minutos antes que prolongar en exceso nuestra intervención. No avancemos el final de nuestra disertación si éste no va a producirse verdaderamente. La reacción del público será de rechazo, si después de avanzar las palabras «para terminar mi exposición», ésta no termina efectivamente en el transcurso de unos pocos minutos. Ahora bien, la brevedad expositiva puede depender del género discursivo; puede ocurrir, por ejemplo, que su intervención deba cubrir un tiempo obligatorio, como en el caso de los exámenes orales en que se exige una exposición de duración determinada. Debe ajustarse a ese tiempo.

Algo más sobre la brevedad en el discurso: a veces por querer explicarnos mejor rellenamos de información innecesaria nuestra intervención; pues bien, siempre que tengamos dudas sobre la oportunidad de algún fragmento lo mejor será prescindir de él sin más. Ello favorecerá el principio de brevedad. Se trata de evitar un defecto expresivo: la *prolijidad*. La clave es no resultar pesado ante el auditorio; una cosa es tener facilidad de palabra y otra muy distinta es hablar demasiado: si el discurso se prolonga innecesariamente se entiende siempre como un discurso defectuoso o, simplemente, aburrido.

Una condición final necesaria para el discurso es la de *elegancia*. ¿Qué debe hacer usted si quiere resultar elegante expresivamente hablando? Hay diversos aspectos implicados en la respuesta: sea usted cuidadoso al seleccionar su estilo, su vocabulario, su sintaxis, etcétera, en situaciones específicas, por ejemplo, en una entrevista de trabajo, adáptese a las fórmulas verbales empleadas por su entrevistador (tutéele si se lo pide, o bien mantenga una actitud de mayor distancia social si así lo exige la situación), etcétera.

En su intervención sea usted breve, prescinda de las frases superfluas. No confunda la elegancia expresiva con la prolongación gratuita de su discurso.

4.1.2. Sobre la eficacia del discurso y los procedimientos retóricos

Sea cual sea la naturaleza del recurso lingüístico empleado, lo importante es que todos estén supeditados al objetivo de *eficacia:* el exceso o la escasez de recursos lingüísticos es, en último extremo, una cuestión que depende de su utilidad y eficiencia para el propósito del orador; es responsabilidad de éste, pues, que los contenidos del discurso y el discurso mismo resulten agradables, interesantes a los oídos del público. No se trata de que usted ejerza de literato venido a menos, sino de que aproveche al máximo las posibilidades expresivas que la lengua le ofrece. A esta capacidad del orador (mucha o poca) la llamamos *persuasión*.

En realidad, algunos recursos relacionados con este objetivo persuasivo ya han sido mencionados previamente, como cuando se aludió en el capítulo 3 (apartado 3.1) a la fase de *captatio benevolentiae* del orador hacia el auditorio. Efectivamente, el orador necesita un clima favorable y propicio para hacer avanzar su discurso: puede ser útil en este sentido la demostración por parte del orador de una actitud de *modestia:* usted se granjeará la benevolencia del público con facilidad si transmite a los asistentes su confianza en que lo van a comprender sin esfuerzo. Por la misma razón una clasificación inicial sobre el estado de la cuestión tratada favorecerá el objetivo de persuadir: el auditorio inclinará más fácilmente su curiosidad o, incluso, su interés sincero, hacia el asunto desarrollado. En todo caso, usted será responsable de que se proyecten suficientes expectativas sobre el auditorio de modo que éste se incline a aceptar sus propuestas frente a otra/s posible/s.

Mantener la atención del público a lo largo del discurso no es fácil: evite los «vicios» expresivos que favorezcan la distracción o el aburrimiento, tales como la repetición de sonidos, de estructuras gramaticales o de palabras (uso reiterado de adverbios en -mente, empleo insistente de arcaísmos o términos aparentemente «cultos», por ejemplo), y recurra a estímulos que despierten la atención (el recurso a la imagen, la hipérbole, el humor, etcétera). Son, por tanto, de indudable utilidad determinados recursos expresivos que desde la Retórica clásica se han estudiado como *figuras de dicción* (cuando afectan principalmente al aspecto formal o externo de lo que se dice) y *figuras de pensamiento* (cuando suscitan alguna manipulación sobre el significado).

Entre las figuras de naturaleza más formal (de dicción) está la *perífrasis:* si usted sustituye una o varias palabras por otra(s) que signifiquen lo mismo, evitará las repeticiones (el Alto Tribunal, la Benemérita, etcétera). Otro recurso efectista de carácter formal es la *reticencia,* o suspensión de una frase para que la complete el público: «El que se acuesta con niños...».

Si su intención es sorprender fonéticamente al auditorio el uso de la *paronomasia* podrá serle útil: consiste en presentar próximas en el discurso dos series fónicas similares que, sin embargo, tienen significados diferentes: «*casos* y *cosas* como éste son los que nos deben preocupar para evitar el deterioro de la vida política».

Ciertos recursos de dicción tienen que ver con la ausencia de determinadas partículas gramaticales como la conjunción; es el caso del *asíndeton.* Si usted utiliza esta figura puede dar agilidad a su expresión, velocidad y ritmo a lo dicho. Repita el ejemplo que sigue y notará ese ritmo ágil de la unión de oraciones sin nexo:

Para una buena expresión seleccione bien sus fuentes de información, contrástelas, verifíquelas, deles la vuelta, acéptelas finalmente si superan las condiciones de validación.

Frente al asíndeton, la presencia de una partícula o nexo repetido puede dotar de énfasis a lo dicho y, a veces, reforzar la impresión de dramatismo:

Los problemas de la subida de los tipos de interés afectan a pobres y a ricos, y a sanos y a enfermos, y a jóvenes y a personas de mediana edad; a todos.

Más figuras. El *paralelismo* es un uso que repite una misma estructura, cambiando de alguna manera el final. Sin duda, se trata de un recurso de enorme expresividad:

Hay quien trabaja un día, y es bueno. Hay quien trabaja muchos días, y es mejor. Pero hay los que trabajan toda la vida. Ésos son los imprescindibles. (Bertolt Brecht)

La *interpelación* constituye un recurso de captación que puede resultarle muy interesante; consiste en dirigirse al público y pedir su colaboración:

Supongo que ustedes estarán de acuerdo en que...

En cuanto a las *figuras de pensamiento*, la *metáfora* consiste en sustituir un término por otro, con el que existe una semejanza, por ejemplo, identificar la democracia con un niño pequeño, que debe crecer. Usted puede utilizar también la *metonimia:* consiste en sustituir un término por otro, con el que existe una relación de cercanía, como ocurre en el enunciado «mi agenda de trabajo está muy apretada».

La *ironía*, en cambio, con ser un recurso sumamente sutil, debe usarse con prudencia y siempre con la total seguridad de que nuestra intención no va a ser malinterpretada (hay que evitar a toda costa causar ofensas, molestias, etcétera, en el público). Con la ironía se da a entender lo contrario de lo que se manifiesta explícitamente, y se identifica por la alteración expresiva del mensaje literal mediante recursos como el tono, el gesto, el ritmo; sería irónico decir, en medio de un atasco:

Hemos sido verdaderamente inteligentes al coger el coche para venir a comprar al centro de la ciudad.

No olvide el efectismo que puede generar con un buen empleo de la *hipérbole*, es decir, con la exageración de algún hecho, de cierto rasgo positivo o negativo; pero tenga cuidado con exagerar demasiado lo que dice, ya que el auditorio puede considerar su vehemencia como un defecto expresivo.

En cualquier caso, los recursos hasta aquí comentados son solo una muestra de los muchos que puede utilizar y que puede encontrar descritos en los manuales de Retórica, sobre todo, clásica.

No debe olvidar tampoco la *importancia del componente prosódico como táctica de persuasión*, aspecto que trataremos más extensamente unas líneas más abajo, e incluso *de los elementos extraverbales* (paralenguaje y gestos) para atraer la atención del público, tema que, por sus especiales características, será desarrollado de forma extensa en el capítulo 5 (apartado 5.6).

Dos últimos aspectos relacionados con el uso estratégico de los procedimientos retóricos se concentran en la *necesidad de empezar y acabar bien el discurso*. Con ello nos referimos no solo a los aspectos externos del discurso, sino también a sus aspectos verbales. Debe usted procurar captar la atención del público desde el principio y concluir dejando una buena sensación.

Para empezar al preparar su charla *debe seleccionar un comienzo interesante*, lo que puede conseguir de diversas formas. Unas veces haciendo referencia al propio público, otras introduciendo una cita oportuna (extraída por ejemplo de los medios de comunicación) o haciendo referencia al tema (si es lo suficientemente interesante y no hay otros recursos), por ejemplo, mediante una pregunta retórica:

 Mi propósito en este discurso va a ser explicar la necesidad de hacer la declaración de la renta anualmente. Pero ¿qué es el IRPF?

Tampoco se preocupe excesivamente por la frase inicial de su discurso; a veces la dificultad de encontrar un buen inicio llega a desmoralizar al orador y a retrasar innecesariamente el cuerpo y desarrollo del discurso. Por su parte el *final de su intervención* debe incluir elementos clave como:
— un *resumen*, concentrado en una o dos frases, del contenido principal del discurso;
— alguna propuesta o resolución derivada del cuerpo del discurso;
— un llamamiento de apoyo a lo que se ha dicho y unas palabras finales de agradecimiento al público.

4.2. Tácticas prosódicas

Cuando actúe como orador la voz será el recurso sonoro y audible que permitirá transmitir sus palabras al oyente: es el vehículo que llevará su mensaje hasta el receptor. Cada persona, además, tiene una voz característica, por lo que ésta se convierte así en uno de los rasgos más reveladores de su personalidad.

Pero el concepto «voz» no es un término genérico, sino que podemos sustanciarlo y estudiarlo mejor en su papel discursivo si partimos de una triple visión de los comportamientos fónicos de la lengua hablada. Efectivamente, en el plano fónico se distinguen tres ámbitos fundamentales: el *segmental*, el *suprasegmental* y el *paralingüístico*.

En el ámbito fónico *segmental* se integran los fonemas y los sonidos (o alófonos); en su caso esto tiene que ver con la correcta o incorrecta pronunciación de los sonidos.

En el ámbito *suprasegmental* se estudian otros fenómenos fónicos que recubren unidades lingüísticas de nivel superior como la sílaba, la palabra, el sintagma, la oración, etcétera. A este campo pertenece la descripción del *acento* y de la *entonación:* para reconocer la ubicación del acento debemos tener en cuenta el contraste de intensidad entre, al menos, dos sílabas (una átona y otra tónica); por su parte, para reconocer la interpretación de una frase debemos atender a su curva entonativa: no expresamos lo mismo si decimos «Mañana hay examen», como aseveración (curva descendente), que si decimos «¿Mañana hay examen?» como pregunta (curva ascendente).

Finalmente en el ámbito *paralingüístico* se agrupan variaciones vocales muy diversas, menos organizadas que los rasgos segmentales o suprasegmentales desde el punto de vista de su estructura, motivadas por alteraciones fisiológicas diversas en las cavidades oral (boca), nasal (fosas nasales) y faríngea (área de la faringe). No presentan contrastes tan nítidos como los propios de los rasgos suprasegmentales: un alargamiento vocálico del tipo «ee» como indicio de vacilación expresiva se incluiría en este ámbito paralingüístico.

4.2.1. Control de la voz: sus cualidades

La pronunciación adecuada de los sonidos es necesaria para que el oyente escuche bien el discurso y, sobre todo, lo entienda. Si la pronunciación resulta confusa, el oyente no podrá oír con nitidez. Observe hasta qué punto esto puede ser importante en una situación de entrevista de trabajo: la claridad de su voz será un factor a su favor.

En todo caso, el objetivo no es que usted haga gala de la pronunciación perfecta de un locutor de radio, sino que usted pueda llegar a controlar los mejores registros de su voz con objeto de emplearlos en las ocasiones más apropiadas. Una voz agradable capta más fácilmente la atención del auditorio. A veces importa más el cómo se dicen las cosas que aquello que se dice; por ejemplo, una voz rotunda inspira confianza, solidez, credibilidad; será muy fácil que, si usted tiene una voz de similares características, el público siga su exposición sin distracción alguna. En cambio una voz estridente, «chillona», puede llegar a ser molesta para los oyentes:

será mucho más complicado que se concentren en el discurso. Tenga por seguro, pues, que merece la pena un pequeño esfuerzo por mejorar la voz.

Asimismo, como herramienta necesaria para la transmisión oral de las ideas, es imprescindible el *cuidado* de la voz: si usted es orador profesional procure tener siempre a punto los órganos de la fonación, tratándolos terapéuticamente cuando sea necesario, y, en su caso, evitando comportamientos perjudiciales (frío o calor excesivos, tabaco, alcohol, etcétera), Si no es un profesional de la oratoria no le vendrán mal algunos consejos obvios como, por ejemplo, que no conviene tener ningún elemento extraño en la boca a la hora de actuar en público. Piense por ejemplo en la nefasta impresión que podría llevarse un entrevistador (en una entrevista de trabajo), si la persona a la que está entrevistando se dedica a mascar chicle compulsivamente, al mismo tiempo que habla.

> Pronunciar bien es una destreza cuyo dominio exige esfuerzo y aplicación de método. Usted debe llegar a ser capaz de conocer y manejar su timbre de voz; así evitará sus matices más desagradables.

En definitiva, la mejora de la calidad de la articulación vocal depende del autocontrol por parte del orador y de ciertos requisitos fónicos necesarios para que el discurso se oiga, se escuche y se entienda bien. Tales requisitos constituyen lo que llamamos cualidades de la voz; entre las más destacables están el *volumen*, la *velocidad*, el *tono*, las *pausas* y la *flexibilidad*.

4.2.1.1. Volumen

El volumen de su voz le permitirá realzar los elementos importantes del discurso. Ahora bien, debe usted procurar no emplear un volumen constante (alto o bajo) durante toda su exposición, ya que esto puede provocar hastío, aburrimiento o incluso cansancio auditivo entre los asistentes; además, si emplea siempre el mismo volumen no podrá usted valerse de esta cualidad estratégicamente para destacar las partes más relevantes de su discurso.

El control del *volumen* de su voz depende en gran medida de una respiración adecuada. Todos los especialistas en educación de la voz aconsejan no centrar el esfuerzo vocal en la garganta, sino en la capacidad de aire que somos capaces de contener. Voz y respiración forman, pues, una unidad. El expositor necesita respirar continuamente y controlar la respiración o expulsión del aire para producir una buena voz. En caso contrario se corre el riesgo de fatiga, irritación de la garganta, mareos, etcétera.

La respiración, pues, es un asunto determinante para la destreza vocal (los profesionales de la canción saben mucho de esto); pero ¿cómo debemos respirar para optimizar la voz que generamos?

La técnica de su respiración es un factor determinante que condiciona favorable o desfavorablemente su dicción, el volumen de su voz, etcétera. Piense que en una situación de nerviosismo a la hora de exponer su discurso, la forma de respirar será decisiva para poder controlar la salida del aire. Si usted, por su estado de incomodidad, exhala todo el aire contenido en los pulmones no podrá acabar las frases, tendrá sensación de ahogo, etcétera, todo lo cual puede resultar nefasto para su intervención.

Utilice la nariz para inspirar y evite hacerlo por la boca, de este modo sus cuerdas vocales reciben el aire humedecido a través de las fosas nasales y, además, de forma menos directa, lo que permite mantenerlas más resguardadas del cansancio vocal; asimismo usted podrá controlar mejor la entrada y salida de aire.

Practique inspiraciones profundas y utilice el abdomen (o, para ser más exactos, un músculo que existe por debajo de los pulmones llamado *diafragma)* para reservar el aire que va a necesitar para poder hablar. Conseguirá así cargar más sus tanques de aire (los pulmones) y dispondrá, por tanto, de más reservas. Por lo demás, aunque al principio conviene practicar cuidadosamente este proceso de inspiración y espiración controladas, comprobará, poco a poco, que esta forma de respiración va surgiendo de manera espontánea cada vez que tenga que hablar en público.

> Es muy importante controlar la espiración puesto que el aire egresivo (el que sale hacia fuera) es el responsable de otros factores vocales determinantes como el volumen, la velocidad o el tono.

Le proponemos a continuación algunos ejercicios para mejorar la respiración:

— de pie, con el abdomen hacia dentro y el pecho hacia fuera (y la punta de los hombros hacia atrás), inspire lenta y profundamente. Comience enseguida a pronunciar la letra «a» y manténgala hasta quedar con poco aire en los pulmones. Debe continuar el ejercicio hasta acostumbrarse a retener el aire cada vez más tiempo;

— de pie, completamente erguido, con los brazos extendidos hacia delante, sostenga una vela encendida; inspire profundamente y sople lentamente la vela colocada enfrente, pero sin llegar a apagarla, hasta quedar con poco aire en los pulmones.

Hay además ciertas claves que lo pueden ayudar a detectar y a ejercitar la forma de respiración ideal que debe emplear en su exposición: acostado de espaldas, en posición horizontal y en completo reposo, si observa su respiración, comprobará que es de carácter abdominal. Ahora bien, si levanta la caja torácica y la sostiene en esa posición, los actos de inhalar y exhalar cambian: la pared abdominal inferior se inquieta y los movimientos de expansión y contracción tienen lugar en el área de las costillas flotantes. Ésta es la *respiración diafragmática*. Una vez reconocida esta respiración levántese y procure reproducirla levantando la parte superior del pecho y manteniéndola quieta. Esta manera de respirar le permitirá conservar en todo momento una porción de aire en los pulmones: con esa pequeña cantidad de aire usted puede sostener su voz. La clave, pues, es una buena posición. Un expositor bien erguido no tendrá mayores dificultades para respirar y aprovechar al máximo las reservas de aire en el proceso de fonación.

4.2.1.2. Pausas y velocidad

Si la intensidad o volumen de la voz permiten enfatizar los apartados más importantes del discurso según se desarrolla, también el uso estratégico de las pausas y la velocidad de habla contribuyen a revitalizar el avance del discurso mitigando el efecto de monotonía. Efectivamente, cuando el silencio se emplea como recurso estratégico su efecto sobre el discurso puede ser muy interesante: si usted lleva mucho tiempo hablando a cierta velocidad parece necesario realizar alguna pausa (más o menos prolongada) para que el público (y el propio orador) puedan relajar su atención dejando paso a una fase de distensión.

La pausa funciona, pues, como mecanismo de control en el discurso, pero el silencio debe ser manejado con habilidad, estratégicamente. Deténgase unos segundos después de haber dado una información importante en el discurso; en este caso la pausa funcionará como mecanismo de énfasis: es usted quien controla la situación y quien sabe cuándo puede callar o cuándo puede retomar el discurso. Por lo demás, mediante la pausa obtendrá un tiempo precioso para poder preparar la continuación de su discurso: en estos casos la pausa es un recurso enormemente útil para evitar algunos vicios expresivos (como las muletillas, por ejemplo). Al tiempo, la pausa puede servir también al auditorio para reflexionar sobre aquello que acaba de escuchar.

Por lo que respecta a la velocidad de su intervención, debe seleccionarse de acuerdo con el tema (fin) o la situación del discurso. Así, cuando se describe, la velocidad de habla suele ser más lenta que cuando, por ejemplo, se argumenta. El principio y el final de una exposición deben ser articulados con lentitud elocutiva, de forma que el público entienda perfectamente lo que a continuación se va a explicar y lo que se concluye de todo lo expuesto. Asimismo, parece que la lentitud expresiva se adapta mejor a un auditorio numeroso que a un público constituido por unos pocos. Use también esta misma lentitud elocutiva, asociada a otros factores como la elevación del tono o del volumen de la voz cuando desee realzar o enfatizar alguna parte específica de su discurso. La velocidad mayor o menor, incluso la lentitud tienen su momento justo.

4.2.1.3. Tono

Por lo que respecta al *tono* o altura musical de la voz (más aguda o más grave), debemos tratar de modular nuestra voz en un nivel medio, entre los tonos graves y agudos. No hay que olvidar que a través del tono de voz se manifiestan el carácter del orador y su estado de ánimo: alegría, confianza, inseguridad, etcétera. Es necesario, pues, que al hablar el expositor emplee tonos vivos y atrayentes. Trate de evitar los cambios bruscos de tono, derivados a menudo del nerviosismo, si no están justificados. Controle, pues, la altura melódica de su voz e intente transmitir credibilidad y mesura: hable con entusiasmo y sea convincente, pero no transmita sentimientos negativos (aunque en ese momento sean los que dominen en su estado de ánimo, usted deberá hacer un esfuerzo por ocultarlos).

4.2.1.4. Flexibilidad

La *flexibilidad* es la capacidad del expositor para variar todas las cualidades de su voz (volumen, tono, velocidad, entonación y la duración de las pausas) en función de su interés persuasivo, a fin de evitar la monotonía expresiva y para enriquecer la variedad de matices que puede llegar a transmitir. Evidentemente esta cualidad es fundamental para mantener viva la atención del auditorio y evitar que caiga en el aburrimiento o la apatía.

4.2.2. Algunos ejercicios de control vocal

A fin de que la voz del orador sea lo más clara, audible y nítida posible apuntamos a continuación algunos consejos prácticos. La intención final de estos ejercicios de articulación no es otra que mostrarle diversas maneras de ejercitar la boca, los labios, la lengua, con la intención de mejorar el proceso de articular correctamente las palabras y de lograr una mejor calidad en su expresión.

Un ejercicio inicial de carácter general consiste en hablar susurrando pero de manera que se entienda lo dicho desde una corta distancia. Hay, en cualquier caso, algunas prácticas concretas que pueden contribuir a mejorar vocalmente. Veámoslo a continuación.

Para hablar bien es necesario abrir bien la boca. Para conseguir esto usted debe relajar la mandíbula inferior. Aunque exige cierta práctica, un ejercicio sencillo para habituarse a ello consiste, como ya señalábamos antes, en inspirar profundamente, y con la garganta relajada, pronunciar la «a» con la mandíbula caída, dejando escapar el aire muy lentamente.

Asimismo, las cualidades de la voz se controlan mejor si se flexibilizan los labios. Si usted no es capaz de esto se enfrentará a algunas dificultades para expresarse cómodamente. Un posible ejercicio para desarrollar la flexibilidad de los labios consiste simplemente en pronunciar la palabra «sopa»: extendiendo los labios de una manera exagerada al decir «so» y retráigalos al decir «pa»; la mandíbula inferior se encontrará en tensión al decir «so» y completamente relajada al decir «pa».

Como hemos advertido antes, en el proceso de toda exposición, conviene no forzar la garganta y modular el aire que sale a través de los pulmones; para perfeccionar esta técnica puede usted realizar diversos ejercicios de respiración: lo principal es concentrar la fuerza en el control de la salida del aire y en la articulación (cavidad bucal y resonadores suplementarios); la garganta, por el contrario, deberá permanecer relajada en todo momento. Evite encoger el cuello y cerrar la boca en exceso y apoye su articulación en la pronunciación de las vocales que hay en las palabras.

> Si utilizamos la cavidad bucal para modular el aire que procede de los pulmones la potencia de la voz se multiplicará.

No olvide, en fin, beber agua mientras habla e hidrate los órganos de articulación. Esta sencilla medida le evitará un buen número de irritaciones, especialmente si habla a menudo o durante mucho tiempo. No hable nunca ante un público sin una botella o una jarra de agua al alcance de la mano. Por cierto, no tema beber en público; bien utilizado, este procedimiento puede servirle para subrayar las partes de su discurso y organizar el *tempo* de su intervención.

4.2.3. Voz y entonación

De la confluencia y la presencia colaborativa de las distintas cualidades de la voz se deriva la *entonación*. Consiste en dar distintas elevaciones de tono a la voz para conseguir variedades de la misma y así potenciar la expresividad en nuestras intervenciones: con la entonación somos capaces de expresar mejor nuestras emociones que con palabras o elementos verbales y, además, permite una riqueza de matices semánticos muy superior a la del lenguaje verbal.

Efectivamente, cuando hablamos no solo emitimos sonidos articulados, morfemas organizados en lexemas, sintagmas engarzados en enunciados, series de enunciados que se enlazan entre sí, etcétera. Si todo cuanto hacemos al hablar fuera esto, por extraño que parezca, la mayoría de nuestras emisiones resultarían ambiguas y, en ocasiones, incomprensibles. La entonación no es, por tanto, un simple «aderezo» de los enunciados que emitimos: sin ésta el oyente solo percibiría señales acústicas sin valor comunicativo. Así, cuando escuchamos un mensaje, cualquiera que éste sea, junto a los sonidos que se suceden percibimos *informaciones prosódicas* que nos permiten discriminar datos sobre el estado emocional del hablante, sobre el grado de relevancia de la información transmitida, sobre el registro formal o informal del discurso, sobre el origen social o geográfico del hablante, etcétera. Si usted consigue dominar y emplear estas aptitudes al servicio de su discurso tendrá más opciones para *alcanzar el éxito*. Los ejemplos que siguen lo ayudarán a entender mejor la riqueza comunicativa del hecho entonativo: *una misma sucesión de sonidos puede admitir múltiples interpretaciones atendiendo, simplemente, a los mecanismos prosódicos*. Así, por ejemplo, observe la diferencia de valor y sentido de «bueno» en los intercambios siguientes:

A: Luis ha llegado tarde a la reunión con el vicerrector.
B: ¡Bueenoo!

(Emisión realizada con entonación admonitoria, expresando una especie de previsión de una situación desfavorable para Luis, a causa de su impuntualidad; el hablante B podría haber continuado su intervención diciendo, por ejemplo, «no sabe lo que le espera»).

A: Y sobre lo que comentaste ayer creo que está todo dicho.
B: Bueno, pues cambiemos de tema.

(Emisión realizada con entonación descendente, neutra; «bueno» indica la aceptación de la intervención anterior).

A: Estoy más que harto de tanto deshonrado en el mundo de la política.
B: Bueno, bueno, no te pongas tan dramático.

(Emisión con tempo elocutivo rápido y con un solo tonema descendente demarcativo; el marcador «bueno» en este caso sirve para atenuar la carga semántica negativa de la emisión previa del hablante A).

Pues bien, a estos efectos modales, ligados a un contexto de uso específico, podrían añadirse otros incluso más sutiles, tales como la *intencionalidad irónica*, la expresión de *sentimientos* (positivos o negativos) o la manifestación de *cortesía*; en realidad de la misma manera que al hablar se escoge una determinada forma lingüística, también en esa fase de preparación y producción del discurso se selecciona una entonación apropiada de acuerdo con las restricciones impuestas por el contexto de uso o la situación. Y es que la entonación (la prosodia en un sentido más amplio) es determinante para la construcción del significado de nuestras frases y, por extensión, del discurso; de ahí la importancia de su dominio para un orador, sea ante un nutrido público, sea ante un único oyente (por ejemplo, el responsable de recursos humanos en una entrevista de trabajo). Usted debería saber, pues, que el dominio de la técnica prosódica no consiste solo en utilizar una determinada curva de entonación para expresar un valor comunicativo u otro; *los mecanismos prosódicos permiten además el progreso y avance del discurso*. En tal caso la capacidad de anclaje de la prosodia se manifiesta de muchas formas. Puede indicar al oyente cuál es la información importante (o relevante) de su discursivo a través del *acento focal* o de *énfasis*, recurso que el orador no debería desaprovechar. Note la importancia informativa del acento focal (marcado con las letras mayúsculas) al pronunciar un enunciado como: «No es lo mismo vivir DE los padres que vivir CON los padres».

Otras veces usted puede emplear *la entonación como mecanismo apelativo*, cuando se requiere mayor grado de atención por parte del oyente; por ejemplo, en los casos de interacción didáctica en el discurso académico, en los de exposición oral ante un público, o cuando alguien desea captar la atención de quien lo está entrevistando («examinando», de hecho) en una entrevista de trabajo.

Otra posibilidad para el orador es la de minimizar prosódicamente determinados fragmentos discursivos, usando los valores mínimos de acento, tono o duración. Así, por ejemplo, la información irrelevante se articula parentéticamente, en tono más grave e intensidad más baja, al igual que los segmentos finales de una secuencia temática; esto es precisamente lo que ocurre con el fragmento entre paréntesis de la siguiente secuencia:

Las principales causas del agotamiento de la burbuja inmobiliaria son la subida continuada de los tipos de interés, la ausencia de suelo recalificable (este aspecto en menor medida) y la escasa liquidez de los eventuales compradores de inmuebles.

Cualquier orador podría acudir a esta forma expresiva de prosodia (entonación parentética), siempre que lo que diga le parezca de escasa importancia o represente, a su entender, información tangencial con respecto al cuerpo principal de su discurso.

Aspecto especialmente interesante en el ámbito oratorio es la aptitud de la entonación *para marcar la progresión temática*, contribuyendo decisivamente a delimitar los distintos tópicos; así usted puede marcar prosódicamente los cambios temáticos, ya sean subtemas derivados de temas previos, ya sean temas completamente nuevos en el seno del discurso. El final de un tema será indicado mediante un tono de descenso marcado; el inicio de un nuevo tema se indica a su vez mediante un tono elevado o de énfasis. Entre otras cosas estos recursos pueden servirle para flexibilizar la progresión temática de su discurso, haciéndola más dinámica, menos monótona.

Otro recurso prosódico productivo en la exposición de un discurso oral (conferencia, exposición ante un público, etcétera) es la *suspensión tonal o entonación suspendida*, que ortográficamente se representa mediante puntos suspensivos (...). En este caso el emisor actúa por omisión y no explicita lo sobreentendido al hilo del propio discurso, sea porque se trata de contenidos compartidos por los interlocutores, sea porque pertenece a una suerte de conocimiento enciclopédico; observe en este sentido el papel determinante que juega la prosodia para delimitar enunciados *suspendidos* mediante entonaciones de suspensión, de anticadencia (elevación del tono), o de semianticadencia (elevación del tono más reducida que en la anticadencia):

No es necesario ser un lince para saber que el partido en el gobierno no debería haber pactado con los nacionalistas; como dice el proverbio, «cría cuervos...».

Se entiende aquí que la parte que falta es «y te sacarán los ojos».

La entonación, en fin, sirve también estratégicamente, como ya hemos indicado, *para controlar el grado de interés del auditorio, mar-*

cando la progresión del discurso y anunciando su final: normalmente la línea de entonación va descendiendo progresivamente a lo largo del discurso, de modo que la presencia de tonos graves es más abundante hacia las fases finales de un discurso. En este sentido usted no debe contravenir las expectativas de sus oyentes: su actuación oratoria debe ser acorde con lo previsto por la prosodia (es decir, si sus marcas van dirigiendo el discurso hacia el fin usted debe terminar). Se entenderá así la contrariedad e, incluso, a veces el enojo del público cuando un orador va descendiendo su tono paulatinamente después de una larga (y quizá, aburrida) intervención y no la termina; todos están deseando que el discurso, la conferencia o la charla concluya, pero el orador sigue hablando, y para colmo, su actuación prosódica contradice la realidad del discurso. La sensación del público al final del discurso no será favorable, pero, en el mejor de los casos, el orador no estará seguro de si los asistentes han aplaudido por la brillantez de su discurso (algo poco probable) o por haber terminado de verdad su disertación.

Otra situación problemática con la que puede enfrentarse usted si no maneja correctamente las marcas prosódicas se producirá si, al terminar su intervención, no emplea las marcas correspondientes al final del discurso (entonación descendente, pausas, mayor lentitud elocutiva, etcétera). Evite la confusión entre el público y use adecuadamente estos recursos o de lo contrario, quizá, nadie aplauda al final, porque nadie se habrá dado cuenta de que usted ha terminado su exposición...

CAPÍTULO 5

Elementos externos a la producción oral

Con este capítulo se cierra la secuencia que hemos dedicado a las fases en las que se estructura la producción de un discurso. En este punto nuestra intervención ya está lista: se ha decidido una estrategia, se han seleccionado unas determinadas ideas, que se han situado en diversas partes del discurso, se ha elegido un tono, un estilo y se ha estudiado la forma de ciertos fragmentos. Ahora se trata de cuidar la puesta a punto y las condiciones de la exposición. Los avances tecnológicos han dado importancia renovada a este paso final del método retórico, que hace solo dos décadas habría sido mucho más simple. Pero, cuidado, los elementos auxiliares son eso, ayudas. A no ser que sea usted un político de cierto rango o una estrella mediática, a usted lo van a juzgar por las ideas que plantea y por su habilidad para conseguir su aceptación por parte de la audiencia. No crea que una presentación en ordenador con animaciones o un traje de diseño van a cambiar un discurso pobre en un buen discurso.

Ante todo la adecuación del discurso implica, como se ha venido repitiendo en los capítulos anteriores, la adaptación del orador a la situación, es decir, el aspecto más teatral del discurso. Hay que asumir, en este sentido, que la palabra por sí sola no es suficiente: hay que ser elocuente y la elocuencia depende en buena medida de la persona que desarrolla el discurso. En este sentido el orador debe asumir de partida algunos puntos fundamentales, centrados en lo que podríamos llamar *la primera impresión del público* y *el nerviosismo inicial*.

Por una parte la *primera impresión* que recibirá el auditorio de nosotros será la que se desprenda de nuestra imagen externa, que hemos de procurar que sea la adecuada. Debemos buscar que nues-

131

tra imagen sea una aliada que nos ayude a la consecución de los resultados perseguidos. Este factor no tiene tanta importancia si el público nos conoce, como ocurre cuando nos dirigimos a nuestros alumnos en clase o a nuestros compañeros de trabajo en una asamblea. Por el contrario si el público no nos conoce, en un primer momento valorará más el *cómo* que el *qué* de nuestro mensaje.

Por otra parte aquel que se dedique frecuente o esporádicamente a hablar en público debe aprender a *convivir con los nervios*. De hecho es muy probable que cada vez que hablemos en público nos cueste un poco menos que la vez anterior; además, los *nervios desaparecen por sí mismos* en el momento que empecemos a hablar. En cuanto a nuestra actitud hacia el público debe ser la de naturalidad, evitando sugerir siquiera que estemos en manos del nerviosismo: en la mayoría de los casos *el auditorio no se fija en nuestras reacciones corporales* (temblor en la voz, sudoración de las manos, etcétera), no debemos, pues, dar «pistas» del tipo «perdonen que me tiemble la voz», «qué nervioso estoy», etcétera. El público no percibirá que hemos perdido el hilo del discurso si no damos muestras de desesperación cuando eso ocurra. Evitemos, en fin, cualquier forma de movimiento o tic nervioso que pueda delatar nuestro estado de ánimo: no nos pongamos la mano delante de la boca, no nos metamos las manos en los bolsillos y mucho menos juguemos con monedas, llaves, etcétera.

Por lo demás para conseguir que esa primera impresión sea la mejor posible, que el nerviosismo inicial se reduzca al máximo y se favorezca la distensión del orador en el momento de comenzar, hay que tener en cuenta algunos aspectos interesantes:
— cuanto mejor hayamos preparado la exposición, más seguros y confiados hablaremos;
— crea firmemente que el público va a estar interesado en lo que usted va a referir;
— tenga confianza en que la charla se va a desarrollar con éxito.

5.1. ELECCIÓN DEL TIPO DE PRESENTACIÓN MÁS ADECUADO

Una vez terminado de preparar su discurso se enfrenta a una decisión importante: cuál es el medio del que se va a servir para exponerlo. A grandes rasgos podemos ofrecerle tres alternativas: usted puede leer su discurso, puede aprendérselo de memoria o puede combinar ambos métodos; por ejemplo, hablando sobre un material de base previo. En ciertas circunstancias usted no tendrá posibilidad de elección: si se presenta a unas oposiciones, seguramente se verá obligado a exponer un tema de memoria, o a leer el examen que ha escrito en una sesión previa; pero si da una conferencia ante una audiencia no especializada, si realiza una comunicación en un congreso, o si tiene que presentar la postura de su sección en una reunión de trabajo, posiblemente pueda elegir entre las alternativas que acabamos de presentar. Como hemos subrayado en capítulos anteriores, no existe una respuesta definitiva a esta cuestión: todo dependerá de las circunstancias que rodeen a su discurso —y de su habilidad en cada una de estas formas de presentación—. A continuación vamos a exponer las características generales de cada una de ellas, así como sus ventajas e inconvenientes.

5.1.1. De memoria

La forma más tradicional de presentar un discurso era aprendérselo de memoria. Ésta es, en efecto, la imagen que recibimos en las películas, donde los grandes alegatos siempre son pronunciados por personajes que solo en raras ocasiones tienen un papel entre las manos, y eso era lo que se esperaba hasta hace no tanto tiempo de parlamentarios, predicadores y artistas. De hecho los grandes oradores de la Antigüedad eran capaces de memorizar discursos de una extensión considerable y las retóricas tradicionales dedicaban amplio espacio a las técnicas que permitían aprender discursos de memoria.

Si usted cree que la memoria es algo que «se tiene» o «no se tiene», le remitimos a los muchos libros, fácilmente accesibles, que desarrollan técnicas para mejorar la memoria, con los que puede alcanzar resultados sorprendentes. La técnica básica de este tipo de métodos consiste en asociar palabras, ideas o números a imágenes, y encadenar estas imágenes de modo que formen una película visual, a partir de la cual se pueden recuperar los conceptos más abstractos. Si usted sigue este método, el ejercicio más sencillo le permitirá memorizar una lista de cien palabras inconexas sin apenas esfuerzo, mientras que memorizar números supone un grado de ejercitación considerable. En lo que nos ocupa las técnicas clásicas proponían imaginar un espacio conocido,

133

como, por ejemplo, su habitación. El método consiste en recorrer visualmente su habitación y asociar los argumentos que va a desarrollar con muebles y objetos de dicha estancia. Por ejemplo, comenzando por la entrada, visualizamos la mesilla de noche. A dicha mesilla asociamos un argumento. La mesilla tiene tres cajones, que se relacionan con los tres apartados de dicho argumento. A medida que desarrollamos cada argumento, abrimos mentalmente el cajón correspondiente. A continuación pasamos a la cama, y así sucesivamente. Si cada vez que tenga que aprender un discurso de memoria ejercita la técnica de recorrer su habitación, se acostumbrará a un «travelín mental» que asociará de forma natural a la progresión de ideas.

Afortunadamente la sociedad actual no exige la memorización de un discurso en prácticamente ninguna circunstancia. En sí memorizar no es ni mejor ni peor que las dos alternativas que vamos a considerar a continuación; ejercitar la memoria es una práctica positiva, pero añade una cantidad de tensión nerviosa a nuestra exposición que solo pocas personas son capaces de soportar. El que se decide por la memoria —y nada más— opta por un ejercicio de trapecista sin red, en el que todo se fía a la ausencia de errores. El más pequeño fallo en el encadenamiento de ideas provocará que el orador se quede en blanco hasta que recupere el hilo, con los perjuicios que ello puede conllevar para el desarrollo de su discurso. Los nervios, además, pueden aparecer en el momento menos adecuado; quedarse en blanco es algo más que una frase hecha. Por último considérese que una memorización sin una puesta en escena adecuada produce un efecto artificioso totalmente contrario a nuestro objetivo (como sucedía, años atrás, cuando los niños aprendían y recitaban la lección en la escuela).

A cambio la impresión producida por un orador que no se sirva de elementos auxiliares puede ser extraordinaria. Pero, a no ser que usted tenga práctica en la memorización, haya practicado por extenso y tenga una buena dosis de seguridad en sí mismo, le aconsejamos que no se someta al tercer grado de añadir, al grado de tensión correspondiente a la propia exposición, la tensión que provoca el método escogido.

En definitiva, antes de decidirse por abrazar o desechar este tipo de discurso, no olvide que a veces con su empleo se corre el riesgo de poca variedad en la inflexión de la voz y de caer en la recitación. No es menor la posibilidad de fallos en la memoria, o el peligro de olvidar alguna palabra o de romper la secuencia sintáctica de las oraciones. Decida en cualquier caso usted mismo.

5.1.2. Leído

En el polo opuesto de la exposición oral se encuentra la lectura de un texto escrito previamente. Si usted es una persona a la que hablar en público le produce tensión, probablemente crea haber encontrado el método perfecto en la lectura de un escrito. Al fin y al cabo el trabajo de escribir lo habrá realizado en privado, ajeno a la presión del escenario y de la audiencia, y leer, en el fondo, es una actividad al alcance de todos. Quien así piensa suele cometer un doble error: primero, creer que leer en público es igual que leer en privado; segundo, pensar que escribir un texto para ser leído en privado es igual que escribir un texto para ser leído en voz alta. Hagamos una pequeña prueba; lea en voz alta, como si estuviera ante una audiencia de unas treinta o cuarenta personas, el siguiente texto, *y grábese:*

Quiero en primer lugar agradecer muy sinceramente la invitación que se me ha hecho a participar en el IV Congreso de la Federación de Familias Numerosas; creo que han elegido ustedes una buena causa y han elegido también para este Congreso una bella ciudad como es Santiago de Compostela. Espero que el desarrollo de su Congreso sea un aldabonazo, un paso adelante para llamar la atención sobre la situación de la familia en nuestro país.

La familia, y ustedes lo saben bien, es la institución mejor valorada en nuestra sociedad, así lo dicen todas las encuestas; sin embargo, nuestro país es el país que menos ayuda da a la familia de toda la Unión Europea, cuatro veces menos. También es el país que menos prestaciones ofrece por cada hijo o hija que tenemos a nuestro cargo, siete veces menos que la media europea. Podría seguir acumulando cifras en este recorrido: Dinamarca multiplica por nueve nuestra oferta pública de plazas en educación infantil; Suecia lo hace por ocho y Francia, por cinco; la tasa de escolarización en educación infantil en España no llega al 10 por ciento de los niños y así podríamos seguir sucesivamente.

La consecuencia de estas cifras es otra cifra que la resume de una manera muy clara: España se ha convertido en el quinto país del mundo con menor número de hijos; solo Ucrania, Eslovenia, Bulgaria y Letonia tienen menos hijos que nosotros. Extraigo la primera conclusión: España necesita más hijos, España necesita más niños.

La baja natalidad es siempre una llamada de alarma en una sociedad, un termómetro de que algo pasa, de una mala salud social, un país con pocos hijos es un país con escasa confianza en el futuro y un país que ha reducido su natalidad, como es el caso de España, es un país que ha reducido su esperanza en el futuro. Lo que indica este termómetro de la baja natalidad es la desprotección en la que se encuentran las familias españolas, los problemas cada vez mayores a los que se enfrentan y que no son ningún secreto para los jóvenes de este país: empleo precario, viviendas caras, sobreendeudamiento, pocas escuelas infantiles, inexistencia de apoyo para las personas dependientes y en muchos casos deterioro de los servicios públicos de protección social.

Ante esta señal de alarma clara y contundente poco se ha hecho hasta este momento; hay un Plan Integral de Apoyo a la familia, sí, plan que inicialmente no contó con la financiación adecuada. Se ha aprobado, sí, una Ley de Protección a las Familias Numerosas, pero fue una ley que en algunos aspectos incluso rebaja beneficios alcanzados en leyes de 1971. Por eso, esas leyes no contaron con nuestro apoyo; se aprobaron ayudas de 100 euros para madres trabajadoras con hijos menores de 3 años, pero se discriminó al resto de madres que trabajan en casa o a las que están buscando empleo.

Pero lo que más me importa hoy no es evaluar lo que se ha hecho o lo que no se ha hecho; lo que más me importa hoy es hablar de lo que queda por hacer. La protección a las familias no puede limitarse a una serie de medidas aisladas, porque no se trata de poner parches o de prestar ayudas puntuales; se trata de problemas que no resuelven ni el mercado ni la buena voluntad en muchos casos de individuos particulares, que le corresponde, por tanto, resolver a los poderes públicos en una sociedad que crea en sí misma. (Fragmento del discurso de José Luis Rodríguez Zapatero en el IV Congreso Nacional de Familias Numerosas, celebrado en Santiago de Compostela, 21 de febrero de 2004. Accesible en http://www.numerosasalbacete.com/PDF/PonenciaRZ.htm).

¿Cuánto tiempo ha empleado en leerlo? No debería haber empleado menos de dos minutos ni más de cinco. ¿Nota algún tipo de molestia en la garganta? ¿Se ha aburrido leyendo? Oiga ahora la cinta con su propia voz desde el principio al fin: ¿ha cambiado su tono de voz del principio al final de su lectura? ¿Qué le transmite su propia voz: energía, claridad, convicción o, por el contrario, cansancio, incomprensión, hastío? La sensación que usted haya recibido posiblemente sea la misma que transmita al público. Si usted se aburre, piense que su auditorio se estará aburriendo también. Si desea leer deprisa para acabar antes, es muy probable que su público esté pensando lo mismo. Éstos son algunos de los riesgos en los que se cae por pagar el falso precio de la seguridad. En efecto, usted estará más seguro con su texto cerrado en el que no caben olvidos, improvisaciones o descuidos; pero ¿va a conseguir mejor su objetivo leyendo en voz progresivamente más baja un texto de cuya argumentación ha perdido el hilo?

Hasta aquí las objeciones son meramente formales. Pasemos, sin embargo, a la parte más importante: ¿ha comprendido lo que ha leído? Póngase ahora en el papel del público: tras escuchar la cinta que usted mismo ha grabado, ¿sería capaz de resumir las ideas más importantes del texto? Si usted no es capaz de sintetizar el núcleo argumentativo de su mensaje, puede dar por hecho que su audiencia tampoco. *Y no se puede permitir que el mensaje se pierda por una puesta en escena deficiente.* Recuerde que usted habla para convencer; si su público no retiene las ideas principales de su discurso, difícil será llevarlos a su terreno.

Tal vez usted haya asistido, en conferencias o en la universidad, a excelentes exposiciones orales escritas. En efecto, una buena exposición escrita combina la claridad en la exposición con una elegancia sintáctica propia del discurso escrito. Sin embargo, para llegar a dicha sencillez y claridad, para que un texto escrito se pueda emplear en un discurso, hay que realizar un cuidadoso trabajo de redacción y de corrección, hasta conseguir que parezca natural lo que, en realidad, es el producto de una minuciosa preparación. Por tanto *si quiere preparar su discurso por escrito, recuerde que la lectura le obliga a cambiar su forma de escribir habitual:* puede desarrollar algunos recursos estratégicos útiles como resaltar las palabras clave para darles énfasis (en mayúsculas, en negrita); marcar los lugares en los que va a realizar una pausa más larga, señalando incluso dónde puede tomar un sorbo de agua, o indicar dónde debe encontrarse al cabo de cinco o diez minutos de lectura. Al mismo tiempo, al leer debe resaltar con las inflexiones de su voz las palabras más importantes de su mensaje; ha de recordar mirar a todo su auditorio —y no solo al texto de su conferencia— y a prestar especial atención a su dicción.

En resumen: *si usted opta por una exposición escrita, tenga en cuenta que convertir en oral un texto escrito requiere de un minucioso trabajo, tanto en la fase de escritura como en la de lectura.*

5.1.3. Mixto

Una exposición mixta combina las dos técnicas anteriores: *el orador desarrolla su tema sin leer, pero cuenta con un material de apoyo* al que puede recurrir en caso de necesidad. Dicho material puede ser un esquema, un resumen, un conjunto de fichas o una versión escrita de toda su exposición, pero ni recitará de memoria un texto aprendido previamente ni leerá en voz alta el material de apoyo. Así ni se arriesga a quedarse en blanco, puesto que siempre puede recurrir a los documentos a su disposición, ni realiza una exposición monótona, ya que *va a exponer el tema con sus propias palabras.* Con esta técnica es posible lograr el efecto de fluidez expositiva que produce el orador que habla sin papeles, así como la elegancia en la construcción del que lee un discurso escrito y es, por ello, la que recomendamos.

En este tipo de discurso, el orador cuenta, según los casos, con un guion de las ideas principales, una versión escrita de su exposición, o una presentación por ordenador (vea el apartado 5.4. para saber lo que se debe y lo que no se debe hacer en este tipo de casos). La opción elegida dependerá del tipo de material con el que el orador se sienta más seguro, ya que de lo que se trata es de que, en caso de quedarse momentáneamente en blanco, o en caso de perder la línea argumentativa, pueda disponer de una guía que le permita salir del atolladero. Consultar notas o recurrir al material auxiliar durante una exposición no es ningún problema y no debería considerarse como un defecto, siempre, por supuesto, que sea una consulta ordenada.

Tal vez el lector se pregunte cómo es posible pasar de las notas previas a su intervención a un discurso articulado en el que las palabras fluyen de forma natural. El paso que lleva de una a otra está en la práctica. Hay que presuponer que un orador que habla en público de un tema lo conoce de forma suficiente (por lo menos sabe más que la audiencia sobre el mismo) o, en caso de hallarse ante una audiencia altamente especializada, tiene la competencia necesaria para defender su postura. El conocimiento del tema está en la base de la fluidez de palabras. Si usted no conoce el tema que va a exponer, o hará una intervención lamentable o, en el caso de poseer una gran capacidad lingüística, producirá un discurso hueco, que la audiencia acabará por captar.

El *conocimiento del tema es el límite mínimo para realizar un buen discurso*. Pero eso no garantiza una buena exposición. Por el contrario es muy frecuente oír hablar a expertos que dominan el fondo, pero no la forma. A estas alturas del método retórico usted ya sabe cómo seleccionar, organizar y dar forma a sus ideas. Lo que le falta para lograr una exposición brillante es ensayarla, es decir, reproducirla en circunstancias lo más semejantes posible a las circunstancias reales de exposición. Al hacerlo asimilará la estructura de su discurso y encontrará una formulación lingüística adecuada para las ideas que defiende.

¿Cuántas veces debería ensayar su discurso? La respuesta a esta pregunta depende de su nivel de confianza y de la complejidad o importancia de la situación. Una propuesta razonable sería que su discurso estuviera precedido de dos ensayos. En el primero usted cometerá errores como quedarse sin palabras en determinadas partes de su intervención; no saber cómo empezar, o empezar titubeante; hacer un final poco convincente; olvidar alguna idea de su razonamiento y excederse en el tiempo. Todos estos errores tienen fácil solución: en primer lugar anótelos en las notas que va a llevar consigo. Subraye las ideas que ha olvidado exponer: son partes de su discurso que no tiene bien asimiladas y destaque las palabras-clave que tengan especial importancia en su discurso. En segundo lugar los inicios y finales titubeantes pueden remediarse escribiéndolos y leyéndolos. En un discurso mixto no hay ningún inconveniente en comenzar leyendo para después apartar la mirada del papel y continuar sin apoyos. Seguramente *cuando usted tenga escritos tanto el exordio como la conclusión* de su discurso (véase capítulo 3, apartado 3.2.1) confiará en usted mismo, se relajará *y ya no los ne-*

cesitará, pero llévelos consigo; es frecuente preparar material adicional al que se va a exponer (aunque debe separarse del texto que usted va a exponer). Por último el *control del tiempo* se puede hacer situando su reloj de pulsera frente a usted, de modo que pueda saber en todo momento cuánto tiempo ha pasado y qué relación guarda entre el tiempo disponible y el discurso realizado. Este punto es importante. Piense que hoy en día el tiempo es un bien escaso y considera el que le ha sido concedido para su intervención como una cesión de la audiencia, por lo *que ajustar su intervención al tiempo otorgado es una muestra de cortesía.*

El segundo ensayo debería realizarse después de haber corregido los errores de la primera exposición. Seguramente notará de inmediato las mejoras: vacilará menos, tendrá en la mente la estructura del discurso y posiblemente su intervención se ajuste al tiempo establecido.

La tercera y última exposición debería ser la exposición real ante la audiencia; en este momento todos los problemas de los ensayos anteriores deberían haber sido subsanados.

En definitiva, el discurso mixto favorece el desarrollo libre de la estructura por parte del orador y, asimismo, existe libertad en cuanto a la forma de transmitir la información; cabe incluso el uso de un lenguaje más cotidiano (acorde con los conocimientos del orador) que puede favorecer una mayor proximidad con el auditorio. Por lo demás no hay necesidad de memorizar lo expuesto, si bien es necesario entender, comprender y practicar el mensaje que se va a transmitir (siguiendo el guion). Dentro del mensaje, en fin, pueden insertarse hechos concretos (por ejemplo anécdotas de la vida cotidiana) que suelen reforzar lo dicho y producir una mejor compresión del discurso por el público.

5.2. LA DISPOSICIÓN DE LA SALA

Antes de hablar sería conveniente *echar un vistazo al lugar en el que vamos a hablar*. Si tenemos en cuenta este consejo, nos ahorraremos alguna sorpresa desagradable: puede ocurrir, por ejemplo, que hayamos preparado nuestra intervención para hablar de pie y nos obliguen a sentarnos, debido a que la sala únicamente disponga de micrófonos fijos; o, al contrario, que pensemos en estar sentados y que la organización haya dispuesto un atril para el orador.

También es conveniente estudiar la *acústica* de la sala, en el caso de que el público sea numeroso, o la *disposición de los participantes*, en el caso de reuniones de trabajo: ¿nos va a mirar el auditorio de frente o está también a los lados? ¿nos va a separar mucha distancia o vamos a estar sentados en la misma mesa que el público? En el caso de que haya personas especialmente relevantes (invitados, jefes, expertos), ¿dónde se van a situar? Por último la visita previa a la sala evita el miedo escénico que se produce al subir al estrado, momentos antes de hablar. En fin, dado que público y orador son los dos elementos principales de todo discurso, nos detendremos a continuación para hablar de ambos.

5.3. SITUACIÓN DEL PÚBLICO Y DEL ORADOR

Como hemos dicho el examen previo de la sala le habrá servido para ajustar su discurso a las circunstancias en que se va a producir. Piense en dónde va a dejar sus pertenencias: abrigo, paraguas, cartera, portátil o carpeta pueden convertirse en una carga molesta si no ha calculado cuánto tiempo va a necesitar para ordenarlos y dónde dejarlos. Evite que el público lo observe abriendo y cerrando cremalleras, buscando papeles o inicializando el ordenador. Asimismo si la superficie sobre la que va a apoyar sus pertenencias es exigua, seleccione los elementos que necesite realmente y prescinda de los restantes. Por último asegúrese de haber dejado todos sus enseres en posiciones estables; la caída de un paraguas o de un bolígrafo pueden estropear un efecto retórico largamente trabajado. Si le es posible, acuda a la sala cinco o diez minutos antes (más si va a realizar una presentación con ordenador) para arreglar estas cuestiones externas.

Abandonados los elementos supletorios, centrémonos ahora en la figura del orador, ya que hablar de pie o hablar sentado produce situaciones bastante diferentes desde el punto de vista de la puesta en escena. Como hemos repetido anteriormente no hay una postura intrínsecamente «mejor» que otra; en el fondo usted hará una exposición mejor en la postura en la que se sienta más cómodo, mas seguro y más dueño de sí mismo. Pero si la postura no le garantiza el éxito, sí que determina algunos aspectos de su elocución, que son los que vamos a tratar en los siguientes apartados.

5.3.1. De pie

Si usted decide hablar de pie, debe ser consciente de que en esta postura todo el cuerpo queda expuesto al escrutinio del público, que se va a fijar no solo en las manos o en la cara, sino también en las piernas, en la limpieza de sus zapatos o en la raya del pantalón. Todo su cuerpo va a ser objeto de examen público. Asegúrese, por tanto, de que no haya nada en su aspecto que llame la atención de forma negativa (una mancha en la camisa, una chaqueta arrugada, unas gafas sucias). La exposición de toda nuestra figura tiene, por el contrario, un aspecto positivo; si usted tiene un buen control del lenguaje corporal, dispone de más instrumentos para lograr su fin: puede moverse por el escenario, acercarse o alejarse de la audiencia, puede imitar gestos o posturas si pretende obtener un efecto cómico; en suma, puede desarrollar, más que en ninguna otra circunstancia, sus capacidades de actuación: no permanezca inmóvil, desplácese de vez en cuando y controle escrupulosamente los movimientos del cuerpo.

Otro aspecto positivo de hablar de pie tiene que ver con la voz. En esta postura los pulmones no están restringidos por la posición y puede disponer a voluntad de toda su potencia vocal (observe que la ópera se canta, por lo general, de pie excepto contadas escenas que poseen, a justo título, fama de difíciles). Recuerde lo mencionado al respecto en el capítulo 4, apartado 4.2.1.1.

Uno de los defectos más frecuentes en oradores que hablan de pie tiene que ver con la distribución del peso del cuerpo. Nuestro cuerpo tiene que estar en una postura estable, en la que las piernas reciban nuestro peso de forma equilibrada. La postura de descanso de los militares (los dos pies separados por la distancia de un pequeño paso y las rodillas flexionadas de forma imperceptible) es una buena posición de base para aguantar un largo tiempo de pie. Si no toma en cuenta esta sencilla recomendación, puede comenzar un baile involuntario en el que irá alternando el peso de su cuerpo, primero sobre una pierna y luego sobre la otra, o balanceándose adelante y atrás, lo que produce un efecto de vaivén cómico o molesto, según los casos.

Por cierto, otro defecto frecuente, sobre todo si el orador se vale de algún elemento auxiliar en su exposición (pizarra, retroproyector, presentación con PowerPoint©, etcétera), es olvidar que los verdaderos destinatarios del discurso están frente a nosotros:

hablamos para un público, no para una pizarra; en consecuencia debemos ser muy cuidadosos de no dar la espalda al auditorio bajo el riesgo de que éste pierda progresivamente la concentración hacia nuestra exposición.

5.3.2. Sentado

En general hablar sentado salvaguarda más el cuerpo, ya que la parte de nuestra anatomía que ofrecemos al público —y que, por tanto, debemos controlar— es menor. En efecto, protegidos por la tabla de la mesa podemos controlar mejor nuestro cuerpo. Ahora bien, si los pies o las piernas están a la vista del público, debemos evitar los movimientos «raros» que distraigan la atención.

Sin embargo, no siempre estar sentado garantiza protección. Antes de empezar a hablar compruebe si la mesa le cubre las piernas o no. Las mesas descubiertas presentan el inconveniente de que los oradores nerviosos, atentos a no mover los brazos, descargan su tensión emocional moviendo las piernas sin saber que están exponiendo su agitación al público; por otro lado los brazos deben mantenerse siempre sobre la mesa. Pocos gestos son mejores indicadores del nerviosismo de un orador que el movimiento compulsivo de aquellas partes de su anatomía que cree a salvo de la mirada del público.

En definitiva, si optamos por una posición sentada hemos de procurar ubicarnos en una postura cómoda (sin recostarnos, por ejemplo, sobre la mesa ni desaparecer tras ella hundiéndonos en la silla o el sillón).

5.3.3. Mixto

Se trata de un tipo de discurso híbrido que combina las fases de pie con los momentos de estar sentado. Las clases son un ejemplo muy claro de este tipo de exposición, ya que, en ocasiones, el profesor explica de pie y, en otras, el docente realiza su exposición sentado, lo que le permite hablar con más sosiego y control.

Otros discursos que se valen de medios técnicos suelen favorecer también la alternancia entre las posiciones sentada y de pie. Una presentación con ordenador y proyector de cañón, por ejemplo, es la situación más propicia para no estar todo el tiempo sentados mientras dura nuestra exposición: alternaremos indistintamente la posición erguida (con cierto movimiento) y la sentada, de acuerdo con la progresión del discurso. Ello favorecerá al tiempo que el público permanezca atento a cuanto le digamos, ya que el dinamismo corporal es un recurso muy rentable de apelación al auditorio.

5.4. Uso de elementos técnicos

Aunque a lo largo de los capítulos previos se ha prescindido de la referencia a elementos auxiliares, lo más frecuente hoy en día es que toda exposición cuente con su concurso. Los medios técnicos facilitan la exposición: un micrófono evita forzar la voz, los vídeos introducen material adicional y amenizan nuestra charla, las presentaciones por ordenador evitan que tengamos que aprender de memoria. No obstante, nunca olvide que no es infrecuente que se produzcan fallos, como que el sistema de megafonía se acople, que un enchufe no funcione o que el documento que haya preparado no se pueda abrir en el ordenador. Recuerde:

> . Los medios técnicos pueden fallar en cualquier momento.

Para evitar sorpresas de última hora difíciles de subsanar le aconsejamos *que revise personalmente la adecuación de todos los elementos* que vaya a utilizar en su exposición: encienda el televisor, el lector de vídeo y compruebe que su cinta se reproduce y que está seleccionado el canal adecuado; si va a utilizar un DVD, compruebe que el lector soporta el formato de su disco. Si utiliza su ordenador, conéctelo, inicialícelo, compruebe que el cañón de la sala lee la señal de su portátil y que la pantalla del ordenador y la pantalla de la sala están ajustadas (en caso contrario no coincidirán el escritorio de su ordenador y lo que el público está viendo). Si va a utilizar el ordenador de los organizadores, copie el documento de su exposición en el mismo (así funcionará más rápido), pulse sobre el icono y compruebe que el programa que debe leerlo está instalado, que la versión de su documento y la del ordenador son compatibles. Aunque le puedan parecer triviales todas estas recomendaciones están basadas en la experiencia y reflejan problemas reales.

Si realiza su exposición en su lugar de trabajo habitual, le será relativamente fácil realizar estas comprobaciones previas. Puede ser más problemático llevar a cabo este proceso previo cuando expone en otras sedes, especialmente si es usted un invitado. Lo normal cuando se pregunta si todo está bien suele ser una respuesta tranquilizante; por lo general el organizador no cree que usted deba realizar una revisión previa porque la organización ya ha pensado en solucionar todos estos problemas. No se deje convencer e insista con amabilidad en comprobarlo usted mismo, aun a riesgo de parecer desconfiado. Tampoco confíe en que otros le preparen el material, ni en la supuesta pericia técnica de los que «saben de ordenadores». Llegados los problemas, no es extraño que los expertos se sientan tan incapaces como usted mismo. Recuerde que el precio de la cortesía puede ser la renuncia a un material cuya preparación le ha costado un esfuerzo considerable. Por último, en congresos donde las presentaciones con ordenador se suceden y hay muy poco tiempo para el cambio de orador, le recomendamos aprovechar la pausa antes de su sesión para realizar la comprobación, de modo que cuando deba tomar la palabra, solo tenga que hacer un doble *clic* sobre el icono de su documento.

Ante el fallo de cualquier medio auxiliar usted tiene que estar preparado para reaccionar y suplir la ausencia correspondiente: si no hay micrófono, debería saber colocar la voz para que lo oigan en las últimas filas de la sala; si no puede insertar un vídeo, debería poder suplir esa ausencia en su exposición, y si no puede recurrir al ordenador, utilizar una forma de presentación alternativa. En una época de avances tecnológicos como la actual, una decisión razonable es llevar siempre consigo una exposición en un medio alternativo. Dicho medio debería ser independiente de los requerimientos de la sala, estable, multiplataforma, presentar una relación óptima entre capacidad de almacenamiento y espacio y, por último, ser fácilmente transportable. Una alternativa así existe: se llama papel. En definitiva, si la exposición depende de un medio técnico (ordenador, retroproyector o diapositivas), deberemos prever un medio alternativo por si acaso (fotocopias, transparencias, etcétera). Nuestro consejo para que no se vea obligado a cancelar su exposición es el siguiente:

Lleve siempre preparado un ejemplario para el público.

El *ejemplario* (también se denomina con la palabra inglesa *handout*) es un texto abreviado de su charla en el que usted resume los puntos principales de su intervención, se incluyen ejemplos, citas, cuadros y gráficos y se sintetizan las ideas principales. Con él en la mano usted debería ser capaz de recomponer su exposición aun en ausencia de ordenadores, retroproyectores o cualquier otro aditamento; la audiencia, por su parte, debería ser capaz de seguir su intervención sin perderse o aburrirse. Siempre que prepare una intervención en público, prepare también un ejemplario: en caso de fallo mecánico en cadena será su paracaídas de emergencia; en caso de que todo funcione a la perfección puede incorporarlo como material adicional. Si su intervención es de tipo técnico y hace uso de numerosos datos, considere el ejemplario como elemento imprescindible de su intervención: con él en la mano, su audiencia puede valorar los cuadros y gráficos que presente, volver sobre algunas de sus ideas y asimilar mejor el contenido de su propuesta. Además, el ejemplario le garantiza que, una vez acabada la charla, todos los asistentes guardarán un resumen fidedigno de su intervención.

Pasamos a continuación a una revisión individualizada de cada uno de los elementos auxiliares de una intervención.

5.4.1. Micrófono

Los micrófonos son medios útiles en auditorios grandes, cuando la cantidad de personas a las que nos dirigimos es inabordable con el concurso de nuestra voz. Hay quien lo utiliza de forma sistemática para no forzar la garganta o porque considera que su voz no es lo suficientemente fuerte. Sin embargo, y siempre que sea posible, recomendamos hablar sin el concurso de este elemento auxiliar. En primer lugar porque la voz a través del micrófono no suena igual que transmitida de forma natural. En segundo lugar porque un micrófono introduce una variable más en el proceso, ya de por sí complicado, de una exposición oral. Por último porque en muchas ocasiones no es necesario, ya que una voz bien timbrada puede llegar mucho más lejos de lo que en un principio podría imaginar. No le pedimos que llegue al extremo de esos actores que son capaces de hacer llegar un murmullo hasta los últimos pisos de un teatro, pero sí que considere la posibilidad de aprovechar sus posibilidades vocales mediante un curso de logopedia. De todas formas y en el caso de que usted, por elección o por necesidad, recurra al uso de un micrófono recuerde algunas cosas.

Antes de empezar a hablar nos aseguraremos de que está *conectado* mediante un pequeño golpe con los dedos sobre su superficie. Lo ajustaremos un poco por debajo de la altura de la boca.

Lo esencial en su contacto con el micrófono es la *distancia a la que va a funcionar de modo óptimo*; si está demasiado lejos de su boca, no va a amplificar sus palabras. Por el contrario si está demasiado cerca, las distorsionará. Cada micrófono es distinto, así que debería comprobar por anticipado cuál es la distancia óptima para que su voz se entienda bien en toda la sala.

Una vez ajustada la distancia entre el micrófono y su boca debe *mantenerla* a lo largo de toda su exposición. Hay micrófonos que se deben situar justo al lado de los labios; otros (que suelen ser de un tamaño bastante reducido) funcionan bien a unos veinte centímetros de distancia. Con frecuencia el orador se olvida de esta distancia al poco de comenzar a hablar y el micrófono deja de ser efectivo; en efecto, sujetar con dos dedos un aparato del tamaño de una nuez a veinte centímetros de distancia de la boca al tiempo que se utiliza un ordenador, se pasea la mirada por la audiencia y se desarrolla una exposición con una argumentación detallada, es algo realmente difícil. No hacerlo, sin embargo, equivale a inutilizar un instrumento necesario para nuestra exposición (y a provocar el aburrimiento o el enfado de la parte del público que no nos oye). Procure comprobar de vez en cuando si su audiencia le está oyendo y sea sensible a los posibles gestos que pudieran hacer desde el fondo para indicarle que su micrófono no está reproduciendo sus palabras. Asimismo recuerde disminuir la velocidad de su elocución para que la transmisión de su voz no se distorsione en exceso.

Si aparecen *fallos técnicos* deberemos actuar con calma esperando la intervención de algún técnico si el caso lo requiere. No resulta extraño que los micrófonos se acoplen, o que existan interferencias. El efecto que producen es el de un ruido de fondo realmente molesto que obliga en ocasiones a interrumpir la presentación. No haga como que no ha oído nada. Comente brevemente el problema, dado que tanto su público como usted son conscientes de lo que está pasando. Una vez reconocido el incidente éste dejará de tener valor para el público. En cambio pasarlo por alto producirá el efecto contrario.

Por último, y en el caso de que se halle usted en una *mesa redonda* o en cualquier acto en el que intervengan varios oradores, *asegúrese de cerrar su micrófono* al terminar su intervención. Si no lo hace, todos sus comentarios privados se transmitirán a la sala, lo que podría acarrear consecuencias catastróficas para usted.

5.4.2. Transparencias

Éste es un método de exposición que está siendo desplazado por las presentaciones con ordenador. Sin embargo, sigue teniendo sus partidarios. Son económicas, fáciles de manejar, pueden cambiarse e incluso rectificarse durante la exposición y, además, podemos señalar con facilidad aquellas partes que queramos resaltar.

La transparencia es una fotocopia transparente que, con la ayuda de un retroproyector, se proyecta amplificada sobre una pantalla y, a efectos expositivos, resulta similar a una pantalla de ordenador. La preparación de las transparencias es algo más complicada ya que por acumular electricidad estática tienden a pegarse entre sí, por lo que deben separarse mediante papeles (algunas marcas de transparencia ya llevan incorporado un papel con cada hoja). Asimismo, cuando salen de la fotocopiadora las transparencias están calientes, y se podrían fundir en un solo bloque. Asegúrese de ordenar todas las transparencias que vaya a usar (numerándolas si es preciso), sepárelas mediante papeles y guárdelas en un sitio adecuado.

El retroproyector posee una lente que se debe ajustar cuando usted coloque la primera transparencia. Asegúrese de que la lente está enfocada y pregunte al público si se ve bien. Compruebe también si la pantalla refleja la totalidad de la transparencia o solo una parte. En este último caso acuérdese de subir su transparencia en la pantalla del reproductor para que el público pueda leer las últimas líneas de sus transparencias.

Esta forma de exponer requiere de un lugar para colocar las que todavía no hemos utilizado, y uno distinto para amontonar las que ya hemos expuesto. Con frecuencia los retroproyectores están situados sobre soportes muy exiguos, alejados, además, de cualquier mesa, con lo que esta pequeña cuestión logística se puede convertir en un problema expositivo si no se tiene previsto de antemano.

Al comentar las transparencias le convendrá situarse junto al retroproyector y marcar los datos que más le interesen, bien con la punta de un bolígrafo sobre la transparencia, bien con un puntero láser sobre la pantalla. Tenga en cuenta si usted es diestro o zurdo para situarse en el lado adecuado; calcule, asimismo, si va a dificultar la visión de parte del público.

Sea ordenado al dejar las transparencias ya utilizadas; no es extraño que a preguntas del público usted se vea obligado a recuperar una transparencia previa. Si las ha ido amontonado en desorden, esta operación se va a demorar considerablemente, produciendo un efecto poco ventajoso para su imagen.

Los cambios de las transparencias deben ser rápidos y su contenido debe ser concreto, conciso y claro. Debemos evitar los textos largos y conocer el funcionamiento del proyector; éste debe estar preparado en el momento oportuno, incluso con la primera transparencia colocada.

Una de las ventajas de las transparencias es que permite escribir sobre ellas, subrayar o unir ideas con flechas. Para ello será necesario contar con un instrumento adecuado, ya que muchos bolígrafos o rotuladores no escriben sobre superficies plásticas.

Por último si va a utilizar sus transparencias en otras conferencias, reordénelas lo antes posible. Si no, puede encontrarse ante un montón de hojas desordenadas justo antes de empezar su nueva exposición.

5.4.3. Vídeos y videoclips

Los vídeos emitidos por televisión así como los videoclips reproducidos desde un ordenador son medios auxiliares también bastante frecuentes. A diferencia de los anteriores es raro que ocupen toda la exposición, siendo más frecuente que se empleen en una parte de la misma, introduciendo un ejemplo, un caso particular o un elemento de distensión en su charla. Es fundamental, por tanto, que no rompan la marcha de su intervención y que el tiempo utilizado para ponerlos en marcha no sea más del necesario para hacer una pequeña pausa. Para ello es conveniente tener en cuenta algunos consejos.

Como se ha dicho anteriormente usted debería haber comprobado antes de empezar su conferencia si todo funciona correctamente. En el caso de, por ejemplo, un vídeo emitido a través de un lector de DVD esto implica comprobar si el televisor se enciende, si el lector se enciende, si televisor y lector están conectados, si la pantalla del televisor reproduce el lector, si el lector soporta el formato de su DVD, si puede seleccionar el fragmento deseado con el mando a distancia y, por último, si los altavoces (en el caso de salas grandes) están conectados y permiten oír el sonido. Si lo que va a exponer es un fragmento de vídeo a través de un ordenador, deberá comprobar la conexión del ordenador y del cañón de proyección; que la pantalla de su ordenador se reproduce en la pantalla destinada al público; que el formato de su videoclip puede ser leído por alguno de los programas de vídeo instalados en el ordenador; compruebe la calidad de la imagen y asegúrese de que los altavoces del ordenador permiten reproducir el audio. Un fallo en cualquiera de estos pasos le impedirá, total o parcialmente, realizar su exposición.

Prepare de antemano el fragmento que va a exponer. Si se trata de un videoclip, colóquelo en el escritorio en un lugar accesible; si se trata de un DVD o un vídeo, compruebe en qué minuto/segundo, o en qué número de vuelta, debe comenzar la reproducción. Si va a presentar varios fragmentos, las transiciones entre uno y otro deberían ser lo más breves posibles, por lo que se aconseja una preparación cuidadosa de los tiempos en que comienza cada uno de ellos.

No es infrecuente que se deba mover hacia adelante, hacia atrás, o parar el fragmento objeto de su exposición. Si desea subrayar algún elemento de la pantalla, puede hacerlo con la ayuda de un puntero láser.

5.4.4. *Presentaciones con ordenador*

Hoy en día las presentaciones realizadas con ayuda de un ordenador se han convertido en una forma estándar de exponer, especialmente en ciertos ámbitos. Vamos a comentar de forma más detallada el método más extendido de presentación: la que se sirve de diapositivas electrónicas, a través de programas como PowerPoint©. En este tipo de programas la información se ordena a través de diapositivas, que ocupan el espacio exacto de una pantalla, y en las que se puede compaginar material de diverso tipo: texto, figuras, gráficos o materiales de audio y vídeo. Debido a que la unidad es la pantalla, a que debe poder ser leída por la totalidad del auditorio y a que es necesario respetar una determinada proporción entre texto y márgenes, la cantidad de texto que se puede introducir por diapositiva es bastante limitada. Por último es posible introducir fondos, texturas, dibujos y todo tipo de adornos en cada presentación.

No es de extrañar que una exposición mediante diapositivas produzca resultados brillantes. En el auditorio, además, el orador causa la impresión de alguien moderno, dinámico y al día de las novedades informáticas. No obstante es muy frecuente asistir a exposiciones mediocres con presentaciones francamente mal diseñadas. Recuerde un consejo banal, pero a menudo olvidado:

> Usted no va a convertir en bueno un mal discurso por presentarlo por ordenador.

El ordenador es un *medio* y, como tal, no debe ocupar en su exposición un espacio mayor del que concede al resto de las ayudas de las que se va a servir en su intervención. El *fin* de su discurso, por el contrario, es convencer, y para ello se debe basar en un discurso bien estructurado y en un conjunto de pruebas convincente. Otorgarle a su portátil capacidad de convicción es una percepción errada de lo que implica hablar en público.

Confiados en el potencial de la técnica, no es infrecuente que muchos oradores cometan errores graves en la preparación de sus presentaciones en diapositivas. Vamos a enumerar un listado de defectos frecuentes cometidos al utilizar este medio (y que, por la novedad de la técnica, no figuran en otros trabajos):

1. *Leer la diapositiva en lugar de exponer*. La diapositiva puede utilizarse a modo de esquema, de modo que ni usted deba aprenderse su exposición de memoria ni su público se vea obligado a retener una gran cantidad de datos en la cabeza. Lo que es inadmisible es que usted utilice la diapositiva como una pantalla gigante en la que ha copiado el texto que, en la práctica, está leyendo. En tal caso usted está realizando el tipo de discurso más clásico (el leído) en la plataforma más moderna (la electrónica).

2. *Colocar una cantidad excesiva de texto*. La diapositiva debe ser una unidad de sentido, lo que obliga a que el texto de cada diapositiva sea unitario. Ahora bien, para que su texto pueda ser leído por el público situado en las filas más lejanas el cuerpo de letra utilizado debe ser grande (24, 28, 32 o similares). El tamaño de la letra limita de forma evidente la cantidad de texto de cada diapositiva, inconveniente que algunos oradores resuelven disminuyendo el espacio entre líneas, eliminando márgenes y reduciendo el tamaño de las letras por debajo de un mínimo razonable. La mayor cantidad de texto no asegura una mejor comprensión, del mismo modo que un libro sin márgenes tampoco garantiza una mejor lectura.

3. *Adornar las diapositivas con dibujos afuncionales*. Las diapositivas comparten con vídeo y monitores el carácter audiovisual de la presentación. Es relativamente fácil incorporar imágenes y sonidos a las diapositivas, por lo que es fuerte la tentación de «aligerar» nuestra exposición, haciéndola más «divertida», «amena» o «informal». Cuando se sienta tentado por tales pensamientos póngase en el lugar de la audiencia (especialmente si su público son personas expertas en el tema) y piense en cómo acogería una tabla de resultados acompañada de un muñeco con cara de sorpresa, un gráfico sobre un fondo estampado o una cita sobre la degradación medioambiental rodeada de flores de colores.

4. *No adecuar la presentación al tema*. Recuerde que la adecuación entre fondo y forma, de la que hemos tratado en el capítulo 4 de este volumen, se sigue aplicando en este punto. No utilice fuentes ni tipos de letra «informales» (como `comic`, etcétera) en un informe técnico, no incluya un fondo de sonido con la presentación de un balance de resultados, ni abuse de los efectos de animación (si no cumplen una función determinada en su exposición).

5. *Desequilibrar el fondo en favor de la forma*. El modelo de ordenador, su programa de presentación o los colores de cada diapositiva no le garantizan el acuerdo del público, ni va a convencer a un oponente reticente con efectos de sonido; tampoco cambiará el desacuerdo en adhesión por el uso eficiente de fondos y colores. Su objetivo es convencer; una presentación bien elaborada puede añadir valor a una exposición bien preparada. Pero no cuente con que la preparación de las diapositiva haga el trabajo de la preparación de la exposición.

Dada la creciente importancia de este tipo de exposición, y a modo de resumen, tenga en cuenta que:

Su presentación es un medio, no un fin.
Una mala intervención no se va a disimular por muchas y muy variadas diapositivas que utilice.

5.4.5. Páginas web

La cantidad, la variedad y la calidad de las informaciones disponibles en las páginas web, así como la cada vez mejor accesibilidad a Internet desde las salas de conferencia hacen posible la conexión directa a la red para consultar las páginas *in situ*. Los programas de ordenador permiten el salto directo a las mismas a partir de la inclusión de hipervínculos. Si usted opta por incluir este procedimiento, que produce por lo general resultados muy vistosos, tenga en cuenta la volatilidad de las direcciones url; no es infrecuente que una reordenación interna del servidor provoque un cambio mínimo en la dirección que invalide el acceso que usted tenía preparado. Compruebe, así pues, todas las direcciones el mismo día de su exposición.

Si las páginas a las que pretende acceder presentan algún tipo de complicación (por ejemplo, si su conferencia gira en torno a los nuevos videocreadores), asegúrese de que el ordenador desde el que accede a las mismas contenga todos los programas necesarios para abrirlas. No es extraño que los ordenadores públicos que se ofrecen a los conferenciantes estén aligerados de software; es una medida de seguridad contra el elevado número de usuarios. Ello supone que solo haya un reproductor de audio, un reproductor de vídeo, etcétera. Si los formatos de la página a la que pretende acceder no coinciden con el reproductor del ordenador, el sistema intentará descargar el programa que la abra, operación que requiere de unos minutos de los que usted no dispone.

5.4.6. Exposición con documentación impresa (fotocopias, gráficos, etcétera)

Si disponemos de documentos complementarios a la charla, debemos pensar detenidamente cuál es el mejor momento para entregarlos. Si se hace con antelación al día de nuestra intervención, tiene la ventaja de que habrán podido ser estudiados y nuestras palabras serán mejor comprendidas. Pero con toda seguridad muchas de las personas asistentes no se los habrán leído, con lo cual habrá que adaptar el discurso a esta circunstancia.

Por otro lado, si se trata de documentación para usar en el momento de nuestra intervención, y se ha repartido con antelación, tendremos el inconveniente de que una parte de la audiencia se olvidará de traerla.

En otro caso si la entregamos el mismo día del acto, debemos hacerlo en el preciso momento en que vaya a ser usada para evitar distracciones provocadas por la lectura. Si se trata de una documentación para ser usada con posterioridad a nuestras palabras, siempre la entregaremos al finalizar el acto.

5.5. INTERACCIÓN: PREGUNTAS Y SITUACIONES INESPERADAS

No siempre sucede todo como se esperaba; los imprevistos forman parte de su intervención y tiene que estar preparado para lo inesperado. Recuerde que su reacción ante los pequeños detalles es con frecuencia la que crea una impresión más indeleble en su audiencia; y es importante que dicha impresión sea positiva, y nunca negativa. Dividiremos el conjunto de imprevistos en tres grandes grupos, según ocurran antes, durante o después de su exposición.

Por ejemplo, *antes de comenzar a hablar la organización de un determinado evento puede fallar*. Puede suceder que le hayan prometido un ordenador que no existe; que usted comienza tarde su intervención porque han estado esperando a un invitado que, finalmente, no ha asistido; lo han tratado —o considera que lo han tratado— con poca cortesía; nadie lo ha presentado, o la presentación ha sido parcial, breve o injusta. Lo han cambiado de sala en el último momento y se encuentra en un espacio poco adecuado para su intervención... En todos estos casos adopte una regla general de cortesía: no culpe a la organización de lo sucedido. En primer lugar porque muchas veces lo sucedido corresponde a una percepción errónea por nuestra parte: por ejemplo, en la institución en la que vamos a hablar es costumbre que el orador lleve su propio ordenador, las presentaciones son breves con todos los participantes, etcétera. En segundo lugar porque lo que le ofrecen puede que sea lo mejor que el organizador haya podido conseguir, y ello con muchos esfuerzos: a menudo tendemos a considerar normales las cuestiones organizativas que son normales en nuestro centro de trabajo y no tenemos en cuenta las dificultades que puede suponer organizar una conferencia a un centro más pequeño, por ejemplo. Por último porque sus comentarios al respecto en poco le van a beneficiar y posiblemente lo perjudiquen.

Solo en muy contadas ocasiones resulta adecuada una respuesta; por ejemplo, cuando la organización actúe con manifiesta mala fe y haya hecho afirmaciones ofensivas hacia usted, su empresa, su institución o su país. Aun en este caso es preferible que usted desarrolle su conferencia como tenía previsto y, en el caso de que haya dejado una impresión favorable entre su público, haga una alusión indirecta al hecho que le haya molestado. No sea explícito; al igual que usted su público sabe leer entre líneas y, en estos casos, no ser explícito es más elegante —y, muchas veces, más efectivo— que expresarse abiertamente.

Durante su intervención la sala puede sufrir un apagón, los medios técnicos pueden fallar, cualquier asistente se puede indisponer, puede darse un aviso de bomba, ocurrir *un suceso inesperado* (como el desplome de la Bolsa o el fallecimiento del fundador de la empresa en la que usted está hablando) o ser interrumpido porque alguno de los asistentes se siente ofendido por lo que usted ha hecho o dicho. Nunca finja que no ha visto u oído lo que está ocurriendo; si es evidente para usted, también lo es para el resto de los asistentes. Si el origen de la interrupción se debe a cuestiones técnicas, haga explícito el problema y soluciónelo con medios alternativos; si la interrupción es de tipo humano, procure cerrar el conflicto lo antes posible, disculpándose si es necesario, y apele de forma indirecta al presidente de mesa o a quien le haya presentado, que debería mediar entre usted y el público. Por lo demás, y según la gravedad de las circunstancias, también debe saber cuándo suspender su exposición.

Observe asimismo algunas *estrategias para captar, mantener o recuperar la atención del destinatario* en el curso de su exposición. Tenga presente su obligación de estar siempre alerta a lo que el público necesite para que el mensaje sea eficazmente recibido. En este sentido apele a elementos cercanos al destinatario (por cotidianidad, por afinidad, por ser más personales, etcétera), sírvase de ejemplos contemporáneos o actuales (de la prensa, de la realidad social, de los avances en la propia ciencia de la que se está hablando); son muy útiles al respecto las comparaciones de hechos de la vida cotidiana aplicados a la disciplina sobre la que se esté tratando. Sitúe la información más novedosa o inesperada en puntos estratégicos de la charla, de forma gradual, intentando que ninguna parte quede huérfana de elementos de interés.

Mantenga también la atención acompañando el discurso de elementos lingüísticos, gráficos, visuales o auditivos que faciliten la distensión tras hablar de ideas más profundas o abstractas; si el discurso es muy extenso, valore la pertinencia de introducir elementos de distensión en algunos momentos: una pequeña pausa, un cambio llamativo de posición, un guiño de humor, preguntas al público a modo de ligera evaluación, etcétera.

Recapitule, en fin, y facilite las ideas introducidas anteriormente, sobre todo si se expusieron muy al principio de su intervención.

Después de una intervención se producen a veces *acontecimientos inesperados* relacionados, en su mayor parte, con la reacción del público; a efectos expositivos podemos relacionar estas reacciones con determinados consejos relativos a cómo responder a las preguntas de su audiencia. La interacción con el público suele estar ausente de bastantes actos; sin embargo, suele ser frecuente en otros muchos, bien en forma de preguntas, en los contextos más institucionalizados, bien en forma de interacciones libres, en reuniones de trabajo. Ante todo tenga en cuenta lo siguiente:

> El desacuerdo con sus opiniones es algo esperable.

Desde el momento en que se enfrenta a un público tiene delante de usted a un conjunto de personas con sus ideas, creencias y convicciones, que pueden sentirse mucho, poco o nada convencidas por sus argumentos, por lo que *usted debería estar preparado para el desacuerdo*. No se preocupe por no haber convencido a la totalidad de su público, ni siquiera por no haberles causado una impresión favorable; el consenso total raramente existe. Por ello es esperable que, si hay turno de preguntas, usted se encuentre con opiniones total o parcialmente desfavorables a la suya. A menudo, especialmente en algunos entornos, se tiende a considerar que las objeciones técnicas se basan en algún tipo de prejuicio personal; así si un miembro del público critica nuestras ideas, se tiende a atribuir dicha crítica no a un defecto en nuestra exposición, o a la más posible causa de que no tengamos razón en dicho punto, sino a factores personales como la envidia, los celos o una cierta propensión de carácter. Al atribuir todas las observaciones a factores de tipo personal se evita entrar en el fondo del asunto, esto es, si realmente existe una base racional para ellas, bloqueando de este modo el pensamiento crítico.

Sin embargo, en aquellos entornos en los que existe una mejor separación entre la esfera pública y privada, se considera que las críticas deben versar solo sobre el contenido y separar los factores personales de las mismas, lo que obliga a un ejercicio de objetividad bastante saludable.

En este sentido asuma que quien interviene lo hace desde la buena fe. Muchas preguntas tienen un carácter aclaratorio porque hay aspectos de nuestra intervención que no han quedado lo suficientemente aclarados para el público. A veces se da el caso de que dichos aspectos no han quedado claros porque tampoco lo están para el orador, situándolo en una postura embarazosa, pero de eso es responsable quien plantea la pregunta. Asegurémonos, pues, de que tanto nosotros como la audiencia hemos comprendido bien la pregunta, si no estamos seguros pediremos que nos la repitan.

Mantenga la compostura: no se ponga a la defensiva. No se bloquee pensando cómo va a quitarse de encima la intervención de quien le plantea la pregunta; dedíquese, por el contrario, a escuchar lo que dice. Así pues no responderemos precipitadamente ni haremos diálogos con los que preguntan. Si insisten, responderemos brevemente y dirigiremos la mirada hacia otra parte de la sala, buscando nuevas intervenciones. En situaciones difíciles, ante un tema que no conozcamos en profundidad, no debemos instalarnos en una defensa a ultranza. Debemos respetar y, si cabe, aceptar los argumentos contrarios con frases del tipo: «Admito que el asunto podría interpretarse como usted dice»; evitemos dar la sensación de que, aun sin conocer bien el tema, nos encerramos en mantener nuestra postura con argumentos débiles. Si algo no conocemos, intentemos evitarlo.

Al hilo de lo anterior: *escuche atentamente a quien le habla*. Procure captar el sentido de la pregunta. Si ésta es importante, o si la intervención de nuestro interlocutor ha sido larga, resuma en voz alta el sentido de la misma y pídale explícitamente su confirmación. Asimismo, el hecho de que tomemos notas durante una intervención da valor al interpelante: observemos detenidamente a quien pregunta (tono, gestualidad) para responderle de la forma más adecuada. Si recurrimos a expresiones como: «Ha usado usted la palabra adecuada...», manifestamos interés (sincero o estratégico) hacia la pregunta formulada.

A la hora de responder *conteste de forma precisa a lo que se le pregunta*. No crea que por hablar ha respondido una pregunta. Una pregunta se responde cuando se atiende a los extremos de la misma, así que producir un mensaje —por muy largo que sea— en el que no se satisfaga esta expectativa no sirve como respuesta; y esto será tanto más evidente cuanto más especializada sea la audiencia. Para responder de manera efectiva le recomendamos centrar la discusión, siempre que ello sea posible, sobre un punto concreto de la misma. En cualquier caso ante una pregunta demasiado vaga usted debe responder lo más concisamente posible; si desconocemos alguna respuesta, excusémonos con un: «Me faltan datos para poder contestar» o simplemente admitiendo el desconocimiento y comprometiéndose a informar y hacer llegar al interesado la respuesta. La franqueza y sinceridad son fundamentales en estas situaciones.

Ante todo *sea cortés* (véase capítulo 6). Separe las críticas a sus ideas de los ataques a su persona. Incluso en el caso de intervenciones agresivas, la cortesía es un arma excelente, que rebaja la tensión, permite centrar el debate en el fondo y no en la forma y lo sitúa a usted en una posición de superioridad con respecto a su interlocutor. En ningún caso debe ridiculizar nunca a quien pregunta y menos tratarle irrespetuosamente. Aunque reciba una fuerte crítica a su exposición, no lo tome como algo personal. Responda sin agresividad procurando rebatir las críticas con datos y elementos objetivos. En todos los casos asegúrese de que la pregunta de su interlocutor ha sido respondida de forma satisfactoria, y repita, mejorada, su explicación, en caso negativo.

En ocasiones el orador se enfrenta a *preguntas complejas*, difíciles en el amplio sentido de las palabras. ¿Cómo solventarlas? Veamos algunos consejos prácticos.

Ante preguntas *hipotéticas*, cuando alguien del público interviene con planteamientos del tipo «imagine que...»; «¿qué pasaría si...?»; «¿y si en lugar de esto...?», no se impaciente y, por supuesto, no se deje llevar hacia suposiciones que no puede demostrar; responda con firmeza: «Con mi exposición no pretendo predecir el fututo o prever qué pasaría si... Trabajo sobre situaciones reales». A veces las preguntas que se plantean son *tendenciosas*, es decir, su planteamiento es aparentemente verdadero, pero una o varias de sus premisas son falsas; imagine por ejemplo que en una entrevista un ministro del gobierno recibiera la pregunta: «¿Cree usted que con la corrupción se puede modernizar el sistema tributario?». Se está dando por hecho, tendenciosamente, que existe corrupción en el Estado, y eso es algo que está por demostrar. En estos casos responda relativizando la afirmación en que se ha basado la pregunta, y evite entrar en la provocación.

A veces las preguntas tendenciosas se tornan en *provocadoras*; evite a toda costa responderlas ya que en este caso entramos de lleno en el terreno de lo personal, terreno del que, justamente, usted debe huir en una exposición colectiva. Puede recurrir entonces a respuestas del tipo: «Ése es un estilo que yo no uso nunca», «por este camino no ganaremos nada», «he venido a dialogar, no a que me insulten», etcétera.

5.6. El aspecto externo del orador

La imagen externa del orador es un factor fundamental en el proceso de aceptación de su discurso por parte del público: la valoración o rechazo del mensaje pueden derivarse de la impresión que proyecte hacia el público su aspecto físico. Cabe en este sentido considerar la imagen desde tres puntos de vista; puede hablarse en primer lugar de una *imagen inicial* (los oyentes la asumen desde el principio mismo del discurso), en segundo lugar está la *imagen global* (impresión general que el público se lleva a partir de todos los rasgos externos del orador); finalmente está la *imagen relativa*, derivada de una situación particular o de un lugar o momento específicos. *Vele, en definitiva, por su imagen externa*.

Veamos, a continuación, aspectos fundamentales que afectan a la imagen externa ofrecida por el orador: los gestos, las manos, la mirada, las posturas del cuerpo, la proxémica y la vestimenta.

5.6.1. *Kinésica y proxémica*

5.6.1.1. Gestos básicos

Solo recientemente se ha empezado a valorar el papel decisivo de los gestos en la comunicación oral. El componente verbal se utiliza principalmente para comunicar información, en tanto que el componente no verbal (kinésico y paralingüístico) suele manifestar estados y actitudes personales: en una conversación cara a cara el componente no verbal representa un papel expresivo de enorme importancia. En una entrevista de trabajo de alto nivel, por ejemplo, *el lenguaje de los gestos puede decantar a su favor el resultado desde un principio (o, claro está, en su contra)*; debe usted evitar los defectos gestuales de su expresión corporal; por ejemplo, en una situación de entrevista no conviene que los entrevistados sean los primeros en saludar o extender la mano, sino más bien a la inversa.

En realidad aunque algunos de los gestos que se utilizan habitualmente son comunes a varias culturas, el significado de éstos puede cambiar. De hecho existen algunos gestos básicos de carácter bastante general: mover la cabeza para afirmar o negar algo, fruncir el ceño en señal de enfado, encogerse de hombros para indicar que no entendemos o no comprendemos, etcétera; otros, en cambio, como el signo de «OK» —con la mano derecha cerrada en forma de puño y el dedo pulgar hacia arriba— en unas culturas (como la occidental) significa que todo está correcto, en algunos países hace referencia a la homosexualidad, y en otros se utiliza para indicar algo nulo, inválido, rechazable... Otro ejemplo conocido, el del signo de la «V» como símbolo de victoria o triunfo, no significa siempre lo mismo: si se hace con las palmas hacia afuera, significa victoria; con las palmas hacia dentro en ciertas culturas expresa un insulto obsceno.

No por ello hay que dejar de nombrar algunos gestos bastante extendidos de los que puede hacer uso un orador experto, o bien olvidarse, si desea que su discurso alcance el éxito: si se muerde las uñas, chasquea los dedos o repica con ellos sobre la mesa, estará dando muestras de inseguridad y de nerviosismo. Si apoya la barbilla sobre la mano, puede interpretarse como señal de aburrimiento. Pero si apoya la mano con un dedo sobre la sien denota interés por el tema tratado. La misma sensación denota si pone el dedo sobre la mejilla. Acariciarse la barbilla o apoyar el pulgar e índice en la barbilla denotan reflexión, evaluación de la situación, toma de decisiones. Frotarse la cabeza o darse palmadas en ella denotan enojo, enfado y otras veces un simple olvido... Asuma toda esta variedad de gestos y considere si, en su intervención, hace usted un buen uso de los mismos o si, por el contrario, hace un uso excesivo o demasiado pobre. Tenga esto muy en cuenta a la hora de gesticular en su exposición: no fuerce o teatralice en exceso, pues el auditorio percibirá de inmediato lo artificial (falso) de su comportamiento.

De manera específica el lenguaje del rostro resulta verosímil cuando es natural: con la expresión de la cara usted puede decir muchas cosas. Claro que *naturalidad* no es lo mismo que *espontaneidad*; la naturalidad radica en el grado de adaptación del comportamiento oral a la manera de ser y al papel que cumple el orador, a la disposición de los oyentes, a la situación del discurso. La naturalidad debe resultar, pues, de un proceso largo de autodisciplina por parte del orador, de un ejercicio constante de sinceridad en lo que dice. Alcanzada dicha naturalidad le será más fácil al expositor seducir a su público, es decir, llevar a su ánimo la impresión de autenticidad.

Con bastante probabilidad las cejas, la risa, la pupila de los ojos y otros pequeños detalles pueden delatarle en muchos casos: por regla general, cuando usted está mintiendo o forzando una situación el cuerpo lo delata. Por ello las situaciones personales se resuelven mejor cara a cara que por teléfono u otros canales que permitan esconder el cuerpo y perder una importante parte del mensaje (la parte no verbal).

5.6.1.2. Las manos

Los ademanes son movimientos corporales significativos, principalmente de manos y brazos. Estos hablan, por ejemplo, apoyando lo que el expositor manifiesta. Hay, sin embargo, ciertos ademanes que deben evitarse; las manos han de ser usadas sobre todo para apoyar nuestra comunicación: deben ser la conclusión confirmatoria de lo que queremos decir. Las manos son, pues, fundamentales en la comunicación no verbal. Generalmente con las palmas hacia arriba y abiertas suelen indicar sinceridad, honestidad; con las palmas hacia abajo abiertas significan una posición. Si usted cierra la mano y apunta con un dedo, expresará una posición dominante e incluso agresiva.

El apretón de manos es una manifestación habitual de saludo: si las manos están verticales, expresan igualdad; si su mano está encima, significa dominio, control, etcétera. Algunos gestos manuales son particulares de ciertos ámbitos: dar la mano y coger la muñeca o coger el codo solo debe hacerse con personas conocidas o del entorno cercano; dar la mano y coger el brazo o el hombro debe hacerse solo en casos de íntima amistad o relaciones muy personales, ya que ello invade el espacio del otro (véase epígrafe 5.6.1.5.). En todo caso estos gestos suelen ser interpretados como símbolo de honestidad y sinceridad en personas allegadas y pueden tener el efecto contrario en personas desconocidas o recién presentadas. En una entrevista de trabajo, por ejemplo, no debe cruzar los brazos (representa una actitud defensiva, de desconfianza).

Con el gesto de frotarse las manos un individuo espera algo bueno, una expectativa positiva, un buen entendimiento entre las partes. Juntar las yemas de los dedos de ambas manos, representa un alto grado de confianza y seguridad en uno mismo.

En otros casos, cuando cruzamos y agarramos las manos por detrás de la espalda, expresamos un alto grado de seguridad en nosotros mismos y una clara posición dominante. En cambio si lo que cogemos por la parte trasera son las muñecas, expresamos cierta intranquilidad e inseguridad.

Se dice que los pulgares representan la fuerza del carácter, por eso son utilizados para destacar algunos gestos: meterse las manos en los bolsillos dejando los pulgares fuera es signo de poderío, de dominación, de seguridad.

5.6.1.3. La mirada

El expositor (orador, entrevistador, etcétera) no debe mirar al techo o al suelo. *Debe mirar al rostro de los asistentes* más que a sus ojos, procurando no posarse demasiado en ninguno de los oyentes en particular. No mirar a los oyentes indica timidez y falta de confianza en uno mismo. Si va depositando la mirada en el público, puede ir comprobando el impacto de la misma y el grado de atención que despierta. *Reparta su mirada entre los asistentes.*

Los ojos muy abiertos denotan sorpresa, admiración, mientras que los ojos más cerrados o forzadamente cerrados denotan desconfianza, seriedad, desaprobación. Las personas que miran al otro a los ojos suelen inspirar más confianza y ser más sinceras que las que rehúyen la mirada.

5.6.1.4. Posturas corporales

Tanto si usted está de pie como si está sentado, debe evitar posturas corporales no comunicativas, como las *rígidas* (es necesario que el orador muestre vida y movimiento), o las formas posturales *derrumbadas* (hay que evitar las actitudes laxas y encorvadas; el aspecto indolente y abatido o la falta de entusiasmo no ayudan a la comunicación con el otro). En una entrevista de trabajo, por ejemplo, debe adoptar una postura erguida, no rígida. Lo ideal es mantener la postura dando la impresión de comodidad. Siéntese correctamente, ni en el borde del asiento ni estirado a lo largo (denota falta de respeto). Nuestra postura ha de parecer relajada y debemos ensayarla hasta conseguir adoptarla de forma natural.

5.6.1.5. La distancia interpersonal: aspectos de proxémica

El tema de las distancias es de gran importancia a la hora de entablar un contacto verbal. Hay muchas personas a las que no agrada que otros «invadan» su territorio o zona personal (al respecto, véase capítulo 6, apartado 6.1). ¿Nunca le ha ocurrido que una persona se echa hacia atrás para mantener una distancia cómoda para ella? Este tipo de situaciones son muy variables en función del entorno (rural o urbano) y en función de la situación y de la cultura. Así, por ejemplo, quienes han crecido en núcleos rurales suelen admitir distancias de proximidad mayor (en su zona íntima, personal y social) que quienes han nacido en poblaciones con más densidad de población (núcleos urbanos). Como comentábamos en el capítulo 1 las distancias interpersonales cambian de cultura a cultura, por lo que hay que tener cuidado con ello.

En el caso de un discurso monologal quien expone debe buscar una ubicación intermedia: ni pegado a la pared ni pegado a la primera fila. Según la clase de discurso escogido, un orador no debe permanecer estático, pero tampoco «correr» de un lado a otro: es aconsejable iniciar la disertación desplazándose a la derecha o a la izquierda, o hacia atrás cuando va a utilizar la pizarra, siempre regresando al lugar de inicio de la exposición: una ubicación o un desplazamiento mal ejecutados distraen al auditorio.

En general todos tenemos nuestros territorios muy bien delimitados; podemos hablar así de una zona *íntima* (inferior a un metro de distancia) a la que se acercan las personas más allegadas (familia, amigos íntimos, etcétera); una zona *personal* (alrededor de un metro de distancia), distancia utilizada en reuniones o en el entorno laboral y social, y una zona *social* (superior a un metro y no mucho más allá de dos metros de distancia), utilizada con personas ajenas a nuestro entorno (el cartero, un electricista, etcétera o, en general, gente en la vía pública).

Recuerde que mantener la distancia personal es una práctica aconsejable. Antes de dar el primer paso observe lo que hace quien (o quienes) lo escucha (o escuchan).

5.6.2. Vestimenta

La forma de vestir es también un elemento de gran importancia para el orador. Una intervención hablada requiere de algo más que la voz, requiere de una presencia digna del orador en cuanto al vestuario; éste debe ser acorde a la «etiqueta» requerida según la naturaleza del acto o evento en que usted vaya a participar. Si su intervención va destinada a un público general (no se enmarca dentro de ningún acto formal, como una cena de gala, un homenaje, etcétera), su vestuario deberá ser todo lo formal que la ocasión lo exija, teniendo en cuenta factores tales como el lugar, la hora de celebración, la época del año, etcétera.

El atuendo que usted lleva o cómo lo lleva está indicando cuál es su posición social, quién es y lo que pretende que los demás piensen de usted. Como siempre, hay que evitar los extremos; conviene utilizar estilos y colores que le favorezcan y con los que se sienta a gusto: antes de comenzar a hablar, el público se hará una imagen de usted por su aspecto personal; procure, pues, no dar una primera imagen desfavorable.

Un buen sistema para saber cómo vestir es adaptar su apariencia al grupo medio del público: no debe parecer que usted se ha vestido para hablar (esto es, no debe parecer que usted se ha «disfrazado»). Así, un opositor a una cátedra universitaria que va a examinarse ante un tribunal de catedráticos debería llevar una vestimenta natural, ajustada al evento (por ejemplo, un traje de colorido no muy llamativo, gris, azul oscuro, etcétera), pero no es recomendable que vista un pantalón amarillo acompañado de chaqueta a cuadros y camisa verde pistacho. Análogamente, si los que lo escuchan son personas que lo conocen y saben de su imagen física habitual, debe corresponder con esa imagen, de lo contrario podría producirse un efecto negativo o, incluso, llegar a hacer el ridículo; imagine, por ejemplo, la comicidad que despertaría entre sus compañeros el director de un departamento universitario (recién nombrado) si en su primera reunión acudiera vestido con el mismo traje de chaqué que utilizó el día de su boda.

Procure ajustar su vestimenta al tipo de exposición que va a desarrollar; evite ropas «chabacanas» o impropias del acto, pero sea sencillo en el vestir: que no parezca que usted se ha «disfrazado» ex profeso.

CAPÍTULO 6

Imagen personal y cortesía al hablar. Las relaciones con los interlocutores

Relacionamos cortesía con los modales, la buena educación, el protocolo y, en general, con las manifestaciones de deferencia y buen trato hacia los demás. La cortesía verbal se especializa en la parte lingüística del cuidado a la imagen de las personas, favorece las relaciones sociales y, de este modo, contribuye a que nuestros mensajes sean mejor recibidos.

Cuando hablamos mostramos una imagen de nosotros mismos. El lenguaje no solo es nuestro principal medio para comunicarnos, es una herramienta social. Nuestras palabras pueden facilitar, y también perjudicar, las relaciones con los demás. Un buen orador se servirá de mecanismos lingüísticos que suavicen los mensajes menos agradables de oír o que requieran algún esfuerzo del interlocutor, hará uso de las formas corteses de trato social, empleará estrategias verbales que favorezcan el acuerdo, la empatía o el reconocimiento hacia los demás.

Esto sucede no solo en intercambios comunicativos en los que dialogan diversas personas. Si tenemos que realizar un discurso monológico también transmitimos un modo de ser, una actitud ante la vida y ante nuestros interlocutores, damos una imagen de lo que somos o de lo que queremos que vean que somos.

En los capítulos 3, 4 y 5 hemos puesto el énfasis en el modo de producir el mensaje. Ha llegado el momento de centrarse en las personas que producen y reciben el discurso: la relación entre ellas y la relación con su mensaje. El orador ha de ser consciente de que, por un lado, la palabra es la tarjeta de visita de nuestra persona ante los demás y, por otro lado, de que una cierta dosis de cortesía verbal en nuestros discursos facilitará enormemente el éxito en los fines comunicativos. El presente capítulo se centra en estos hechos.

6.1. LA IMAGEN PERSONAL EN EL DISCURSO

Un presentador de televisión, un profesional invitado a participar en un debate público o un candidato en una entrevista de trabajo, obviamente, no se comportan en esas situaciones de la misma manera que lo harían en casa con su familia ni en el bar con los amigos. Siendo cada uno lo que somos, en circunstancias en las que nos jugamos un reconocimiento público procuramos cuidar con atención nuestra imagen. No se trata de fingir lo que no somos, porque perderíamos la naturalidad y con ella la seguridad; sin embargo, debemos saber que, en principio, son actuaciones puntuales, a veces únicas, a partir de las que el destinatario forma un juicio sobre nuestra persona y nuestras ideas.

> En la comunicación pública se ponen en juego las imágenes de las personas implicadas. Parte del éxito radica en la imagen que ofrece de sí mismo y en la protección de la imagen del público o interlocutor.

La imagen es el deseo que las personas sentimos de ser valorados positivamente por los demás, apreciados o respetados. Gozamos de un prestigio y de una honra que queremos salvaguardar. Dicho de modo negativo, a nadie le gusta que lo humillen, que lo critiquen o que rechacen sus ideas. Asimismo, determinadas acciones, como dar órdenes, prohibir, pedir favores o hacer preguntas indiscretas pueden incomodar al receptor. Es necesario «ponerse un guante» y trabajar el modo de decirlas para que sean bien recibidas, o lo menos mal recibidas. Y esto por dos motivos: porque las formas de decir influyen en la eficacia del contenido y porque detrás de ese mensaje hay personas con sensibilidad y con una sabiduría y experiencia de la vida. Cuántas veces, cuando queremos conseguir algo, un favor de un familiar o de un jefe, acudimos a la persona más dulce o más diplomática para que lo pida en nombre de todos. Qué distinto es decirle a alguien que no merece un puesto de trabajo porque no da la talla, que agradecerle su interés por trabajar en la empresa, reconocer sus cualidades y señalarle que el perfil que buscan es otro. La misma intención se puede expresar con una orientación negativa o positiva, indicar que la botella está medio vacía o medio llena.

> Recuerde: para que su mensaje sea eficaz no es suficiente con que sea bueno, novedoso o brillante. Se lo está dirigiendo a personas y, por ende, el modo de expresarlo afectará a su aceptación.

En los capítulos 4 y 5 también se ha hecho referencia a aspectos relacionados con la imagen del mensaje y la persona del orador (la claridad de las ideas, los elementos técnicos, la vestimenta). Incidimos ahora en cómo la imagen se expresa mediante el discurso.

6.1.1. Dar una buena imagen propia. La imagen del orador

Nadie puede hablar mejor por nosotros que nosotros mismos. Cuando hablamos decimos quiénes somos, y eso es algo que no se puede evitar. Ocurre como todo en la vida: si disfrutamos de un buen plato reconocemos detrás el arte del cocinero.

> Nuestras palabras reflejarán lo mejor de nosotros mismos en la medida en que tengamos en cuenta nuestra imagen en la preparación del discurso.

No solo se conoce lo que una persona piensa cuando manifiesta una opinión; su modo de expresión también muestra la forma de pensar, los valores, el respeto a los otros o su carácter. Aparte de las ideas que transmitamos en nuestros discursos, reflejaremos unas actitudes. Controlar nuestra expresión redundará en causar una mejor impresión.

No se trata de perder nuestra personalidad o de modificarla. Al contrario, lo que le recomendamos es que se conozca, que confíe en su modo de ser y que saque partido a sus cualidades positivas. Para ello, en primer lugar, debemos saber a qué cualidades propias hay que llamar positivas, porque puede ocurrir que, creyendo que algo es un defecto, en realidad sea una virtud. En segundo lugar conviene fijarse en qué valores reclama nuestra sociedad, según la cultura y el momento histórico. Por último recurriremos a los medios lingüísticos adecuados para estas actitudes.

Sin pretender mimetizarnos con los valores que posee la mayoría, por el hecho de ser la mayoría, cada orador se quedará con aquellos valores que más se ajusten a su modo de ser y pensar, pero siendo sabedor de los que comúnmente se consideran positivos.

Nos podemos hacer una idea de las cualidades que se aprecian en nuestra sociedad a partir de lo que se oye o se lee en los medios de comunicación: bien en discursos de otras personas (por ejemplo, en una entrevista pública el entrevistado deja constancia de una imagen), bien fijándonos en el juicio crítico que se hace de las intervenciones de otros oradores (por ejemplo, podemos observar qué alaban o critican del modo de expresarse de los personajes públicos). No hace mucho la prensa calificaba a una política de *macarra* por el modo violento y vehemente de responder a sus colegas en una sesión parlamentaria. La forma de expresar su mensaje no causó buena impresión, por lo que el contenido no resultó convincente.

A continuación comentamos algunos de los valores y las actitudes que se señalan tanto en manuales de oratoria, como en estudios sociológicos actuales. Téngalos en cuenta si quiere transmitir una buena imagen de sí mismo.

Están en auge valores como la *naturalidad*, la *autenticidad*, la *sinceridad*, el *ser transparentes*. En términos de lenguaje estas actitudes se traducen en expresiones claras y sencillas, en evitar frases retorcidas, ambiguas o giros afectados, en la valentía de llamar a las cosas por su nombre —sin ofender a nadie— cuando el eufemismo pudiera llevar a una comprensión vaga, en la fuerza y la determinación del tono de voz, en emplear la primera persona cuando se da una opinión (aunque esto también dependerá de otros factores). También, si es oportuno, el orador puede apuntar explícitamente que está siendo franco, sincero. Es útil al respecto el uso de verbos referidos al «decir» y al «creer»: «siendo honesto»; «le voy a decir la verdad»; «la verdad es que»; «debo confesar que»; «reconozco que»; «tengo que decirle que»; «para ser sincero». El verbo *ser* también presta mucha ayuda, pues define y construye equivalencias de forma sencilla (*esto es así*, «x = y»): «Tener la capacidad de emocionarme es el motor de mi trabajo; el quid del asunto es la puntería en la gestión». En ocasiones, según las situaciones, la autenticidad se puede lograr mediante la inclusión de algún elemento personal en el discurso: expresando el propio punto de vista («a mi modo de ver», «a mí me parece»); manifestando discretamente el propio gusto por algo; si es oportuno, aportando una anécdota o experiencia particular; etcétera.

Es importante mostrarse *seguros* y *firmes* en lo que decimos, pero a la vez evitar ser impositivos. Siempre llegan mejor las ideas que se proponen y no se imponen. Tenemos que contar con que normalmente es difícil contentar a todos y más complicado aún que el cien por cien de nuestra audiencia esté de acuerdo con nosotros. No por ello perderemos la seguridad; la firmeza en nuestra expresión muestra que estamos convencidos de lo que decimos. El que habla debe estar atento a no contradecirse en las ideas y que lo dicho en un determinado momento pueda luego declinar lo anterior. Muchas veces se manifiesta duda si se abusa de las muletillas, de las vacilaciones («mmm», «ee», «pues»), el exceso en el uso de adverbios de probabilidad cuando en realidad estamos afirmando («quizá», «a lo mejor», «tal vez», «posiblemente») o los comentarios negativos sobre lo que nosotros mismos estamos diciendo. En este sentido otro valor apreciado es la *coherencia*: el modo de hablar y de transmitir nuestros pensamientos refleja también una coherencia personal. Por ejemplo, si se da una opinión que se prevé que puede sorprender al público, es bueno justificarla para que se vea que lo dicho tiene fundamento. Asimismo, las ideas más generales y abstractas se pueden acompañar de ejemplos y casos que revelen su posible aplicación real. En definitiva, todo lo que tenga que ver con ofrecer datos o demostraciones contribuye a reforzar la consistencia de nuestras ideas.

También se valora una cierta *modestia* en el modo de expresarnos. Resulta muy presuntuoso el que proporciona ejemplos referidos constantemente a sucesos personales o apunta de forma insistente su opinión sobre cada hecho que relata. Conviene también reducir en cierta medida el mérito propio cuando tengamos que reseñar logros personales, o cuando nuestro interlocutor los realce o encomie. Lo podemos hacer mediante atenuaciones o con justificaciones que reconduzcan lo ensalzado a causas ajenas a nosotros. Cuántas veces, tras el enaltecimiento de un conferenciante por parte del que lo presenta, el primero dedica unos segundos a menguar o quitar importancia a tales elogios. En cambio adoptaremos una actitud más firme acerca de nuestros méritos si lo que estamos haciendo es relatar nuestro currículum, por ejemplo, en una entrevista de trabajo o en un examen de oposición.

En las situaciones en las que se tenga que asumir un error, una culpa o, quizá, un defecto, el orador deberá calcular con previsión hasta qué punto debe atribuirse abiertamente todo el hecho o, sin faltar a la verdad y escurrir su responsabilidad, *decidirá si es más adecuado justificar su comportamiento*. Hemos dicho que se valora la transparencia, pero en situaciones públicas en las que nuestras palabras representan una imagen, conviene ser comedidos en lo que pueda menoscabar nuestro yo.

En general se valora la *seriedad profesional* y, junto con ello, el *gusto en la realización de nuestro trabajo:* si estamos dando una conferencia, se debe notar el entusiasmo por el tema del que se habla, en una entrevista se mostrará el interés hacia el perfil al que se aspira, el deseo por desempeñarlo con responsabilidad. Se debe evitar a toda costa la apatía, la indiferencia o el aburrimiento que un tema nos pueda producir. En la misma línea se valora el mostrarse personas *exigentes,* hecho que se aprecia en muchos detalles de nuestro discurso: lo que revelamos de nuestra persona, la cohesión de las ideas, la firmeza en nuestras propuestas, que nos lleva a no ceder a la primera objeción del interlocutor. Para que no ocurra esto último le recomendamos que previamente reflexione sobre las posibles discrepancias que le podrían plantear y que prepare algunas respuestas (véase al respecto el capítulo 5, apartado 5.5.; también el capítulo 8, apartado 8.3. sobre las entrevistas).

Siempre se reciben mejor las palabras que están envueltas por un talante positivo, lo que no significa ingenuo o superficial. El mostrarse como una persona *positiva* es también un valor preciado en la imagen de un orador. Por ejemplo, si tenemos que informar de noticias incómodas o desagradables, si nos toca hablar de un tema denso, si hay que dar instrucciones a nuestro auditorio o presentarles un plan de trabajo severo, qué mejor que buscar un modo atractivo y motivador de exponerlo. En gran medida nuestra visión del asunto determina la mejor recepción en el auditorio. También, en discursos en los que nos enfrentamos a problemas difíciles, una actitud *optimista* y *esperanzadora* por parte del orador provoca en el receptor confianza y seguridad en él. Dependiendo de las situaciones, también podremos introducir alguna broma o guiño gracioso que pueda distender el ambiente.

En estas intervenciones el léxico empleado puede redundar en ofrecer una imagen optimista y motivadora del orador. El vocabulario, especialmente los adjetivos y adverbios, supone en sí mismo una calificación de los hechos. Debemos procurar que tenga que ver con valoraciones positivas y animantes («excelente», «rentable», «eficaz», «estupendo», «óptimo», «admirable», «eficiente», «fructífero»), que marque lo posible y que se evite enunciar lo imposible o inalcanzable («es muy posible que lleguemos a un acuerdo»; «seguramente lograremos...»; «hay una posibilidad por este camino»; «es muy viable esta idea»), que se enfatice lo asequible («fácilmente»; «está al alcance de nuestra mano»; «es factible»; reduciendo la aparente dificultad: «no es tan difícil como parece»; «es muy llevadero»), que lleve a ver que el esfuerzo merece la pena («vale la pena el empeño en...»; «tiene mucho valor»; «es muy productivo»; «los resultados son inapreciables»). La expresión de ideas en forma de contraste es un buen modo de resaltar y focalizar los aspectos que nos interesan. Podemos utilizar para ello la llamada construcción sintáctica adversativa («aunque», «no obstante», «a pesar de que», «sin embargo», «pero»): «aunque costoso, el resultado es plenamente rentable»; «a pesar de que hay muchos obstáculos, con este método fácilmente lo lograremos»; «tengo poca experiencia»; «sin embargo, estoy dispuesto a aprender lo que haga falta».

En definitiva, son muchos los recursos que contribuyen a *mostrar una imagen de uno mismo como persona optimista*. Le señalamos algunos más: expresar promesas (conviene que sean creíbles, y los primeros que creamos en ellas seamos nosotros), oraciones que informen de nuestra propia seguridad y convicción en la idea y en las personas que la llevarán a cabo (se puede expresar, incluso, en forma de reto) y sobre todo, resaltar la valía y las cualidades de aquellos a quienes estamos motivando.

Otro factor que ayuda a construir una buena imagen propia es el *respeto a los demás*, tanto a su persona como a sus ideas. *No respetar la imagen del otro también daña la nuestra*. Se manifiesta no solo en los modales y en las formas de decir, sino también al rebatir las propuestas. Se detallará cómo favorecer este punto en los siguientes apartados.

Por último la *pulcritud del mensaje también contribuye a transmitir una buena imagen personal* ante el auditorio: la ausencia de errores gramaticales, de pronunciación, un estilo elegante, pero sencillo (véase capítulo 2), el presentar los datos o las referencias sin confusión, el orden en la exposición (véanse capítulos 3 y 4), el cuidado y la formalidad en los materiales gráficos o audiovisuales que se puedan adjuntar (véase capítulo 5), etcétera. Respecto a esto último, dice mucho de una persona el esmero que pone en la parte material de su discurso. No podemos ser «tacaños» con los ejemplarios que entreguemos al auditorio; hemos de procurar que las fotocopias no estén arrugadas, que la letra sea lo suficientemente grande para que nadie tenga que hacer demasiado esfuerzo en leer. Las imágenes, los gráficos, las tablas que proyectemos, deberán estar bien construidas, con la calidad adecuada, etcétera.

En definitiva, lo que hemos señalado repercute en la imagen que ofrecemos de nosotros mismos y se reduce a proyectar cierto cuidado y vigilancia en lo que decimos.

6.1.2. Respetar la imagen del otro. La imagen del receptor

Nuestras palabras las reciben otras personas. Al otro lado de nuestro discurso está alguien que espera que se apruebe su actuación y que se respete su imagen.

Además de intentar ser prudentes al hablar, para respetar a los que nos escuchan es necesario, en primer término, *hacerse cargo mínimamente de sus circunstancias*. Aunque en muchas ocasiones nuestro público/interlocutor nos sea desconocido, es conveniente saber algo de él previamente. Esto no solo nos evitará muchos problemas, como herir sensibilidades o provocar malentendidos, sino que también hará más eficaces nuestras palabras, pudiendo incluso lograr una compenetración positiva con el público.

 El joven licenciado ha sido precavido y, antes de la entrevista, ha buscado en Internet algo de información sobre la empresa para la que solicita empleo. Está muy satisfecho de haberlo hecho porque ha evitado meter la pata. Ha averiguado que la persona que seguramente lo entrevistará, el director de Recursos Humanos, es de origen francés, por lo que decide ahorrarse el comentario sobre el nefasto sistema de trabajo de la empresa francesa en la que realizó las prácticas.

Lo habitual es que un orador no quiera dañar la imagen de su interlocutor, pero quizá de modo inconsciente podría hacerlo por no conocer al público que tiene delante. En especial conviene ir con cuidado con los ejemplos o comentarios apreciativos con los que a veces ilustramos una charla, una clase, etcétera. Puede ocurrir que explicando, por ejemplo, un avance tecnológico o una obra artística, emitamos un juicio negativo de la ideología de su autor. Sin darnos cuenta tal vez alguien se pueda sentir ofendido porque comparte dicha ideología. Lo mismo se puede señalar respecto a las bromas que, a veces, se cuentan para distender un discurso. Si no llevamos cuidado, podemos ironizar sobre un colectivo social, un grupo político o étnico, un defecto físico, etcétera, y quizá entre nuestro público tenemos a gente identificada con ellos.

Este apartado se vincula íntimamente con el siguiente sobre la cortesía verbal, donde se hablará de cómo se gestiona el respeto a la imagen del otro. Nos detendremos antes en las acciones comunicativas que pueden dañar la imagen de los demás.

Los estudios teóricos hablan de *amenazas a la imagen* para referirse a aquellos enunciados que puedan molestar al interlocutor porque resultan de algún modo ofensivos o porque se entromete en alguna esfera de su territorio personal (tiempo, intimidad, planes, opiniones). Como se prevé que no son gratos para la otra persona, el que habla debe huir de éstos, y si acaso no es posible, puede expresarlos de forma más suave.

Se considera que un enunciado presenta una *potencial carga amenazante* para la imagen en función de determinados *factores:*
— *el valor o coste que para el receptor tenga la propia acción que transmite ese enunciado.* Según las culturas algunos tipos de actividades comunicativas se consideran más ofensivas o costosas para el interlocutor. Por ejemplo, mientras que para los españoles peninsulares los consejos y las recomendaciones se suelen considerar positivas porque muestran confianza y preocupación hacia el otro, en culturas del norte de Europa suelen verse como intromisiones en la esfera personal de los demás;
— *la relación distancia/proximidad entre los interlocutores.* No es lo mismo pedir un favor a un hermano que a un desconocido por la calle, ni reprochar a un amigo que está gritando mucho que reprochárselo a un contertulio en una mesa redonda. Se supone que la confianza, el mayor conocimiento entre los hablantes, la relación afectiva y la convivencia cercana neutralizan deter-

minadas acciones que podrían poner en entredicho la imagen del otro. En este sentido conviene conocer las diferencias entre culturas. Los españoles, por ejemplo, deben tener cuidado, pues muchas veces quieren y dan confianza sin tener en cuenta la situación comunicativa. Utilizan un modo de hablar que para otros puede ser excesivamente directo;

— *la relación jerárquica entre los interlocutores*, esto es, la desigualdad que se puede producir entre las personas en cuanto al estatus profesional, la posición funcional o el papel social (por ejemplo, entre profesor y estudiante, entre cliente y vendedor, entre padre e hijo), o también, en ocasiones, la producida por factores como la edad o la clase social. Resulta más costoso rechazar una propuesta o una petición a un cliente o a un jefe que denegarla a nuestro compañero cotidiano de oficina.

Contando con que la amenaza que un acto de habla puede suponer no es algo intrínseco a lo dicho, sino que se calcula en función de los parámetros anteriores, indicamos algunos ejemplos de acciones propensas a «herir la imagen» del que las recibe. Ante estos enunciados *el orador debe ser consciente de que puede humillar o agraviar al interlocutor*: críticas, ataques frontales (a elementos personales físicos, morales, a comportamientos, a ideas, a la institución que se representa, al trabajo realizado), burlas y ciertas ironías (a veces las acciones más indirectas son las que más humillan), reproches, quejas y acusaciones (abiertas o veladas, por malos resultados, por ineficacia), insultos, desprecios, etcétera. En ocasiones el que habla emplea deliberadamente estos enunciados porque su intención es justamente desacreditar la imagen de otra persona. El discurso político, como solemos experimentar, tiene mucho de ello. Sin embargo, aunque a veces el orador medirá las consecuencias y decidirá ahorrarse algunos de estos «ataques», otras veces su deber será precisamente emitir críticas, informes desfavorables, corregir comportamientos, rechazar propuestas o manifestar desacuerdos. Siendo obvio que tales acciones no serán del agrado del receptor, el orador, si quiere velar por la imagen de los otros, buscará los mejores modos de decirlo. Le remitimos, para ello, al siguiente apartado (6.2.).

Hay otro tipo de actividades comunicativas que, sin atacar abiertamente, pueden coartar de alguna forma al que las recibe, en especial *aquellas que suponen una imposición porque afectan a la liber-*

tad de acción de los demás. Es el caso de las órdenes, las prohibiciones, las peticiones de bienes, de trabajo, de tiempo, de información, la interferencia en los planes y en la organización de los demás, etcétera. También ahora la cortesía verbal servirá de aceite balsámico. Aunque, de nuevo, dependerá de los contextos: se reparará menos en la estimación de la imagen si hay confianza, si nos encontramos en una situación de urgencia o si estamos esperando órdenes de un superior para actuar.

Ante la posibilidad de emitir enunciados que puedan dañar la imagen de los demás, se pueden adoptar tres posturas:

1. *atenuar o minimizar el acto de habla* para que no resulte tan ofensivo;
2. *subsanar o compensar el daño* una vez que se ha realizado;
3. *evitar ese perjuicio a la imagen*, bien renunciado a llevar a cabo ese acto amenazante o bien buscando vías indirectas de decirlo.

Un enunciado se atenúa, por ejemplo, expresándolo de modo que lo dicho parezca ser menos de lo que es. Así, si queremos hacerle ver a alguien que no está acometiendo su tarea puntualmente, le podemos decir que «se está retrasando un poquito» (cuantificador *un poco* y diminutivo *-ito)* o que «se le está echando el tiempo encima» (enfatizando la causa como algo impersonal, ajeno a su voluntad). Otro modo de atenuar es, por ejemplo, la imprecisión: para hacer ver al candidato a un puesto de trabajo que se sospecha de su inexperiencia, le podemos señalar que «parece muy joven y como nuevo en ese campo» (se emplea el verbo *parecer* en lugar de *ser* y se acude a una forma vaga, *como).* En cuanto a la compensación del daño a la imagen consiste en repararla a posteriori, por ejemplo, con un *sin embargo*, o mediante una justificación: «los resultados del proyecto no han sido satisfactorios; sin embargo, seguimos confiando en usted»; «apaguen los teléfonos móviles en cuanto entren, si no es mucha molestia». En el siguiente apartado se ofrecen más recursos de atenuación y reparación de la imagen.

No lo olvide: sus palabras pueden ser para los demás como una estaca o como una palmadita en el hombro; depende de cómo maneje su expresión.

Respetar, en definitiva, la imagen de sus interlocutores muestra su categoría humana y preserva el derecho y el sentimiento que todos tienen a disfrutar de una honra y una estima. Como consecuencia se logra un clima de armonía que beneficia los fines discursivos y facilita las relaciones interpersonales.

6.2. LA CORTESÍA VERBAL

La cortesía verbal favorece las relaciones sociales que se llevan a cabo con motivo de un discurso. De nuevo conviene insistir en que detrás del fenómeno de la comunicación hay personas.

Se ha hablado de dos tipos de cortesía: una *normativa* (protocolaria) y otra *estratégica*. La primera es una cortesía convencional o ritual, propia de algunas situaciones comunicativas en las que la tradición cultural ha establecido ciertos cánones de comportamiento discursivo. Es la que regula, por ejemplo, las fórmulas de saludo y despedida, los tratamientos sociales a personajes de autoridad, la conducta discursiva apropiada en determinados géneros comunicativos (la petición de permiso para intervenir en un debate, el orden de intervención en un acto según la autoridad de los participantes). La cortesía estratégica, como el propio término indica, se sirve de recursos comunicativos que velan por la imagen del interlocutor con el objeto de que el mensaje emitido resulte más eficaz. Es el caso de las preguntas indirectas para hacer una petición («¿podrías apagar el aire acondicionado?», en lugar del imperativo «apaga el aire acondicionado»), la minimización del esfuerzo que se requiere del otro («perdone que lo interrumpa, solo será un segundo; ¿puedo hacerle una pequeña observación?»), los halagos a la tarea de los demás («habéis hecho un trabajo ejemplar»), etcétera.

A continuación nos detenemos en la cortesía de carácter más normativo o ritual y en el siguiente subapartado en la estratégica.

6.2.1. *Cortesía protocolaria, convencional y ritual*

Si usted se enfrenta a un discurso debe estar prevenido de las normas y las convenciones socialmente exigidas en ese contexto comunicativo. Quizá piense que es una tontería acatarlas, pues le resultan demasiado solemnes, pasadas de moda o cree que quitan naturalidad y distancian del interlocutor. Según el tipo de discurso y la situación usted deberá buscar el equilibrio entre formalidad e informalidad. Ni poco ni mucho; un empleo ampuloso y recargado de los recursos corteses ocasionaría un acto vacío y superficial y podría volverse contra el propio fin cortés. El uso adecuado de la cortesía proporciona profesionalidad a la actividad comunicativa a la vez que refleja un respeto y reconocimiento hacia los que participan en ella. No por ser fórmulas convencionales y presupuestas deben considerarse insinceras; el que las utiliza subraya la dignidad y valor que le merece su interlocutor.

Aunque se pueden señalar ciertas generalidades en el campo de la cortesía protocolaria convencional, ésta se establece en cada cultura y según cada género discursivo.

6.2.1.1. Cortesía y cultura

La cultura se refleja en la lengua y en sus mecanismos discursivos. Si su discurso, sea una conferencia, una entrevista, sea la clausura de un evento, se realiza entre personas de otras tradiciones, tenga la precaución de informarse de los aspectos culturales básicos. Fundamentalmente le recomendamos:

1. que se asesore sobre el *grado de formalidad y distancia* que en dicha cultura se mantiene entre los desconocidos, para no pasarse ni de informal ni de frío o distante. De manera general nos puede facilitar el trato social conocer si estamos ante una cultura de carácter más cercano y solidario, o de corte más distante y autónomo. Esto determinará el que seamos más directos o indirectos al hablar;
2. que se informe de si existe —y en qué grado— *jerarquía* en lo social y en lo profesional, para respetarla;
3. que se informe de los *tratamientos sociales y las fórmulas* establecidas en dicha cultura para dirigirse a los demás. En español empleamos «tú»/«vos»/«usted» dependiendo del área geográfica, la edad, del grado de conocimiento e intimidad o, en ocasiones, de la jerarquía profesional. Además, contamos con un sistema de tratamiento nominal (y adjetival) para designar el cargo público, social, político o académico de las personas («señor/a», «ilustrísimo», «excelentísimo», etcétera);

4. que se interese por saber cuáles son los temas *tabú* —aquellos más delicados— que será mejor no tratar o, al menos, no entrar en conflicto o profundizar: de tipo político, ideológico, religioso, escatológico, etcétera;

5. que por último hay algunos aspectos de *conducta interaccional* que será interesante observar en la cultura en cuestión. En especial nos referimos al respeto del turno de habla (cada vez que un hablante toma la palabra para intervenir) y al valor de los silencios en algunas culturas.

Detengámonos un poco más en estas consideraciones.

1. Cuando hablamos de culturas *de mayor solidaridad y acercamiento frente a las de distancia y autonomía* nos referimos al diferente modo de concebir las relaciones sociales, hecho que se manifiesta en el habla (como notábamos ya en el capítulo 1). El contraste se puede advertir, por ejemplo, entre españoles peninsulares o italianos (más directos y cercanos) y mejicanos, chilenos o escandinavos (más indirectos y distantes). Los españoles tienden a acortar los espacios interpersonales, a interferir directamente en la esfera privada de los demás, a establecer puentes en la relación; según los estudios de Diana Bravo perciben como positiva la cercanía social, mientras que una excesiva distancia les provoca desconfianza. En cambio, en las culturas de mayor tendencia a la distancia social se valora el respeto y deferencia en el ámbito y espacio personal de los demás y se tiende a proteger la autonomía personal. La lengua refleja este comportamiento cultural a través del uso de mecanismos de indirección. Son formas de mostrarse más cauteloso al dirigirse a los demás: las preguntas indirectas, los modos encubiertos de rechazar algo, el empleo de las disculpas antes de una petición, los rodeos, las fórmulas de tratamiento y de distinción social, un mayor uso de peticiones de permiso en cualquier tipo de acto de habla, el uso constante de «por favor», «permiso» o «gracias» y, en definitiva, el empleo de todos los recursos de atenuación que veremos en el siguiente apartado.

2. En cuanto a la *jerarquía en el ámbito social o profesional* el orador no puede confiar en que conoce el sistema de su cultura. En culturas más patriarcales o en aquellas en que son muy marcadas las clases sociales debe atenerse a lo que en dicho contexto se practica. Así por ejemplo, en la cultura británica se rechazaría, por

impropio, el hacer uso de expresiones coloquiales en una conferencia con el fin de acercarse al público.

3. Los *tratamientos nominales* a personalidades, cargos o títulos nobiliarios se encuentran también establecidos culturalmente. Por ejemplo, en España está regulado que a los ministros se les trate como «Excelencia», «Excelentísimo/a Señor/a», o a los rectores de universidades como «Magnífico Señor». En el capítulo 9 (apartado 9.1.2) se recogen con detalle los tratamientos y en qué situaciones se emplean.

4. Los *temas y las palabras tabúes* pueden variar de cultura a cultura, dependiendo de las tradiciones, los prejuicios sociales, las creencias. Así, por ejemplo, el tratamiento tabú de aspectos escatológicos en la cultura castellana no se aprecia del mismo modo en la cultura catalana.

Hay algunos aspectos que, por lo general, en muchos lugares suelen considerarse más vulgares para tratarse ligeramente en público o entre desconocidos, como los de tipo escabroso, escatológico u obsceno. También los temas referentes a la muerte, a las enfermedades o a ciertas supersticiones en muchas culturas se mencionan con cautela (por ejemplo, algunas aerolíneas eliminan la fila número 13 —considerado el número de la mala suerte— en los asientos de sus aviones). Como orador le interesa saber que, si se ha de hacer alusión a ellos, tiene la opción de acudir a los eufemismos. Son palabras y expresiones que mencionando la misma realidad lo hacen de forma más indirecta y elegante mediante una sustitución (*fallecer* o *desaparecer* por «morir», *baño* por «váter», *paciente* por «enfermo», *cese temporal de la relación conyugal* por «separación»). Los eufemismos pueden evitar calificaciones peyorativas a personas o hechos: *ebrio* por «borracho», *necesitado* por «pobre», *sin techo* por «vagabundo», o como ya Alfred Sauvy señalaba en 1952: a los países pobres mejor denominarles *Tercer Mundo*. No obstante, debemos ser prudentes en el uso de eufemismos; incluso, distinguir aquellos que se crean para no herir sensibilidades de aquellos que, con el fervor de lo políticamente correcto, pueden llevar a nombrar la realidad cambiando o «narcotizando» su verdad. En ocasiones estas expresiones eufemísticas no comunican claramente las ideas, sino que se transmiten impresiones. Como dice el refrán, *lo cortés no quita lo valiente*. No debe olvidar que es compatible ser cortés y educado con hablar claro, y que su público agradecerá que se le expongan las cosas como son.

Se ha ironizado mucho sobre la manipulación significativa a la que se puede llegar con los eufemismos, especialmente en el terreno político. Fíjese en las siguientes sustituciones eufemísticas, que quizá lo hagan reír, pero que están basadas en la realidad: *firmeza de criterio* por «intolerancia», *fracaso escolar* por «suspenso», *agravio comparativo* por «envidia», *prudencia* por «cobardía», *hábil negocio* por «estafa» y para referirse a alguien que es «bajito», *persona con dimensión vertical limitada.*

5. En lo concerniente al *turno de habla*, generalmente, en las culturas hispánicas se permiten bastantes licencias en las interrupciones al turno de habla de los otros, incluso muchos solapamientos (dos o más interlocutores que hablan al mismo tiempo) tienen un fin colaborativo con el interlocutor. No obstante, es una muestra cortés esperar a que la otra persona termine de hablar para intervenir. En culturas asiáticas o del centro y norte de Europa no solo se sanciona sino que, por ejemplo, no es extraño que transcurran unos segundos de silencio entre el final de la intervención de un hablante y el inicio del de la siguiente. Por el contrario en las culturas hispánicas se suceden, incluso se encadenan, los turnos de habla de distintos interlocutores. Parece que en éstas se siente horror hacia los lapsos de silencio en un diálogo, aspecto que no inquieta, por lo general, a alemanes o a holandeses.

Cuando un interlocutor desea tomar el turno, debe estar pendiente para aprovechar algunos momentos en que resulta más sencillo y natural hacerse con él: por ejemplo, ante una pequeña pausa del interlocutor, una pregunta retórica de mantenimiento del contacto («¿no?», «¿sí?», «¿eh?», «¿ok?», «¿estamos?», «¿me sigue?», «¿se entiende?»), una frase que se deja suspendida, la disminución del tono de voz o un descenso en la entonación, etcétera. Asimismo, la persona que tiene la palabra también debe estar atenta por si percibe gestos o señales en su interlocutor que le indiquen su deseo de participar. En el caso de los discursos monológicos, deberá conocer la rutina de cada uno de los géneros (una clase, un examen, una conferencia, la defensa de un proyecto), o bien, informar a su público de sus preferencias para recibir preguntas o comentarios. Por ejemplo, al inicio de su intervención puede señalar si está abierto a recibir interrupciones durante su discurso o si prefiere que se realicen al final. En este sentido deberá atenerse a ello y ceder el turno cuando se lo soliciten, de acuerdo con lo pactado.

6.2.1.2. Cortesía, géneros discursivos y actos de habla sociales

La tradición ha ido estableciendo unos géneros discursivos que constituyen distintas modalidades de habla según el ámbito en que se realicen y la finalidad que pretendan. Cada género establece unas convenciones tanto en el terreno de la estructura y organización, como en el aspecto social (véanse los capítulos 7, 8 y 9). Nos referimos ahora, en relación con ellos, a dos aspectos de carácter social: los géneros discursivos sociales (y la parte social de los géneros no exclusivamente sociales) y los actos de habla sociales.

Algunos géneros discursivos forman parte de un acto social más o menos público y su propia función es la de socialización. El caso paradigmático es el de los discursos festivos (brindis, homenajes, felicitaciones públicas, reconocimientos, bienvenidas), pero también son puramente sociales las inauguraciones, clausuras, entrevistas televisivas a famosos, etcétera. En ellos la cortesía se convierte en código de conducta, y la tarea del orador es dejarse llevar por las pautas formales del género. Estará previsto en qué orden de participación deberá actuar, de qué modo y en qué tono debe dirigirse al público, qué partes componen su discurso y qué fórmulas deberá emplear. Recuerde que en este tipo de discursos tanto o más importante que el mensaje es el cuidado en lo formal. Como consejo concreto y práctico le recomendamos que se informe adecuadamente de los datos básicos de las personas o instituciones a las que va a homenajear, presentar, felicitar, etcétera para no olvidar nada importante ni equivocarse en algo relevante. En especial infórmese bien del cargo o título que ostentan, del orden en que deben ser presentados, de los aspectos más conocidos y notables de su carrera que no puedan dejar de citarse. Su imagen y la del homenajeado, presentado, etcétera está en juego. Encontrará más detalles sobre estos géneros en el capítulo 9.

Los *géneros discursivos que no son exclusivamente sociales* (cualquier discurso es social por naturaleza porque es una comunicación entre seres humanos), como conferencias, debates, mítines, encuestas telefónicas, también poseen su parte de regulación formal. Una vez más las culturas establecen su propia idiosincrasia. Así, por ejemplo, en los funerales de algunos países uno de los allegados pronuncia un discurso, costumbre que no se realiza en otras partes. También los protocolos en actos legislativos o jurídicos, en pruebas académicas, en reuniones de trabajo pueden variar de un lugar a otro. Incluso en ocasiones se establecen códigos de cortesía, como es, por ejemplo, el caso del discurso parlamentario, recogido en los Reglamentos del Congreso o la Cámara.

Es importante conocer el protocolo discursivo de cada género no solo desde la perspectiva de lo que debemos hacer, sino también desde lo que no debemos hacer o conviene evitar. Si nunca hemos participado en un juicio oral, quizá, no sabemos que no podemos intervenir cuando se nos antoje, sino que cada participante, según su función, tiene un momento de actuación en el que se le concede la palabra. Del mismo modo el que participa en un debate, por la propia naturaleza del género, no debe disculparse si introduce una opinión discrepante. En una entrevista de trabajo, la cortesía aconseja que el entrevistado deje que sea el entrevistador quien dirija la conversación, oriente el tema de la charla, ceda el turno, etcétera. En el terreno de lo académico, en oposiciones, pruebas orales, tesis, el examinando debe tener presente la seriedad del acto, por lo que, aunque el tribunal se permita alguna broma para romper el hielo, el opositor no debe hacerlo. Además, el ritual de estos eventos también señala la necesidad de respetar la distancia entre examinando y tribunal/examinador, por lo que se evitarán comentarios sobre cuestiones personales o afectivas, evaluaciones o quejas sobre las preguntas, apelaciones o referencias a un posible público (ya que éste no suele considerarse participante del acto). En definitiva, estos ejemplos pretenden advertir de que los discursos formales se encuentran fuertemente condicionados y que muchas de las acciones que nosotros valoraríamos como naturales, indiferentes —o incluso, positivas— pueden no estar acordes con el protocolo del acto.

Es común a los dos tipos de géneros discursivos que se han señalado, los sociales y los no exclusivamente sociales (con fines profesionales o académicos), el empleo de *actos de habla sociales*. Se denominan de este modo las expresiones, en buena medida fijas, destinadas simplemente a contactar con el interlocutor/público. No forman parte del propio contenido o «sustancia» del mensaje, pero sí de la estructura externa del discurso. Es aquello que convierte el mensaje privado en acto social y público, la parte de etiqueta social de los discursos, con función básicamente relacional. Por ser fórmulas ya preestablecidas en las rutinas discursivas la función del orador se limitará a elegir las más adecuadas a la situación: según el grado de formalidad, de seriedad o celebración, según su autoridad y su posición respecto al público, según el género discursivo, etcétera. Los principales actos de habla sociales son:

— SALUDOS, DESPEDIDAS, FÓRMULAS DE BUENOS DESEOS Y DE BIENVENIDA: «buenas tardes», «muy buenos días», «que tengan un buen día», «bienvenidos/as a este acto». El orador verá la conveniencia de ser más informal («hola, buenos días»), de incluir una pregunta retórica al público («buenos días, ¿qué tal?»; «¿cómo está usted?»; «¿cómo le va?»), de personalizar el saludo con el uso de la primera persona («me alegro de verle/s por aquí»; «les deseamos un buen día»), de hablar en nombre de una institución («el equipo rectoral les saluda»; «les doy la bienvenida en nombre de la empresa»). La despedida también puede realizarse con una fórmula de buenos deseos («buenas tardes»), o explicitando la clausura («adiós; finalizamos nuestro acto»). Resultan más cercanas al interlocutor las expresiones en las que se deja abierta la posibilidad de reencontrarse de nuevo («hasta pronto», «hasta luego», «hasta dentro de unos días», «hasta la próxima»). El uso de vocativos suscita confianza y proximidad hacia el/los otro/s: «que tenga una buena semana, señor Martínez»; «muy buenas noches, señores».

— APELACIONES AL INTERLOCUTOR Y TRATAMIENTOS. El que habla debe decidir previamente en qué términos va a tratar a su público o interlocutor. Obviamente si se dirige a una multitud heterogénea seleccionará fórmulas como «distinguido/ honorable/ respetable público, «señoras y señores», «estimados colegas», «queridos televidentes», o más informalmente: «amigos», «compañeros», etcétera. Para dirigirnos a una persona lo más correcto será emplear su nombre y/o apellido/s o cargo acompañado de un tratamiento (exigido por su posición o por muestra de deferencia: «excelentísima señora alcaldesa», «ilustre señora Catalá») —más formal— o el nombre de pila acompañado de un adjetivo («estimada Mª José»). En este punto el consejo para el orador es que calcule el grado de formalidad/ informalidad para no pasarse por ninguno de los extremos.

— Agradecimientos. La gratitud siempre se recibe positivamente y es un modo de reconocer al interlocutor un esfuerzo. No deje de agradecer a su interlocutor/ público, al menos, el tiempo que va a dedicar o ha dedicado para escucharle, lo que se puede formular en términos de atención o de asistencia: «agradezco sinceramente su atención/ el tiempo dedicado»; «gracias por su asistencia»; «les estoy inmensamente agradecido»; «ha sido usted muy amable por atenderme». Se puede acompañar el agradecimiento o la despedida de otro acto de habla cortés, aquel que muestra satisfacción por haber compartido ese tiempo con el oyente: «ha sido un placer estar con ustedes»; «me honra haber participado en este coloquio»; «ha sido una suerte contar con público tan distinguido».

— Felicitaciones. Se trata de otro reconocimiento expresivo al interlocutor por algún mérito. Tal vez no se le «debe» obligatoriamente por nuestra parte, pues no nos reporta un beneficio, pero refuerza la relación entre hablante y oyente. Aún más, cuando una persona ha obtenido un logro y somos sabedores de ello no felicitarle podría manifestar descontento o desconfianza. En la felicitación va incluido el elogio o encomio hacia determinadas actitudes de los otros: el interés que tiene la pregunta que nos han hecho, la respuesta satisfactoria a un problema, la atención que han prestado a nuestro discurso, etcétera.

— Disculpas. Con ellas logramos restituir cualquier error o molestia que, por nuestra parte, haya podido incomodar al interlocutor. El hablante se anticipa así a la queja —externa o interna— de los que lo escuchan y admite su culpa. No hay que hacerlas sin motivo, pero ante la duda de haber podido perjudicar de algún modo a los demás es más cortés disculparse. Para ello el orador debe estar atento a aquellas cosas que suelen «fastidiar» al público: hay que ponerse en su lugar, vernos críticamente, como cuando nosotros estamos en el otro lado. Conviene disculparse si hemos llegado tarde al acto, o si se ha retrasado por algún fallo técnico del que, aunque fuese en última instancia, éramos responsables; si fallan los aparatos electrónicos, el audio, el aire acondicionado; si no hemos sido capaces de contestar satisfactoriamente una pregunta, o si de algún modo nuestro discurso ha quebrado las expectativas del público, si algún aspecto tratado ha podido herir su sensibilidad; si nos hemos pasado del tiempo previsto o si no hemos podido abarcar todo lo que habíamos prometido; si nos ha parecido que hemos hablado demasiado rápido; etcétera. Las disculpas se suelen emitir mediante la petición de perdón o indicando nuestra condolencia: «permítanme disculparme por haberme pasado de la hora»; «le pido perdón por el retraso»; «ruego que me excusen las personas a las que no les ha llegado el ejemplario»; «siento no haber podido contestar del todo a su problema»; «si alguna persona se ha sentido aludida por lo que acabo de comentar, quiero que sepan que lo lamento profundamente, no era mi intención herir a nadie».

El buen uso de estos actos de habla aconseja un equilibrio en la retórica. El exceso de adjetivación en la construcción y la exageración en las formas pueden provocar un rechazo en el que escucha. Piense, por ejemplo, en lo empalagoso que podría resultar una expresión como «estimadísimos y muy queridos compañeros de empresa» dirigida a nuestros colegas de trabajo.

Para acabar con el tema de la cortesía convencional, y a modo de recapitulación de las distintas ideas apuntadas, le recomendamos *que al preparar un discurso se haga las siguientes preguntas, que lo ayudarán a cuidar la parte social:*

— ¿qué grado de formalidad requiere mi discurso, de acuerdo con el acto en el que estoy?,

— ¿cómo voy a tratar a mi público o interlocutor, de *tú* o de *usted?,*

— ¿qué fórmulas de saludo, apelación al público, despedida, agradecimiento voy a emplear?,

— ¿hay alguna autoridad en el público? ¿debo hacer especial mención a ella? ¿con qué tratamiento?; si hay varias ¿en qué orden?,

— el tipo de género discursivo que voy a llevar a cabo ¿posee alguna estructura o código formal que deba respetar o al que me deba atener?,

— ¿el público es conocido o desconocido? ¿qué grado de confianza compartimos? ¿es homogéneo o heterogéneo (respecto a sus conocimientos, la edad, la posición social/profesional, la cultura)?,

— si sé que me escuchan personas de otra cultura, ¿hay algún aspecto de ésta, formal o ideológico, distinto a lo que estoy acostumbrado y del que, por lo tanto, me deberé informar para poder tratarlo con cuidado?,

— por último le recomendamos que, si se encuentra inseguro en algunas partes de su discurso más formales, prepárelas acudiendo a fórmulas y expresiones estereotipadas, ya canonizadas en este tipo de interacciones. En especial asegúrese aquellas que irremediablemente debe realizar: el saludo, las apelaciones al público y la despedida.

6.2.2. Cortesía estratégica

El lenguaje es un instrumento al servicio de la comunicación, se adapta a nuestros intereses. La cortesía estratégica, en el ámbito de lo verbal, nos proporciona mecanismos lingüísticos que ayudan a que el mensaje sea mejor aceptado por el receptor, puesto que, como venimos señalando, *la forma de decir las cosas afecta al modo de recibirlas*. Además, *una buena estrategia en lo cortés constituye una valiosa herramienta de negociación*. A diferencia de la cortesía convencional ésta no es exigida por ninguna fuerza exterior (tradición, código, cultura), sino que responde a un propósito del hablante. Por un lado la cortesía estratégica vela por la imagen del interlocutor y, en consecuencia, fortalece las relaciones sociales. Por otro lado también vela por el propio mensaje: el orador, consciente de la valía de aquello que pretende transmitir, selecciona con cuidado las mejores formas para que sea acogido con el mismo interés.

Las estrategias se pueden agrupar en dos bloques: aquellas que buscan minimizar las posibles molestias que nuestro mensaje cause al receptor *(estrategias de atenuación)* y aquellas que se proponen ensalzar al interlocutor, sea su imagen, sea algún aspecto vinculado a él, su trabajo, su familia, su discurso, etcétera *(estrategias de intensificación)*.

6.2.2.1. Estrategias lingüísticas atenuantes de la carga negativa del mensaje

Los *mecanismos de atenuación* en la lengua actúan del mismo modo que el agua oxigenada en una herida o que la colchoneta tras el salto de pértiga, mitigando el posible efecto doloroso. Estas formas de expresión *compensan un mensaje que se cree supondrá un coste para el que escucha:* evaluar negativamente un trabajo o un aspecto personal, pedir algo que suponga un esfuerzo, corregir, contrariar, dar una mala noticia, prohibir, etcétera. Como se ha señalado anteriormente el orador, atendiendo a una serie de parámetros, calculará la necesidad de remitirse a la atenuación. Hay casos, como por ejemplo en «páseme el micrófono» (en el español peninsular), en los que tal vez resulta menos necesario este recurso, pues la obligación que contienen es muy reducida. En cambio, cuanto mayor es el compromiso en el que se pone al interlocutor o el daño a la imagen que se le pueda causar, nuestra prudencia nos empujará a ser más atenuados.

A continuación le sugerimos un listado de mecanismos lingüísticos que le permitirán atenuar. Con total seguridad al leerlos reconocerá que muchos de ellos los emplea con frecuencia, pero quizá no había reparado en su función amortiguadora o reparadora. Conviene, como todo, utilizarlos moderadamente y sin perjuicio de la claridad del mensaje.

A. MECANISMOS PARA ATENUAR PALABRAS O EXPRESIONES DE CONNOTACIÓN MÁS FUERTE:

1. Modificarlas mediante cuantificadores minimizadores («un poco», «algo», «algo así», «solo», «no mucho», «simplemente», «más o menos», «aproximadamente»), diminutivos u otras partículas («como», «o así»):

Su planteamiento es *un poco* equivocado/ tiene *algo de* erróneo.
No sé *mucho* de este tema (en lugar de *No sé sobre este tema*).
Solo les robaré unos minu*titos* para exponerles mi plan.
Es usted *como* impetuoso, quizá demasiado impulsivo para desarrollar este cargo.
Estoy *más o menos* de acuerdo con usted; mi *única objeción es con respecto a...*
Los muertos en el ataque han sido *aproximadamente quinientos*.

2. Seleccionar otras expresiones más suaves en cuanto a su contenido significativo, a través de lítotes (rodeos, negar lo contrario de lo que se quiere decir) o de eufemismos (expresiones sustitutivas de palabras malsonantes, molestas, duras o incómodas). Algunos ejemplos de lítotes son:

No estoy plenamente satisfecho con su trabajo, en lugar de *estoy decepcionado con su trabajo*.
No son jóvenes para estos trotes, en lugar de *son viejos*.
Los datos que me han pasado no son ciertos, en lugar de *son falsos*.

No digo malo, pero sí algo perjudicial para nuestra empresa.

Fíjese en que la negación, el rechazo, es una de las palabras más evitadas en la cortesía:

A: ¿Le interesa, entonces, contratar mis servicios? B: Pues, mire, *creo que en esta ocasión no lo necesitaré.*
　　A: ¿Te parece bien la idea? B: *No del todo/no exactamente/no plenamente/no estoy del todo seguro/ sí, pero...*

Por su parte la creación de eufemismos es algo abierto, en plena producción:

Establecimiento penitenciario para «cárcel».
Sanciones pecuniarias para «multas».
Económicamente débiles para «pobres».
Intervención militar para «guerra».
Persona de la tercera edad para «anciano».
Incremento de la tasa de desempleo para «aumento del paro».
Dejar esta vida para «morir».

B. MECANISMOS PARA ATENUAR PETICIONES, ÓRDENES, RUEGOS (preguntas directas, favores, instrucciones, prohibiciones, consejos). Básicamente se trata de convertir el imperativo en pregunta —directa o indirecta— y/o evitar cualquier fórmula directa de imposición:

1. Conjugar el verbo en condicional o en imperfecto:

Veníamos a pedirles una mayor participación en las elecciones.
　　Solo *quería* hacerle una corrección al segundo punto.
　　Sería conveniente acudir a otras fuentes para comparar los datos.
　　Interesaría estudiar el tema con más profundidad.
　　Yo que usted me *pasaría* dentro de dos semanas.

2. Acudir a verbos y adverbios modales: poder (en vez de «deber» o «tener que»), «querer», «permitir», «¿te/le importaría?», «¿sería posible?», «¿cabría la posibilidad?», «quizá», «tal vez». La atenuación es mayor si, además, se emplean tiempos verbales fu-

turos o condicionales. Conviene evitar el «tienes que» y sustituirlo por cualquier otra construcción más abierta: «podrías», «habría que hacer esto», «estaría bien si...».

Quizá pueda ayudarme a resolver una duda.
    Quisiera preguntarle cómo ha conseguido esta información.
    Quizá/Tal vez no es el momento adecuado, pero le quería recordar que a la una lo esperan.
    ¿Me deja/me permite que le diga una cosa?
    ¿Puedo pedirles un fuerte aplauso para el señor presidente?
    ¿Tendría un cigarrillo?/*¿Tendrá*, tal vez, un cigarrillo?
    ¿Sería tan amable de apagar el cigarrillo?

3. Se puede también negar el supuesto de lo que se quiere pedir o preguntar:

¿No tendrá un cigarrillo?/Supongo que no tendrá un cigarrillo.
    Imagino que no dispondrán de un teléfono móvil.
    ¿No podría prestarme un bolígrafo?
    ¿No será usted el que llamó a las doce de la noche?

4. Incluir en la petición el posible rechazo del interlocutor, expresar la improbabilidad: «por casualidad», «en todo caso», «¿sería muy difícil conseguir...?», «¿es imposible realizar...?»:

Disculpe, *por casualidad*, ¿no será usted la señora Contreras?
    Entenderé que no sea posible, pero ¿podría volver a pensar en mi oferta?
    ¿Sería posible colocar el retroproyector un poco más lejos?
    ¿Sería muy difícil cambiar la hora de mi comunicación?
    ¿Cabría la posibilidad de hacer fotocopias de este gráfico?
    En el caso de que le sobren unos minutos, le haré unos comentarios.

5. Se evita la imposición también cuando se piden disculpas ante una interrupción, una pregunta, un favor:

Perdone que lo moleste/perdone que lo interrumpa/permítame que le pregunte/disculpe si lo distraigo/perdone mi atrevimiento, pero le quería pedir que me explicara...

6. Acompañar la petición de construcciones sintácticas condicionales que restringen lo dicho, muchas de ellas son fórmulas estereotipadas («si», «en el caso de que»). También presentan la misma función algunas estructuras temporales («cuando», «en el momento en que»), puesto que ofrecen libertad temporal:

> Si no es mucha molestia/si no es mucho problema/si no le importa/si no es mucho pedir.
> Si se me permite/si no es mucha indiscreción.
> Si le parece bien/si está de acuerdo/si está al alcance de su mano/si fuera tan amable.
> Cuando pueda/cuando (le) sea posible/cuando tenga un momento.
> En el caso de que le venga bien/en el caso de que le surja la oportunidad.
> Señores, *si les parece oportuno,* empezamos la reunión.
> *Si no le importa,* ¿puede bajar el volumen del altavoz?

C. MECANISMOS PARA ATENUAR ASERCIONES Y OPINIONES (evaluaciones sobre la persona del interlocutor, juicios sobre su conducta, su trabajo, opiniones categóricas, correcciones, desacuerdo, disconformidad). La estrategia primordial ahora se dirige fundamentalmente a eludir la responsabilidad del hablante respecto a lo que dice.

1. Expresar las aserciones en forma de duda o de probabilidad, mediante verbos y estructuras como «suponer», «creer», «pensar», «parecer», «imaginar»; «a lo mejor», «tal vez», «quizá», «casi», «seguramente», «probablemente», «no sé», «para mí», «digo yo», «en mi opinión», «a mi parecer», «a mi juicio», «a mi modo de ver», «dentro de lo que cabe», «no sé cómo decirle»:

> *Seguramente* el acero estará más caro de lo que parece, por lo que no podremos afrontar otro riesgo.
> Su situación en la empresa no es precisamente halagüeña, *no sé cómo decirle,* lleva un año presentando la baja cada dos semanas. *Me parece que debería* recapacitar sobre ello.
> *Creo que* la presencia de jóvenes en estas fiestas es muy elevada. *Tal vez valdría la pena* dar facilidades también a gente más mayor, *no sé, digo yo.*
> *Dentro de lo que cabe,* no nos han ido tan mal las ventas.

2. Los verbos en tiempo futuro pueden suavizar la fuerza asertiva, al transmitir la idea de probabilidad, suposición o conjetura:

Usted *tendrá,* imagino, unos 30 años.
Imagino que *estarán* esperando a que llegue el encargado de ventas, ¿es así?

3. Introducir construcciones sintácticas condicionales que reducen la responsabilidad hacia la verdad de lo dicho:

Si no recuerdo mal/si no me equivoco/si no me falla la memoria/si estoy en lo cierto/si he entendido correctamente.
Son treinta y dos, y no treinta, las solicitudes, *si no me fallan los cálculos.*

También se puede recurrir a construcciones de significado concesivo («sí/no...», «pero») y a justificaciones o explicaciones (mediante conectores de causa: «es que», «porque», «puesto que», «como»). Con estas últimas se atribuye el problema a razones externas —y objetivas— al que habla:

No estoy seguro, pero creo que ésa no es la mejor solución.
Siento interrumpirles, pero *es que* nos van a cerrar el edificio.
Tenemos que terminar, *pues* ya es la hora/*puesto que* ya es la hora.
No les puedo ayudar *porque* no tengo suficiente personal.
Como no me avisaron de que acudiría tanta gente, no he preparado suficientes ejemplarios.

4. Evitar la referencia directa al propio hablante como origen de una opinión o de un juicio (el mismo recurso puede servir también para mandatos o instrucciones).
— Mediante impersonalizaciones: hablar en segunda persona —«tú»—, en plural —«nosotros»—, emplear formas verbales impersonales, apelar a la institución o entidad que se representa, el uso de la forma «se», del indefinido «uno»:

Seamos precavidos con la información que damos en la prensa.
El enunciado *Pienso que tienes que actuar así* se puede transformar, por ejemplo, en las siguientes fórmulas impersonales: *Ha-*

bría que actuar de este modo/Daría un buen resultado hacerlo de esta forma/Quizá sea conveniente hacerlo así.

(Ante una pregunta de alguien que se ha distraído): Se ha de prestar más atención al que habla.

Cuando uno no sabe qué decisión tomar, debe pedir consejo al que sabe.

— Expresiones que evitan la aseveración del yo y recurren a un sentimiento del que el hablante no es la causa, sino que se debe a una presión externa:

Me temo que habrá que ir acabando la sesión.
Me parece que tenemos que marcharnos ya.
Siento tener que informarles de estas malas noticias.
Me ha tocado comunicarles el veredicto del tribunal.
Se ha cumplido ya el tiempo del que disponía.

— Apelar al juicio de la mayoría, a lo que se suele decir o se da por hecho en el sentir común de una sociedad, a personas o fuentes de autoridad: «según dicen», «por lo que cuentan», «dicen que», «se dice», «se comenta», «la gente dice», «por lo visto», «al parecer».

Por lo visto, los clientes no están muy contentos con el producto.
Por lo que he oído, ha trabajado en la competencia dos veranos.
Han retirado su confianza en nosotros, según me informan.
Me dicen que le interesa conocer mejor nuestras ofertas.
Su colegio electoral ha abierto a las diez porque, al parecer, no estaba el responsable de las llaves.
Como decía Einstein, todos somos muy ignorantes, aunque no todos ignoramos las mismas cosas.

5. Marcadores discursivos que inciden en la franqueza de lo dicho y lo objetivan, haciendo ver que es algo normalmente compartido por los demás: «la verdad», «la verdad es que», «a decir verdad», «sinceramente», «en realidad», «lo cierto es que». Algunos de éstos, junto a otros, se pueden emplear para atenuar la disconformidad con lo dicho por el interlocutor: «bueno», «vamos», «hombre».

No estoy haciendo propaganda de nuestro artículo, *la verdad;* solo le señalo las ventajas.

Me sorprende que vayan a gastarse dinero en otra autopista cuando, *la verdad sea dicha/lo cierto es que,* tenemos otras que deberían mejorarse.

A: por lo que he podido apreciar en el anuncio, mi formación académica se ajusta perfectamente al perfil que buscan.

B: *bueno,* no es exactamente así, pero su currículum tiene muchos puntos interesantes.

C: la crisis monetaria está empezando a desaparecer.

D: *hombre,* yo no lo afirmaría con tanta seguridad.

6.2.2.2. Estrategias lingüísticas que refuerzan la imagen del interlocutor

Otro tipo de estrategias corteses corresponde a las que se realizan para estrechar las relaciones interpersonales y favorecer la vida social. Actúan como un regalo comunicativo hacia nuestros oyentes: confirman su imagen social y le manifiestan explícitamente un reconocimiento. Normalmente si no se llevan a cabo no suponen ningún perjuicio de la imagen. Sin embargo, en algunos contextos, el hecho de que el interlocutor se abstenga de hacerlas puede ser síntoma de descortesía, puesto que son esperadas. Así, si alguien con quien nos une una buena relación recibe un premio, esperará que lo felicitemos. No hacerlo intencionadamente puede revelar un gesto de desprecio.

Entre los mecanismos de refuerzo de la imagen los hay que lo hacen directamente —de forma explícita— y otros de forma indirecta, apoyando las palabras e ideas del interlocutor.

A. MODOS DIRECTOS DE REFORZAR LA IMAGEN DEL INTERLOCUTOR

Los actos comunicativos que ensalzan la imagen del interlocutor son aquellas producciones en las que en definitiva se realiza un elogio: cumplidos, alabanzas, halagos, felicitaciones, buenos deseos, agradecimientos, reconocimientos, etcétera. En ocasiones el acto social, el tipo de discurso o la tradición social, las ha incorporado a su sistema. Podríamos decir que forman parte de una cortesía convencional, pero sin una exigencia de código o etiqueta, sino realizados por interés o por generosidad en el trato con los demás. Cuando recibimos un regalo, nos hacen un favor o nos facilitan una tarea lo natural es agradecerlo; si alguien nos hace muestra de un talento, nos prepara una buena comida o toca una bella pieza musical, es propio que reciba un cumplido.

Para llevar a cabo estos enunciados se suelen emplear fórmulas repetidas como «felicidades», «enhorabuena», «buen trabajo», «bien hecho», «eres un portento», «tienes un talento maravilloso», «sensacional», «esto es fantástico, etcétera». El éxito de buena parte de estas oraciones radica en una expresión intensificada o superlativa: por ejemplo, se considera mayor cumplido «has hecho una estupenda exposición» que «has hecho una buena exposición». Le recordamos, a continuación, algunas estrategias lingüísticas de intensificación. Tenga en cuenta que no solo refuerzan la imagen estos mecanismos de superlación, aunque sí son los más comunes:

1. Seleccionar palabras que en su propio significado contienen un mayor grado de superlación respecto a otras: «estupendo», «portentoso», «maravilloso», «suculento», «genial», «fenomenal», «sensacional», «excelente», «óptimo», «fantástico» son formas superlativas de «bueno» y/o «bien»; «precioso», «hermoso» de «bonito».

También algunos términos empleados en sentido metafórico expresan más que su homólogo no metafórico. Por ejemplo, «ser un lince» se encuentra intensificado con respecto a «ser listo»; otros ejemplos de metáfora intensificada son: «ser una joya», «un sol», «un portento», «un fuera de serie», «un cielo».

2. Acompañar las palabras de adverbios, adjetivos o construcciones cuantificativas que expresan una gradación elevada: «completamente», «sumamente», «extremadamente», «impresionantemente», «muy», «mucho», «tanto/tan», «una delicia de», «un encanto de», «una maravilla de», «de categoría», «de cine», «de perlas», «de primera», «de verdad».

3. Derivar las palabras con prefijos o sufijos superlativos: *-ísimo* (interesantísimo), *-ada* (gozada), *-azo* (ojazos), *-ón* (alegrón), *super-* (superamable), *archi-* (architrabajado), *extra-* (extraordinario), *hiper-* (hiperrebajado).

4. Repetición sucesiva de las palabras: «eso es café café»; «es una propuesta interesante, pero que muy interesante».

5. Recurrir a frases hechas, locuciones, comparaciones de carácter hiperbólico. Por ejemplo, un cumplido para una buena comida puede ser «esto sabe a gloria»; otros ejemplos son: «Valer alguien un Potosí», «explicarse como un libro abierto», «poner a alguien por las nubes».

6. Algunas construcciones sintácticas también configuran un valor de intensificación:

— *No ... sino:* es usted, no digo amable, sino amabilísimo.
  — *Con lo ... que, lo...que:* lo majo que es; con lo majo que es.
  — *Pero que muy/mucho ...:* su función en la sucursal es pero que muy importante; tengo pero que mucha confianza en su proyecto.
  — *Esto sí que es ... (auténtico):* esto sí que es una auténtica oferta.
  — *Estructuras clásicas de superlativo:* es el producto más rentable del mercado.
  — *Todo... del mundo:* me trató con toda la generosidad del mundo.

B. Modos indirectos de reforzar la imagen del interlocutor

También la imagen del oyente/ público puede ser valorada mediante muestras de apoyo hacia sus palabras. Estos modos de reforzar la imagen son más propios de discursos dialógicos.
1. Emisión de argumentos e ideas a favor de la opinión defendida por el otro:

A: como les vengo comentando, aunque el coste de fabricación es un poco más elevado que el de la República Checa, nuestro alto índice de productividad y la posibilidad de estar al lado del mar nos sitúa en mejores posiciones que dicho país.
  B: *en efecto, como usted indica,* no solo estamos al lado del mar, sino que en estos precisos momentos los puertos de nuestra costa han visto una mejora en las infraestructuras, y la política

internacional marítima de nuestra comunidad está luchando por abaratar costes en el transporte.

A: hemos preparado un ejemplario a doble cara para no multiplicar los papeles.
B: *muy buena idea,* así ahorramos fotocopias.

2. Introducir manifestaciones de acuerdo (afirmaciones, ratificaciones, comentarios valorativos positivos): «claro», «desde luego», «sin duda», «por supuesto», «seguro», «indiscutiblemente», «en efecto», «indudablemente», «exactamente», «así es», etcétera:

A: se encuentra en un momento fundamental de su formación profesional. Es conveniente que busque cursos o programas que le permitan estar al día de las últimas investigaciones.
B: *claro, ya lo creo.*

A: desarrollé las prácticas en una empresa francesa, lo que me permitió no solo mejorar mis conocimientos sobre webs semánticas, sino también emplear la terminología técnica en francés.
B: *estupendo,* este aspecto resulta esencial para las relaciones con el mercado francés.

A: no quiero decir, por tanto, que las empresas que no tengan posibilidades económicas sean eliminadas del proyecto; les buscaremos vías para que de algún modo puedan participar.
B: *sí, sí, sí, por supuesto.*

Repetir las palabras del otro es también una muestra de aprobación hacia lo que dice:

A: lo prudente será acudir a un especialista para que analice el caso.
B: *un especialista, sí.*

3. Colaborar, cuando resulta pertinente, en la producción del enunciado del hablante: por ejemplo, si no recuerda una idea o no encuentra la palabra que le interesa. Una forma muy habitual también de realizar esta «colaboración lingüística» es introduciendo marcas de retroalimentación («ya», «mm»):

A: por la televisión se anuncian todos esos nuevos aparatos, los, los...

B: *los e-phones.*

A: esto es, e-phones.

A: si falla tantas veces la alarma, habrá que buscar una solución. Quizá necesitemos un... no sé...

B: *un sensor de movimientos.*

A: algo así.

A: nuestros productos se preparan por los mejores expertos del sector.

B: *ajá.*

A: y se someten, además, al juicio de auditores externos que garantizan su calidad.

En definitiva, como usted mismo habrá experimentado en multitud de ocasiones, los mecanismos de cortesía que hemos señalado se dirigen a satisfacer una necesidad social de la persona, a salvar y fortalecer su imagen pública ante los demás. Tanto la cortesía convencional como la estratégica, en ese desvivirse por beneficiar al *tú*, sirven al orador para conseguir los objetivos de la comunicación. Repare, para acabar, en las facilidades que reporta el uso de la cortesía a nuestros protagonistas:

Ya hemos visto que nuestro ejecutivo ha empezado su discurso desde una posición aparentemente de inferioridad al insistir en lo importante que es para la empresa la decisión que se está discutiendo, lo que, indirectamente, subraya el valor de los responsables. No ha sido casual ni espontáneo mostrar esta actitud exterior. Él sabe que es uno de los empleados más jóvenes y, aunque han puesto en él la confianza de esta gestión empresarial, es consciente de que hay otras personas que llevan trabajando muchos más años allí y que seguramente le doblan en experiencia. Además, en la reunión están presentes la mayor parte de sus directivos. Debe procurar, por tanto, conjugar la energía en la exposición con la modestia y buena gestión de la imagen de los demás. Durante sus palabras, cuando lo considera pertinente, y de manera moderada, recuerda algunas acciones memorables que han sacado la empresa ade-

lante en momentos de crisis. Así consigue resaltar el mérito de
los veteranos. Asimismo, trata los aspectos positivos y los logros
que cita en primera persona del plural, nunca en singular —son
un equipo—. Y cuando debe comentar ciertos errores en la actuación de los empleados, tras disculparlos con una sonrisa,
se incluye también como parte del problema y destaca, antes
que nada, los aciertos de la estrategia. Después, con claridad,
explica la causa del error y propone cómo enfrentarlo en suce-
sivas ocasiones.

 El candidato al puesto de trabajo, además de querer mostrarse cortés con su interlocutor, ha pensado en algunas estrategias
para atenuar algunos puntos de su charla que intuye que no serán del agrado de quien lo entrevista. En primer lugar agradece el tiempo que le van a dedicar y la confianza que han
mostrado al seleccionarlo. Antes de responder a la primera pregunta se disculpa brevemente por haber llegado con el traje
mojado, pues ha sido sorprendido por una imprevisible tor-
menta. Durante la entrevista sale a relucir el nombre de una empresa en la que hizo prácticas y que no solo es, precisamente, la mayor competencia en el sector, sino que les ha presentado
varios pleitos. El entrevistado explica que es una persona leal
y que se entregará a su nuevo trabajo eliminando cualquier re-
sentimiento hacia «malentendidos» profesionales. Apunta, al
mismo tiempo, que para él lo único importante es ofrecer un
buen servicio al cliente y que es en eso donde está dispuesto
a concentrarse. Más adelante, por si no ha sido suficiente, hará alusión a la apertura que la empresa de su entrevistador
está consiguiendo en el extranjero y a la buena campaña de
mercadotecnia que, a su juicio, han diseñado. Un segundo punto espinoso es el referente al horario de trabajo. Una vez que
el entrevistador lo ha hecho partícipe de la buena adecuación
de su perfil, el candidato se ve en la obligación de pedirle un
horario flexible de entrada en la empresa, pues vive a dos horas de la ciudad y al menos hasta dentro de tres meses no podrá conseguir alojamiento más cercano. Además de buscar mecanismos indirectos de petición, nuestro informático ha pensado
en indicar las ventajas que para una oficina como ésta tendría el hecho de disponer de una persona más tiempo por las
tardes.

6.2.3. Seis máximas para recordar

Le pueden servir como recordatorio estas seis máximas que el lingüista británico Geoffrey Leech en 1983 propuso para sintetizar el comportamiento cortés en el habla: *tacto, generosidad, aprobación, modestia, acuerdo y simpatía.*

Máxima de *tacto:* maximice las ganancias para su oyente y minimice los costes.

Máxima de *generosidad:* maximice el beneficio del otro y minimice el suyo propio.

Máxima de *aprobación:* maximice el elogio y minimice la crítica.

Máxima de *modestia:* maximice el aprecio hacia el otro y minimice el aprecio hacia sí mismo.

Máxima de *acuerdo:* maximice el acuerdo con las otras personas y minimice el desacuerdo.

Máxima de *simpatía:* maximice la simpatía y minimice la antipatía.

6.3. Adecuación a las expectativas del destinatario

En este último apartado, antes de adentrarnos en la descripción concreta de cada género discursivo, pretendemos insistirle en una idea latente en todo el libro, vinculada a la cortesía en el hablar:

El destinatario es el centro y fin de las palabras del orador.

Es fundamental que lo tenga presente tanto al preparar la exposición como al llevarla a cabo. Además de los contenidos piense en su público/ interlocutor. Le brindamos dos consejos que lo pueden ayudar en este sentido:

Antes de empezar su discurso, repítase que lo importante es que sus palabras sean provechosas para quien lo escucha y que debe evitar a toda costa concentrarse en lograr un lucimiento personal.

Que indirectamente su discurso suponga un éxito rotundo será algo muy satisfactorio, pero solo una consecuencia más de su trabajo, no el objetivo. *Interesa más llegar al interlocutor que colocar todo lo que queremos,* solo porque nos lo habíamos propuesto. Especialmente en los géneros monológicos, en los que suele hablar continuamente una sola persona, es posible olvidar la perspectiva del otro, puesto que está callado y, en su apariencia externa, inactivo. Hablamos para los demás, y lo activo en los demás son sus expectativas: esperan algo de nuestra intervención. Le recomendamos, para que no pierda de vista a su interlocutor, que repare constantemente en su presencia y que se vaya adaptando a lo que perciba en él:

Sea observador. Estimule su capacidad de observación para poder ofrecer al interlocutor un producto a su medida.

La clave para no frustrar las expectativas del receptor radica en asegurar que tanto el contenido como la forma del discurso sean los adecuados al destinatario. De este modo logrará que el mensaje le llegue —que le cale— y sea efectivo. En lo que sigue le señalamos algunas ideas que le permitirán calcular lo que el destinatario espera del contenido y de la forma.

Ya hemos recalcado la conveniencia de conocer un mínimo sobre su público. Piense sinceramente *si su tema es de interés para el interlocutor,* si está ahí por «obligación» o por placer, si es experto en el tema. Siempre hay que hacer de nuestro discurso algo ameno, pero todavía será mayor nuestro empeño si percibimos que quienes nos escuchan no están motivados o no han podido rehuir el compromiso de escucharnos. Ante eso el orador se puede plantear intentar ser más breve, hacer lucir las ideas más atractivas y minimizar las menos interesantes. No olvide que *lo importante es que sus palabras sean provechosas para su receptor.*

Un mismo contenido se puede transmitir de distintas formas. *A diverso público, diversas formas.* Es lo mismo que ocurre con los modos de presentar las patatas en un comedor: fritas, hervidas, a la plancha, troceadas, enteras, trituradas; aunque en todos los casos el contenido es el mismo: estamos tomando un tubérculo. Si tuviéramos que explicar la reforma de una ley educativa, lo haríamos de distinta forma según se tratara de adolescentes, padres, políticos, o médicos, a quienes quizá solo les interesaría lo relativo a cómo deben atender a los estudiantes que reciben en prácticas.

Aunque, en definitiva, todo lo que le hemos dicho en este libro se dirige a lograr una relación adecuada entre contenido y forma, queremos insistirle ahora en algunas ideas para *que dicha adecuación se ajuste sobre todo a las necesidades de su destinatario*. Si quiere satisfacer las expectativas de la persona que recibirá su discurso, tenga en cuenta:

— En cuanto a la selección de los contenidos: nivel de profundidad, perspectiva desde la que hablamos, conocimientos previos del destinatario.
— Nivel de lengua y registro acorde a su edad y a su formación cultural. Piense si «habla el mismo idioma» que su público, si éste entiende su vocabulario, las expresiones que emplea.
— Cuídese de no dar lugar a malentendidos, procure no ser ambiguo o vago al hablar. Juzgue la capacidad del destinatario de entender las ideas que se dejan implícitas.
— No cree falsas expectativas y sea consecuente: si dice que va a tratar determinado aspecto más tarde, hágalo; no deje ideas inacabadas.
— Mida la relación distancia/ poder con su público: no se pase ni de coloquialidad ni de gravedad.
— Sea consciente de cuánto tiempo esperan que hable y calcule, además, la capacidad de atención que poseerá su destinatario: el justo medio, ni muy sintético ni demasiado extenso. Después de cuarenta y cinco minutos la capacidad de atención se reduce notablemente.
— Modere, en consecuencia, la cantidad de información. Si quiere transmitir muchas ideas, más vale que fragmente su intervención en dos partes. Si es posible reducir las ideas, hágalo. Es más eficaz que sean pocas, pero bien sustentadas. Evite, a la vez, las repeticiones machaconas de ideas.
— Si observa que su público se cansa, elimine la paja, lo accesorio, concéntrese en lo fundamental y recupere un tono vibrante en la voz.
— Es muy importante que no se perciba el cansancio del propio orador. No es extraño que, si lleva hablando una cantidad considerable de tiempo, usted mismo se sienta cansado. Busque algunos trucos para recordar que debe reanimarse y mantener

la tensión discursiva (como, por ejemplo, escribir en sus papeles una palabra que se lo avise).

Las recomendaciones anteriores surgirán de forma natural en
sus discursos si, tras ellos, realiza una pequeña *autoevaluación* (también durante su producción). Se trata, en definitiva, de empeñarse
en ser observador y darle más importancia a cómo recibe nuestro
destinatario el mensaje. Durante su intervención fácilmente advertirá si quienes lo escuchan están atentos, aburridos, animados,
si se han perdido o muestran cara de extrañeza. Simplemente tiene que mirarlos a la cara. Resulta enriquecedor reflexionar sobre la
imagen que creemos dar de nosotros mismos y la que percibimos
que damos, pues quizá no coincida. La reacción a nuestras palabras
y a nuestra actuación en los demás permite conocernos mejor y, en
consecuencia, mejorar los modos de dirigirnos a ellos y de ade-
cuarnos a lo que esperan de nosotros. Un buen acomodamiento
a las expectativas del público también contribuye a la empatía y compenetración con él.

Capítulo 7

Géneros discursivos I. Los géneros discursivos en el ámbito científico-académico y profesional: monológicos

Los géneros discursivos son las variadas formas que adquiere la comunicación según la estructura del acto comunicativo, el número de interlocutores, la finalidad del discurso y el ámbito en el que nos encontremos. Funcionan a modo de patrones convencionales que se han ido estableciendo cultural e históricamente.

La tipología de géneros se puede establecer a partir de diversos criterios:
— según el ámbito en que se realicen,
— según su carácter monológico o dialógico,
— según la finalidad pretendida.

En este capítulo y en los que siguen trataremos los géneros discursivos más relevantes hoy en día, seleccionados especialmente por su frecuencia de uso. En su descripción y explicación seguiremos el primero de los criterios, el de los ámbitos de realización, puesto que permite aunar los géneros de forma más afín e incluir un mayor número de discursos. El ámbito de uso en el que se lleva a cabo un discurso es su contexto situacional, determinado por el espacio físico y las relaciones sociales entre los participantes. Además del ámbito familiar, que, por su cotidianidad, no requiere ser descrito en un libro como éste, podemos hablar, a grandes rasgos, de *situaciones académico-científicas, profesionales y de eventos sociales*.

De forma secundaria tendremos también en cuenta en la descripción los otros dos criterios de clasificación. Por una parte se distinguen discursos *monológicos*, en los que solo interviene una persona, y *dialógicos*, aquellos en los que participa más de una persona. El ejemplo prototípico del primero es una charla o conferencia, en la que un grupo de gente espera que quien habla realice una exposición individual, en principio, en un solo turno de palabra. El conferenciante transmitirá un mensaje completo previamente preparado. El ejemplo paradigmático de discurso dialógico es la conversación. Ésta puede ser formal o informal; la informal constituye nuestro modo habitual de comunicación cotidiana.

Es obvio que los discursos monológicos son el plato fuerte de los tratados de oratoria, puesto que normalmente los realizamos para exponer ideas, ideologías, propuestas, homenajear a alguien; suelen ser formales; nadie habla solo en privado (o, al menos, si lo hace, no se prepara cuidadosamente para ello, diríamos que reflexiona en voz alta). Los discursos dialógicos poseen dos rasgos que atenúan en cierta manera la carga formal: la retroalimentación y la tensión dialógica. En otras palabras, cada intervención de un interlocutor determina las siguientes; aunque es posible una preparación previa de estos discursos, se hace necesaria cierta espontaneidad e improvisación en la inmediatez del diálogo. Podemos planificar una entrevista de trabajo o nuestra argumentación en una reunión de trabajo, pero esto no es suficiente. Debemos contar con un margen de flexibilidad en lo que queramos decir, que dependerá de nuestros interlocutores.

Por otra parte el criterio de la finalidad atiende al qué pretende conseguir el orador con su discurso. Las diversas finalidades se pueden reducir a tres: informar o exponer, argumentar y emocionar. Se hablará, por tanto, de *discursos expositivos, argumentativos y emotivos* (estos últimos, de carácter puramente socializador). Una clase, la explicación por parte de un guía de las obras de arte en un museo, los informativos de noticias, son casos de discursos expositivos. Un debate político, un anuncio publicitario, una propuesta de producción por parte de un ejecutivo al resto de la empresa son discursos argumentativos. Por último podemos reconocer una intención emotiva y socializadora en el acto de clausura académica de una universidad, en un brindis, en una entrevista televisiva a una cantante o en la entrega de un premio.

En ocasiones un mismo discurso combina varias intencionalidades. Así, por ejemplo, en la lectura y defensa de una tesis doctoral se exponen las ideas principales desarrolladas en el trabajo escrito del doctorando y, a la vez, se realiza una defensa argumentativa de la propuesta presentada por el candidato a la comunidad científica. El discurso de investidura de la alcaldesa de un ayuntamiento contendrá elementos socializadores de agradecimiento y felicitación y, a la vez, la presentación de las líneas básicas de su programa político con el fin de ganar el reconocimiento del pueblo en su comparecencia pública inaugural.

En los siguientes apartados nos detenemos en los tipos de discurso más destacados. Los diversos géneros se definirán por una *estructura externa* (organización y rutina de comportamiento) y por una *estructura interna* (rasgos y recursos comunicativos adecuados a la situación concreta). Hablaremos en este capítulo y en el capítulo 8 de los discursos básicos que se llevan a cabo en situaciones académicas y profesionales y en el capítulo 9 de discursos en actos sociales.

Aun siendo ámbitos distintos el académico-científico y el profesional, sus géneros de comunicación oral coinciden en gran medida. Puesto que no es posible desarrollar toda la tipología nos referiremos de forma amplia a los más productivos. Los géneros monológicos más comunes en este ámbito son la conferencia (en sus diversas variantes: charla, ponencia, lección magistral, sesión informativa), los exámenes orales (universitarios, de oposiciones a Administración Pública, Judicaturas, etcétera) y los discursos que suponen una defensa de un proyecto de cualquier tipo (un proyecto final de carrera, un juicio oral, un mitin político).

7.1. CONFERENCIAS Y CHARLAS

7.1.1. *Definición y características*

La conferencia es un discurso normalmente expositivo, aunque también puede contener elementos argumentativos, de carácter formal, que se realiza en una sola intervención durante un tiempo amplio y ante un público numeroso. Dependerá de la variante de que se trate y de lo que hayan establecido los organizadores, pero lo aconsejable es que dure entre 45 y 60 minutos. Si bien, hay casos concretos como las comunicaciones en congresos donde la intervención dura entre 20 y 30 minutos.

Como variantes de la conferencia tenemos la charla, la ponencia, la lección magistral, la sesión informativa. Tienen en común el objetivo de informar sobre algo, ofrecer unos conocimientos, unas pautas de actuación, exponer unos resultados, datos, tendencias o aclarar algún tema.

Pueden ser divulgativas o especializadas, según el público al que se orienten. Las *divulgativas* normalmente reúnen un público heterogéneo y por ello son más generales en cuanto al contenido. Son aquellas a las que acudimos para ampliar nuestra cultura general, como por ejemplo las referidas a temas de salud, de política, de sensibilización sobre un problema ecológico como el ahorro de agua, etcétera. También, son divulgativas las que se adentran en una disciplina más concreta, como la literatura, el arte, la historia, la biología, aunque con un tratamiento general. Las charlas o conferencias *especializadas* se dirigen a sectores concretos, a expertos o estudiosos de una materia, como sucede en congresos, simposios, en ciclos de actualización en un área profesional. En éstas es frecuente que no solo se expongan unos conocimientos o resultados de una investigación, sino que también se argumenten y defiendan unas u otras ideas o conclusiones.

Generalmente la conferencia es uno de los tipos de discurso que requieren una mayor *elaboración*. De hecho no se realizan cotidianamente, o al menos no es algo a lo que asistimos a diario. Más bien, tanto desde el punto de vista del que habla como del que la recibe, se consideran una actividad complementaria, que ocupa un tiempo extra. Como oradores esto nos puede hace pensar en lo que una conferencia supone para el receptor. Al igual que cualquier servicio público los asistentes a una conferencia *esperan un beneficio:* recibir un conocimiento que no poseen, bien porque no es accesible por sus propios medios, bien porque el orador le facilitará su adquisición (le presentará una síntesis, lo explicará, a veces con un lenguaje menos técnico, le ofrecerá información no publicada, etcétera). Así, una charla sobre los efectos nocivos de los aerosoles en la capa de ozono nos ahorrará la lectura de los artículos científicos al caso, material que, quizás, como inexpertos podríamos no entender o ni siquiera sabríamos en qué fuente documental buscar.

Dicho esto, resulta obvio que una conferencia exija un *cuidadoso proceso de preparación*, que se refleja en la cantidad de tiempo invertido. Por su envergadura una buena conferencia debe aportar, además de información de interés, algo *novedoso*, sea en ideas o en el enfoque utilizado. Es importante que haya una *coherencia* en el mensaje que se transmite, es decir, que todo él presente unidad de sentido y sea completo. A ello contribuye su *estructura*, que en el fondo siempre contendrá una introducción, un cuerpo y unas conclusiones (véase capítulo 3, apartados 3.1.2 y 3.2.2). El estilo de lengua conviene que sea formal y cuidado, pero no ampuloso ni recargado.

7.1.2. Durante la conferencia

Notemos algunas cuestiones referentes al momento de impartir la conferencia. Habitualmente otra persona se encarga de la *presentación* del conferenciante y después le cede la palabra (véase «presentaciones» en capítulo 9, apartado 9.1). No obstante, es conveniente que si no sucede así, nosotros mismos nos presentemos. Al público le gusta saber a quién tiene delante. Basta con señalar, además de nuestro nombre y apellido/s, el trabajo y cargo que desempeñamos, nuestro lugar o institución de procedencia y, si se considera oportuno, algún breve apunte sobre nuestra trayectoria o datos relevantes relacionados con el tema del que vamos a hablar. Si se da el caso, también podemos hacer una glosa del contenido de nuestra charla.

En cuanto nos conceden la palabra lo primero es el *saludo*. Le recomendamos que lo tenga preparado de antemano. Ya se habrá informado previamente del tipo de público que asistirá, por lo que podrá pensar en la fórmula más adecuada: «hola, muy buenas tardes»; «buenas noches a todos»; «señoras y señores». Tenga en cuenta si, además del saludo general, debe destacar a alguna personalidad y dirigirle un gesto o una referencia personal: «señor presidente»; «ilustrísima señora alcaldesa».

Después vienen los *agradecimientos:* pocos y breves, pero los necesarios. Agradeceremos la presentación que nos han hecho, la invitación a dar la sesión —a la persona o institución correspondiente— y, quizás, también podemos reconocer al público su asistencia.

Seguidamente pasaremos a impartir *la conferencia*. Imagínese que es usted el conferenciante; es aconsejable antes de entrar directamente en el tema que anuncie el esquema de la charla y los objetivos de su intervención. Es también el momento de manifestar, si quiere, la posibilidad de que le interrumpan para preguntarle durante su exposición, o de advertir si prefiere que lo hagan al final. Si les indica que con mucho gusto responderá a cualquier aspecto que no quede claro o sobre el que quieran saber más, favorecerá, ya de entrada, la empatía con el público. Es una forma de aproximarse a ellos, mostrarles su solicitud y destacar el protagonismo de la audiencia como centro del discurso.

Si siente pánico escénico o prevé que estará muy nervioso, memorice los cinco primeros minutos de exposición. Son los más tensos y en los que la concentración suele ser menor. Si consigue superar esta primera parte con más o menos fortuna, se sentirá más reconfortado y seguro para seguir adelante.

Para el *cierre* de la conferencia le recomendamos que tenga prevista una frase o comentario final, a modo de broche que culmine su intervención. Puede ser una cita de autoridad, una pregunta retórica, una moraleja, una alusión a un suceso de actualidad, una referencia al público mediante un elogio por su paciencia en escuchar. Un final ligeramente creativo o sugerente dejará a su público con buen sabor de boca. No estará de más acabar agradeciendo al público su atención.

En algunas conferencias se da paso a un *turno de preguntas*; en esta parte del discurso pueden ocurrir dos circunstancias que usted tiene que controlar: que no haya preguntas, a pesar de la insistencia del presentador, y que se produzca un silencio realmente incómodo, o que haya un exceso de las mismas. En el primer caso puede optar bien por hacerse una pregunta a sí mismo, que sea sencilla y que no cree mucha polémica, o bien puede despedirse amablemente. En el segundo caso es importante que no se muestre inquieto, mantenga la calma y si puede ser, la sonrisa.

7.1.3. Consejos prácticos

— Asegúrese de que tiene claras las *ideas principales* que va a exponer. ¿Sería capaz de escribirlas o de hacer un rápido resumen de ellas? Si usted tiene claro qué es lo principal y qué lo secundario, su público también lo percibirá así.
— Procure informarse mínimamente de qué *tipo de público* se espera que asista para adecuarse mejor a sus características y expectativas. No es lo mismo hablar de recomendaciones dietéticas a un grupo de atletas que a gente de la tercera edad.
— Recuerde que solo va a dar una conferencia: *no pretenda agotar el tema*, sea moderado en sus ambiciones. Es mejor que su auditorio se quede con ganas de más que se vaya con sensación de empacho.
— Calcule bien la relación entre densidad de contenidos, duración de la charla y capacidad de atención del público. La audiencia

disminuye la atención a medida que avanza el tiempo. Es conveniente introducir *elementos que distiendan el discurso* sin que a la vez —¡importante!— se pierda el hilo argumental: ejemplos o anécdotas que despierten su curiosidad, materiales gráficos o audiovisuales, alguna broma, la referencia a casos cercanos a la experiencia vital del público, interpelaciones, etcétera.

— Ponga ejemplos, *ilustre* las ideas, para que sean más fácilmente comprensibles.

— En la escucha oral es más costoso retener las ideas, *recapitule* en algún momento las que se quedaron lejos en el discurso, sin abusar tampoco de la repetición.

— Le recomendamos *no aludir al clásico tópico* «como no hay suficiente tiempo para desarrollar un tema tan amplio, tendré que limitarme a...». Ya se sabe que en una hora no se puede hablar de todo lo que uno sabe; es más elegante evitarse el comentario. El público cuenta con su virtud de sintetizar en el tiempo que le ofrecen lo más relevante de su aportación.

— Si va a presentar datos, estadísticas, citas, etcétera, compruebe que son ciertos y que están *actualizados*.

— Si planea utilizar medios técnicos, le interesa ponerse en contacto con la organización para asegurarse con tiempo de que podrá disponer de ellos.

— *Llegue con tiempo al lugar* para prever posibles problemas materiales, como los referentes a medios técnicos, la megafonía de la sala, etcétera. Podrá comprobar, así, que los aparatos que necesita funcionan bien, además de familiarizarse con el tipo de luz, la capacidad de la sala, la distancia con el auditorio, el espacio del que dispone.

— Es también recomendable hacer una *prueba* de sonido y de visión desde distintas zonas de la sala. En ese sentido tenga en cuenta al proyectar imágenes o letras que posean un tamaño suficiente para que se vean con claridad.

— Antes de empezar cerciórese del tiempo disponible para hablar y de si el turno de preguntas está incluido en ese tiempo.

— No lea, o no dé la apariencia de que lee, puesto que se hace el discurso más pesado. Haga una *oralización de lo escrito*.

A continuación le presentamos muestras de fragmentos de dos conferencias, la primera de carácter especializado y la segunda, divulgativa. El título de la primera es *El español coloquial en la clase de español como lengua extranjera* y versa sobre la lingüística y la enseñanza de lenguas. Lo que sigue constituye la parte inicial de la conferencia, que tiene lugar tras la presentación que otra persona ha hecho del conferenciante, y tras el saludo y los agradecimientos del propio orador.

Introducción al tema de la conferencia, justificación de su interés y contextualización en el ámbito de especialización

Llevo ya varios años intentando abrir una senda en el frondoso bosque del discurso, en concreto, de la conversación coloquial buscando un modelo de base pragmática que permita acometer de manera sistemática su descripción y explicación. Mi propuesta apareció en el trabajo titulado, *El español coloquial en la conversación*. Un propósito posterior fue conseguir engarzar este análisis pretendidamente científico con la difícil tarea docente de analizar en clase la comunicación oral, los textos orales, ya fuera en la clase de español como lengua materna, ya en la clase de español como lengua extranjera. Frutos de este nuevo objetivo han sido dos trabajos, uno colectivo, del grupo de investigación Val.Es.Co, *¿Cómo se comenta un texto coloquial?*, y otro individual, *El español coloquial en la clase de E/LE*.

Declaración de objetivos de la conferencia

Basada en ambos trabajos, la exposición que sigue pretende ofrecer unas pautas o líneas de actuación previas para el estudio del español coloquial en la clase de lengua extranjera, insistiendo en las muchas posibilidades que ofrece su análisis, incluso para el estudio general de la lengua en tanto instrumento que puede llegar a aumentar el interés por el estudio de una lengua.

Presentación del esquema de la conferencia

Concretamente mi objeto de estudio, como reza el título de esta conferencia, es el español coloquial, entendido como modalidad de uso en situación. *Ubicaremos* dicho registro en el continuo de modalidades de habla, *observaremos* sus varias manifestaciones en lo oral y en lo escrito y *destacaremos* algunos de los rasgos lingüísticos que permiten identificar este español coloquial en varios tipos de discursos, sobre todo aquellos que tienen una fácil aplicación en clase. La intención última es que el estudiante consiga deslindar los distintos registros, los usos coloquiales de otros más elaborados y, lo que es más importante, sea capaz se emplearlos adecuadamente en su comunicación diaria.

Alusión a los materiales en que se basa la exposición

Los materiales de este trabajo proceden tanto de textos escritos como orales, estos últimos, en concreto, conversacionales. Los primeros me servirán para dar cuenta de algunos reflejos de la oralidad coloquial en lo escrito, así como de los grados de coloquialidad y formalidad; los segundos para dar cuenta de ciertas notas características de ese uso informal de la lengua en el discurso en que más auténticamente se manifiesta, la conversación cotidiana.

Observe lo que podría ser el *final* de la conferencia anterior, en el que hemos distinguido entre una *síntesis* del tema de la conferencia y el *cierre* en sí de la conferencia.

Resumen

Aunque hemos de cumplir nuestra tarea de enseñar a nuestros alumnos a hablar como los libros, a explicarse como un libro abierto, hemos de admitir que no se escribe como se habla y que el habla varía según el contexto de comunicación, la situación y según el interlocutor o interlocutores que tenemos enfrente, luego creemos necesario estudiar y reflexionar en clase sobre las variedades de uso y, en concreto, sobre el español coloquial.

Se puede y, en mi opinión, se debe impartir y hacer gramática examinando también el uso real de la lengua. La lengua que hablamos no es «sintópica, sinstrática y sinfásica» y, por tanto, una vez enseñada la lengua «sin nada», el estándar (culto), habrá que pasar a enseñar la lengua «con todo».

(Se sintetiza el contenido de la conferencia volviendo a insistir en su punto central: la necesidad de enseñar todas las variedades de una lengua. Se invita al público a seguir los principios expuestos).

Cierre

Es verdad que los lingüistas puros y duros, como el que les habla, solo algunas veces bajan a la tierra. Mis últimas investigaciones sobre el español coloquial tienen mucha culpa en que yo haya descendido. Espero que algo de lo que aquí he expuesto les sea útil de forma inmediata o mediata en sus clases.

(Apelación a cuestiones externas como el contexto académico, las personas del orador y del público).

El segundo ejemplo es la reproducción del *inicio* de una conferencia titulada *Ética y globalización*, de carácter divulgativo. Fíjese en que la invitación se agradece manifestando la satisfacción por poder intervenir en la charla. En el segundo párrafo observe cómo el orador introduce el tema y establece a grandes rasgos cuál será la estructura de su exposición.

Saludo

Estoy muy contento de estar aquí, a pesar de los graves y difíciles problemas en que se encuentra Argentina, América Latina y el planeta también.

Introducción del tema y breve alusión a la estructura de la conferencia

Al hablar de Ética y Globalización no podemos obviar la fuerte conexión que existe entre la noción de desarrollo y la de globalización. Podemos considerar que el fenómeno de la globalización es un producto ocasionado por la aventura histórica de los países llamados «desarrollados» y que el proyecto de la globalización consiste en llevar a cabo un desarrollo federalizado. Pero en primer lugar realizaré la crítica ética de la noción misma de desarrollo y después veremos si existe un camino para la integración ética.

Un *buen final* para una conferencia puede realizarse *de forma sugerente*, a la par que se *cierra el tema sintéticamente*. La siguiente muestra es el final de la conferencia anterior. El orador recoge el objetivo de su charla mediante las metáforas del camino y propone un reto hacia el futuro como resultado de sus palabras («es el camino lo que debe cambiar»). Matiza después su propuesta asegurando que es difícil, pero que merece la pena; y para acercarse al auditorio introduce un elemento personal y emotivo: «el continente latinoamericano que personalmente quiero tanto».

Bien, estamos en los preliminares de los preliminares de una nueva aventura pero, me parece a mí, que no debemos permanecer en el mismo camino. Y por esta razón pienso que también la idea de desarrollo sostenible no basta porque se queda en el mismo camino. Es el camino lo que debemos cambiar. La nave, el planeta debe cambiar de vía, debe cambiar de dirección. Y esto es una tarea muy difícil pero muy necesaria para la salvación contra la amenaza del desastre, para la salvación de la humanidad y en particular del continente latinoamericano que personalmente quiero tanto.

(El documento puede encontrarse en Biblioteca Digital de la Iniciativa Interamericana de Capital Social, Ética y Desarrollo (www.iadb.org/etica). Edgar Morin. Director Emérito del Centro Nacional de Investigación Científica de Francia. Buenos Aires, septiembre de 2002).

7.2. Exámenes y oposiciones

En los exámenes y oposiciones predomina la intención expositiva, aunque también pueden realizarse argumentaciones. Forman parte del ámbito académico, al igual que otro tipo de pruebas como la defensa de tesis doctorales, pero a diferencia de éstas, en los exámenes no tenemos que defender una postura, más bien nos «defendemos» a nosotros mismos. En otras palabras el objetivo es mostrar a nuestros examinadores que sabemos.

En los exámenes nos ceñimos a responder a unas preguntas cuyos contenidos hemos estudiado, y por lo tanto, no son novedosos. El que nos escucha se supone que ya los conoce. En este sentido las recomendaciones oratorias que le vamos a ofrecer no tienen tanto que ver con despertar un interés en cuanto a las ideas, sino que se orientan más bien al *esmero y cuidado de los elementos formales y externos*. No obstante, lo que sí le aconsejamos es que a través de la forma consiga transmitir el mensaje de tal modo que al examinador le resulte nuevo. Tal vez no logre decirle nada que él ya no sepa, pero paradójicamente, atraerá su atención y provocará su interés. Piense simplemente en la labor de los buenos cuentacuentos: muchas veces relatan historias ampliamente conocidas, pero no dejan de mantenernos en expectación.

Además del importante ingrediente de su saber, en estos discursos el aspecto formal es pieza clave. El tribunal apreciará su esfuerzo por *hacerle la tarea agradable*, al tiempo que aumentará su interés por lo que está tratando. Tenga en cuenta que seguramente llevarán ya algún tiempo escuchando a otros candidatos y que pueden estar cansados.

Los exámenes orales pueden ser de diverso tipo; en general podemos hablar de los clásicos de preguntas y respuestas (como son, por ejemplo, muchos exámenes en la universidad) y de los exámenes de exposición de temas (como, por ejemplo, los de oposiciones a la Administración pública) en sus dos principales modalidades: los de respuesta preelaborada y memorizada y los de composición inmediata. En unos se «cantan» los temas (por ejemplo, oposiciones en el campo del Derecho), en otros se explican los temas (por ejemplo, la exposición de una unidad didáctica de un temario de clases).

7.2.1. *Exámenes de preguntas y respuestas*

Lo que particulariza al discurso oral de estos exámenes es su inmediatez. Se plantean unas preguntas que de forma más o menos inmediata el examinando debe contestar. Lo normal es que no se disponga de un margen de preparación y planificación del discurso, por lo que se tendrá que elaborar sobre la marcha.

Lo que suele ocurrir en estas pruebas es que el candidato se centra más en los contenidos y, de manera involuntaria, apenas repara en la forma. Sin embargo, muchas veces el fracaso en los exámenes se debe a problemas de forma. Le señalamos a continuación los puntos más importantes que debe tener en cuenta.

En primer lugar fíjese bien *en qué le preguntan*. A lo mejor los nervios le hacen disminuir la atención o lo atrapan en una obsesión por referir una idea por encima de lo que sea. Atienda a la instrucción que le han dado en el enunciado: «explicar», «describir», «definir», «ejemplificar», «enumerar», «caracterizar», «juzgar», «dar la opinión de algo», «sintetizar», «resumir», «desarrollar una teoría», «citar una característica». Cada una de ellas supone distintas acciones. *Intente ser preciso y no se vaya por las ramas*, no por decir más conseguirá el aprobado. Tenga cuidado de, por no ir al grano, acabar diciendo muchas ideas, pero no las que le pedían.

Cuando se trate de una respuesta extensa (un desarrollo, establecer unas características, por ejemplo) procure pensarla un poco antes de hablar. Dentro de lo inmediata que debe ser su intervención le beneficiará «perder» unos segundos en idear la estructura de lo que va a exponer. Como ya sabrá, por lo que le explicamos en el capítulo 3, *es capital ser ordenado;* no solo porque así se evitará dejar de citar alguna idea importante, sino también porque el orden transmite la percepción de mayor dominio de sus conocimientos. *Dé una progresión temática a sus ideas,* vaya de las más generales a las más particulares, destaque de alguna forma las ideas que considera principales. Asimismo, *debe tener en cuenta el tiempo del que dispone* para calcular el grado de síntesis/desarrollo que debe otorgar a su exposición. A veces es más importante una buena organización de lo que va a decir que querer decirlo todo. Si tiene poco tiempo, priorice el señalar los puntos más importantes y deje a un lado lo accesorio.

Si reconoce que le falta habilidad lingüística para expresarse con fluidez, es mejor que se proponga *ser sencillo en su modo de hablar* y que rehúya de la complicación: *vaya exponiendo las ideas de una en una.* Diga lo que sabe y evite entrar en planteamientos que no domina. Rechace la tentación de que crear confusión o ser impreciso puede manifestar que algo sí que se sabe. Al contrario, acuda a ejemplos o aplicaciones de la teoría si no encuentra el metalenguaje o los términos teóricos adecuados. Recuerde que siempre un ejemplo, solo o acompañando a una idea, muestra que entendemos lo que decimos.

Aunque no es necesario que lo haga puede resultar un gesto elegante por su parte *dar las gracias al examinador* (por su tiempo) cuando lo despida. Resta decir que no es aconsejable preguntar acerca de la evaluación de sus respuestas y, menos aún, hacer comentarios sobre el tipo de preguntas que le han formulado.

7.2.2. Exámenes y oposiciones de «cantar» temas

La particularidad de estos exámenes radica en la memorización. En el momento del examen lo que hacemos es recitar y repetir un discurso cerrado que preparamos previamente y que seguramente ya habremos pronunciado varias veces ante un preparador.

Por lo general el objetivo de los opositores es que ¡no se les olvide nada!, que no pierdan el hilo de su recitación. Esto, claro está, es fundamental. No hay ningún apuntador, como en las obras de teatro, que nos recuerde la palabra para que recuperemos la idea olvidada. Lo que le aporta la oratoria en estos casos es el arte y buen uso de los elementos vocales. También convendrá prestar atención a otros aspectos externos.

Junto a su estudio y a la exactitud en adecuarse al tiempo previsto de intervención *lo que más le puede lucir la «puesta en escena» es su voz*. Si es usted opositor, le recomendamos que preste especial atención al apartado 4.2 del capítulo 4, dedicado al control y a las cualidades de la voz. El ritmo ágil en el habla —necesario para que pueda ajustarse al tiempo— no debe afectar a la vocalización. *Module con buena cadencia y cargue de fuerza su voz.* Piense que su discurso no puede ser percibido por el tribunal como algo mecánico; la voz y el modo de articulación son sus medios para impedirlo. Para que su volumen no se vaya apagando realice los ejercicios de respiración que le propusimos y no olvide que la forma de respirar adecuada es la *diafragmática* (de nuevo, lo remitimos al capítulo 4, apartado 4.2.1.1). Sírvase de variaciones en la entonación para evitar la monotonía expresiva y del énfasis en la pronunciación de los aspectos más importantes para despertar la atención de su examinador. La entonación posee una función significativa, aporta una gran riqueza de matices a nuestras palabras; sería una pena desaprovechar sus ventajas.

Para que se haga una idea de lo importante que puede ser la modulación y manejo de la voz le recomendamos que, cuando pueda, se fije en las breves intervenciones que los reporteros hacen en los informativos de televisión. Son apariciones rápidas en las que deben dar noticia de última hora de algún suceso. Por lo general pueden servirle de modelo en el uso de la oralización.

7.2.3. Exámenes y oposiciones de explicar temas

Muchos de los aspectos señalados hasta ahora pueden aplicarse plenamente también a la realización de estos exámenes. Nos referimos en este apartado a aquellas pruebas orales en las que hay que exponer un tema que no se ha memorizado —o no totalmente— con anterioridad. Lo habitual en éstas es disponer de un tiempo para repasar o acabar de preparar el tema del sorteo. Es lo que coloquialmente se ha denominado en España para las oposiciones a la docencia «encerrona».

La *encerrona* suele ser una hora en la que el candidato «se encierra» en una sala con el material que ha ido elaborando durante su fase de estudio y se concentra en el tema del que se va a examinar para refrescarlo en su memoria o terminar de prepararlo. Observe que decimos «terminar de prepararlo». No cometa el error de creer que la encerrona es el momento para organizar los contenidos y elaborar su exposición. Es conveniente que, a ser posible, haya confeccionado todos los temas con anterioridad y que aproveche esa hora para repasar las ideas y, quizás, diseñar alguna aplicación o reparar en algún detalle de la oralización.

A diferencia de los exámenes en que se cantan temas en estos sí se puede otorgar un margen de creatividad al orador. Es decir, aunque los contenidos de los temas se encuentran, en principio, establecidos, parte del éxito de la prueba radica en el modo de exponerlos. *La aportación personal del opositor consiste en el enfoque* —más novedoso u original— *que le da al tema* y en relatarlo de forma atractiva e interesante, sin por ello perjudicar la propiedad de los contenidos de la prueba.

Infórmese bien de qué le permite la legislación respecto al *material del que puede disponer* durante su exposición. En ocasiones está permitido tener un esquema o emplear medios audiovisuales (PowerPoint©, transparencias). En el caso de que vaya a emplear medios técnicos, asegúrese de que la sala está habilitada para ello y acuda con el tiempo suficiente para prepararlo y prever la resolución de posibles problemas (recuerde lo dicho en capítulo 5, apartado 5.4). Es conveniente también que se informe sobre qué dice la ley, o qué prefiere el tribunal, acerca de si la prueba debe hacerse más o menos leída o espontánea. Para algunos tribunales este hecho a veces es determinante. En caso de duda, y si le resulta posible, acuda sin papeles o con un esquema completo; siempre se considerará un mérito exponer sin leer.

En cuanto al tiempo previsto para su intervención intente enterarse de qué aconseja el tribunal. Quizás la legislación otorga, por ejemplo, noventa minutos como máximo, pero el tribunal puede sugerir —más o menos sutilmente— que lo haga en una hora. Procure, entonces, *no rebasar el tiempo aconsejado y que los propios examina-*

dores a veces le sugieren (que normalmente suele ser menor que el oficialmente marcado). Tenga en cuenta que *nunca es un demérito no agotar el tiempo* legalmente concedido. Tampoco se quede muy corto, pues ello podría revelar que tiene pocos conocimientos.

Por último, aunque este tipo de exámenes no requieran una memorización plena del temario, le recomendamos que haga lo posible por memorizarlo (no obstante no olvide las recomendaciones del capítulo 5, apartado 5.1) y no desprecie los *ensayos*. Si además puede realizarlos ante personas que le pueden dar buenos consejos, mejor.

7.2.4. Consejos prácticos

— Antes del examen procure informarse de *quién será su examinador/es*. Conocer, aunque sea someramente, en qué es especialista y cuál es su forma de pensar le permitirá evitar algún problema de contenidos o tal vez orientar su exposición de un determinado modo.
— Es muy importante que *llegue puntual*, antes de la hora. Además, como sabe, en las oposiciones si no está el candidato anterior a usted, normalmente se pasa al siguiente.
— Si en cualquier discurso formal es importante el arreglo personal, aún más en un examen. Aunque su modo de ser no case con la formalidad, es conveniente que *su vestimenta exprese un mínimo de cuidado y respeto al tribunal* o examinador. Además le interesa vestirse de modo sencillo para no distraer con ello a los que lo escuchan. Es muy importante que su auditorio se concentre en sus palabras y no en su vestido ni en sus gestos.
— Si sabe que es una persona nerviosa y prevé que los nervios lo pueden traicionar, sea precavido y aprenda algunas *técnicas de relajación*. No las desprecie, funcionan.
— Si tiende a hacer muchos *movimientos* o *gesticulación* cuando habla, recuérdese antes del examen que debe *moderarlos*.
— Lleve una *botella de agua*: además de que le puede venir bien si se le seca la garganta y se resiente la voz, beber de vez en cuando es un buen truco para obligarse a hacer alguna pausa y ralentizar, si tiende a precipitarse, el ritmo de su exposición.
— La cortesía recomienda, en principio, que trate *a su examinador de usted*. También dependerá de la formalidad de la situación.

No obstante, lo que nunca ha de hacer es aludir a aspectos personales o afectivos durante un examen.

— *Acostúmbrese a alzar la mirada y a mirar a la cara* a su/s examinador/es. Supone una señal de confianza y manifiesta seguridad. Acuérdese de mirar a todos, no se dirija siempre a los mismos. Nunca mire para abajo, ni a la pared.

— No olvide que en los exámenes ocurre como en las entrevistas, *el que lleva las riendas es el examinador*. Déjese instruir por lo que le marquen y haga solo preguntas (precedidas de una disculpa) para aclarar lo que le preguntan.

— Por último, dentro de la seriedad que supone un examen, tenga el objetivo de *hacer su exposición agradable*. Si se mentaliza de que es posible disfrutar del examen, el tribunal advertirá su entusiasmo y energía.

7.3. DEFENSA DE PROYECTOS

Con defensa de proyectos nos referimos a un macrogénero que agrupa diversas modalidades discursivas que tienen en común un aspecto fundamental: la argumentación a favor (o en contra) de unas ideas. Lo que hace diferentes a cada una de estas modalidades es el tipo de ideas o proyectos que se defienden y el ámbito donde tienen lugar. La palabra *proyecto* abarca aquí diversos ámbitos: el académico (tesis, proyectos finales de carrera), el profesional (el caso del ejecutivo de la empresa de automóviles que nos está sirviendo de ejemplo en todo el libro), el jurídico (juicios orales), el político (mítines), el religioso (sermones).

Cada una de estas modalidades presenta su propia metodología de desarrollo, en la que no entraremos. Nos centramos en los aspectos generales básicos que conviene tener en cuenta al elaborar estos discursos. En primer lugar lo que le recomendamos es que relea muy bien el apartado 3.1.2 del capítulo 3.

En el fondo, como ya dijimos, la mayor parte de nuestras intervenciones comunicativas contienen algo de argumentación. Es natural porque siempre hablamos con un fin, nuestras contribuciones discursivas buscan lograr algo. No es necesario hacer alusión a la defensa de un plan estratégico de mejora de ventas en una empresa, ni a una arenga militar para poner un ejemplo de argumentación. Piense simplemente en el discurso de despedida de un compañero de trabajo, en el de apertura de un nuevo curso académico o en la comparecencia pública del presidente de un club deportivo comentando los resultados del partido. No siendo, en principio, discursos argumentativos, en el primero el agradecimiento al compañero se basará en lo buen profesional y compañero que ha sido, en el segundo se darán razones de por qué somos una gran universidad y se motivará al público para que el nuevo curso no desmerezca del prestigio y, en el tercero, el presidente expondrá los resultados desde su visión y siempre defendiendo a su equipo.

La argumentación, como explica el estudioso del discurso Jean-Michel Adam, se orienta hacia el *hacer creer* o el *hacer hacer*. En ambos casos el objetivo es la adhesión del receptor a nuestras palabras. La clave en estos discursos, por tanto, está en elegir muy bien los argumentos y en decidir la estrategia más adecuada al fin que se propone.

Una buena señal de la eficacia de sus argumentos en la defensa de un proyecto es que el primer convencido sea usted, que se crea profundamente lo que está defendiendo. Si sucede así, expondrá su proyecto con *convicción y seguridad*. No se deje llevar por pensamientos de mediocridad de última hora, en los que el miedo hace dudar de aquello que vamos a proponer. Tiene que recordarse que ha trabajado y ha apostado mucho por ese proyecto, sabiendo además que la confianza que usted transmita en él será la que le otorguen los demás.

7.3.1. Los argumentos

Los argumentos pueden ser, por un lado, procesos mentales basados en encadenamientos de pensamiento, de lógica. Por otro lado pueden aducir pruebas, como ya Cicerón recomendaba, que conceden crédito a nuestra propuesta (citas de autoridad, datos, estadísticas, resultados, efectos de un plan). Además de las argumentaciones en estos discursos se puede recurrir a otras formas de expresión como relatos, descripciones, explicaciones, ejemplificaciones, que contribuyen a reforzar los argumentos.

La solidez del discurso requiere, además de unos argumentos adecuados, una clara exposición de éstos, reflejada en *el proceso de encadenamiento de las ideas* (premisas) que *llevan a una conclusión*. Las ideas que constituyen un argumento se van sucediendo progresivamente, unas derivan de otras. El orador debe exponerlas de forma que el receptor vea claramente la *linealidad* y perciba el paso de unas a otras de modo natural. Es tan importante en este proceso que las premisas no sean erróneas como que la derivación de unas a otras sea *objetivamente* establecida y así se muestre al receptor.

Así, para llegar a la conclusión: «Si usted no quiere engordar, no tome chocolate» el encadenamiento de ideas que hace nuestra mente es: «el chocolate tiene azúcar», «el azúcar es un glúcido», «los glúcidos engordan», luego «el chocolate engorda». En este caso queda claramente reflejado el proceso mental de la argumentación: es preciso y detalla linealmente todas las fases del recorrido.

Es recomendable que la construcción sintáctica refleje esa naturalidad del argumento. La *sencillez de la sintaxis* conduce el argumento de forma clara y proporciona facilidad al receptor para descodificar más rápidamente la forma de las palabras en ideas.

El orador verá la conveniencia, según su público, de no hacer explícitos algunos pasos, puesto que son sencillamente inferibles de forma implícita por quienes lo escuchan. Y al contrario, debe calcular aquellos pasos intermedios que quizás él percibe como naturales o da por supuestos, pero su público tal vez no.

Así, en el ejemplo anterior el hablante puede simplemente señalar: «el chocolate contiene glúcidos y, por tanto, engorda». Sin embargo, de nada le serviría a su público el argumento de que los glúcidos engordan si no sabe qué son estos principios inmediatos orgánicos.

Tenga en cuenta los conocimientos previos del público y *póngalo en antecedentes* de lo que haga falta. O, de otro modo, explicite las premisas necesarias para que los otros lleguen fácilmente a las conclusiones. En algunos discursos (piense en un juicio) es muy importante para el éxito ser consciente de los razonamientos que se deben exponer y los que no es necesario expresar, pues el orador asume que su auditorio será capaz de razonar por sí mismo. Si, por ejemplo, el abogado del acusado repara en la importancia de una ley para amparar a su cliente, deberá decidir si le interesa recitarla para hacer más énfasis en alguno de sus puntos o si es suficiente con apelar a dicha ley o artículo. Asimismo, en la defensa de un proyecto académico o de una tesis el graduando o doctorando deberá caer en la cuenta de si maneja conceptos, teorías o en definitiva cualquier presupuesto que quizás no sea conocido por el tribunal. En ese caso, aunque su armazón argumentativo fuera sólido y coherente, fallaría en su recepción por haber calculado mal las premisas de su auditorio.

Recuerde que los *argumentos* pueden ser *de base racional o emocional* (véase capítulo 3, apartado 3.1.2). Le conviene diferenciarlos cuando los vaya a formular, pues según el ámbito en el que se encuentre será más apropiado (y eficaz) hacer uso de unos u otros. En principio los de base racional son adecuados en cualquier ámbito. Sin embargo, los argumentos emocionales no se recomiendan en la defensa de proyectos profesionales (lo hemos visto en el ejemplo de nuestro ejecutivo, en el capítulo 3, apartado 3.1.1) y no se deben emplear en el terreno académico. Por el contrario en discursos políticos, sociales o religiosos, no solo se aceptan bien, sino que muchas veces son los más persuasivos.

7.3.2. La conexión de los argumentos

Un elemento importante en el desarrollo de los argumentos, como también se explicó en el capítulo 3 (apartado 3.1.2.), es el buen uso de los conectores. Estas unidades de la lengua nos permiten expresar bien los encadenamientos de ideas porque *guían al receptor en el establecimiento de las conexiones*. Son una ayuda verbal, a veces imprescindible, para procesar los pensamientos.

 En el ejemplo del chocolate hay una conexión de consecuencia entre las premisas que concluyen en el «engorda». Si se recurre a los conectores «por tanto» o «luego», se facilita al receptor construir dicha relación de consecuencia derivada de las premisas.

Le ofrecemos a continuación un repertorio de conectores y el tipo de relación que indican:

— CERTEZA O CONSTATACIÓN: es indudable que, es incuestionable que, está claro que, no cabe duda de que, es evidente que, es ob-

vio que, de hecho, en realidad, es sabido que, como ya es sabido, en vista de que, etcétera.
— CAUSA: porque, pues, puesto que, dado que, ya que, debido a que, por eso, por ello, por el hecho de que, en virtud de, etcétera.
— CONDICIÓN: si, en el caso de que, en ese caso, con tal que, con tal de, a condición de que, a menos que, a no ser que, siempre que, mientras, según, etcétera.
— CONSECUENCIA: por tanto, por lo tanto, por consiguiente, así pues, en definitiva, en consecuencia, entonces, por eso, por ese motivo, así que, de manera que, de modo que, por lo que, de ahí que, de donde se sigue que, de ello resulta que, en efecto, luego, entonces, etcétera.
— OPOSICIÓN, CONTRASTE O CONTRAARGUMENTACIÓN: pero, sin embargo, aunque, en cambio, por el contrario, contrariamente, con todo, no obstante, más bien, ahora bien, a pesar de eso, pese a, mientras que, aun así, sino, de todas formas, etcétera.
— COMPARACIÓN: igualmente, de la misma forma, del mismo modo, lo mismo que, así, asimismo, como, así como, tanto... como, etcétera.

7.3.3. Consejos prácticos

— Antes de defender o contraargumentar una idea cerciórese de que *dispone de argumentos suficientes* para hacerlo. Nunca plantee una crítica o una propuesta basándose en que lo dice usted. «Me parece/no me parece bien», «a mi juicio», «yo creo que» son expresiones que en ocasiones no bastan.
— No olvide que, si realiza un discurso argumentativo, *se expone a recibir críticas. No se sorprenda si vienen;* al contrario, apóyese y confíe en la solidez de su construcción argumentativa para rebatirlas.
— Sus argumentaciones deben ser precisas y directas hacia el objetivo de su defensa. *No se ande por las ramas;* si emplea elementos de apoyo a la argumentación, intente que estén muy bien seleccionados y que, de verdad, contribuyan a dar más fuerza a sus razones. No recurra a ellos para rellenar espacio.
— Sea *gradual* en la exposición de los razonamientos, especialmente si se imagina que su público no está de su lado (como

en un mitin político ante una mayoría de votantes del partido contrario, o en la defensa de una tesis con un tribunal poco convencido). Enfatice los puntos que lo unen con el público y minimice los que le desunen o prevé que provocarán desacuerdo.

— Igualmente, si el contenido de su mensaje es complejo por su densidad o es muy novedoso, empiece por los argumentos más sencillos y accesibles. *Al público se lo tiene que ir ganando poco a poco.* No presente bruscamente ideas que puedan chocar o causar extrañeza, a no ser que ello sea una estrategia ocasional de captación de sus oyentes; tenga en cuenta que las otras personas deben asimilar su proyecto. Para usted, tal vez, ya es muy obvio, pero para los otros es nuevo.

— Por muy seguro que esté de tener ya de entrada al auditorio a su favor no se confíe. No baje la guardia y prepare su argumentación con la misma profundidad que si contara con un público difícil. Los demás siempre valoran que las *propuestas* que les hagamos estén *bien fundadas*.

— En el caso de que su discurso consista en defender un trabajo escrito de forma oral, como ocurre en proyectos finales de carrera, tesis doctorales y en algunos proyectos profesionales, tenga en cuenta que lo que se espera es una síntesis de lo fundamental. Quizás lo ayudará *estructurar su discurso* en los elementos clave de una investigación: objetivos, hipótesis, metodología, análisis, conclusiones o resultados (según el tipo de trabajo se tratarán algunos o todos estos puntos). *Recuerde también que deberá adaptar lo escrito a lo oral:* no va simplemente a hacer una lectura de algo escrito, sino a *oralizar la escritura* (exponer lo escrito como si fuese oral).

— Cuando haya acabado de preparar su discurso revise si los objetivos o ideas que pronunciará al principio se concluyen, recogen, responden o son coherentes con las conclusiones a las que llega al final.

Volviendo al caso del ejecutivo utilizado en este libro (véase capítulo 3), le proponemos un ejemplo. Recuerde que el objetivo de este orador era defender que la fábrica española es la mejor opción para producir los vehículos porque presenta un equilibrio en cuanto a los factores de decisión. Nuestro ejecutivo, tras hacer un resumen de los errores en la producción de los modelos anteriores de coche, basa su argumentación en un proceso multifactorial.

Los errores o problemas de la empresa resumidos antes de la argumentación eran: no haber valorado la estructura laboral de la fábrica (modelo X), la relación entre costes de fabricación y cualificación de los trabajadores (modelo Y) y la mala localización de la factoría (modelo Z).

Veamos dos modos de expresar su propuesta, el primero con una mayor complejidad en la sintaxis y el segundo con una construcción sintáctica que refleja más claramente la progresión y el encadenamiento de las ideas.

Primera posibilidad: mayor complejidad sintáctica

«Los problemas en la producción de los modelos de los vehículos que les acabo de exponer, como ustedes ya habrán advertido, *en el fondo de la cuestión* encarecen la producción *y hacen que la fabricación del modelo que nos ocupa suponga una disminución en el rendimiento económico.* En consecuencia *resulta obvio el hecho de que* deberíamos *optar por* encontrar *un lugar en el que* la factoría esté accesible al mayor número de vías de transporte, en el que se disponga de una plantilla de personal suficiente para que no haya retrasos en la elaboración *del proceso en cadena* y, *siendo un grave problema el de la cualificación de los trabajadores, considero que* debemos asegurarnos de que éstos se encontrarán suficientemente preparados *para llevar a cabo una tarea como la importante producción de un modelo de coche,* con las condiciones que ustedes y yo conocemos, *para que éste se pueda fabricar con calidad.* Dicho de otro modo, aunque cada una de las factorías que elaboró los modelos anteriores destaca por *una serie de* ventajas, si hubiéramos tenido en cuenta el cálculo global entre los costes *de producción* y beneficios, hubiera sido más productivo el haber fabricado estos coches en un lugar en el que se dieran al mismo tiempo un conjunto de características que, sumadas y contrapesadas, dieran un mejor resultado en este cálculo, lo que propongo que no vuelva a ocurrir. Bien, pues veamos con más detalle los problemas que planteo y la solución que propongo...».

Segunda posibilidad: más claridad en la sintaxis

«Como han observado en el resumen que les acabo de hacer, si pretendemos que la producción de nuestro próximo modelo de vehículo resulte lo más rentable posible, admitirán conmigo que debería fabricarse en un lugar en el que:

»Primero: sea evitable incurrir en cualquiera de los errores que he destacado en la producción de los modelos anteriores.

»Y segundo: que se conjuguen equilibradamente los factores más propicios para la producción, contando ya de entrada con que no disponemos de un lugar ideal en el que haya una ausencia de inconvenientes o de desventajas.

»Bien, señores, pues estos dos serán los puntos centrales que a continuación trataré de desarrollar y en los que fundamentaré mi propuesta...».

Lo que en realidad el ejecutivo quiere decir es lo que de forma sencilla y precisa dice en el segundo caso. En el primer ejemplo hay dos aspectos que dificultan la comprensión: por un lado la propia *complejidad de la construcción gramatical* (oraciones muy largas, con varios incisos y subordinadas y, sobre todo, en las que se emplea «excesivo material lingüístico» para expresar una idea. Fíjese en que se podrían eliminar perfectamente las palabras en cursiva sin alterar lo dicho puesto que, además, repiten lo anterior); por otro lado *no hay un encadenamiento lógico de las ideas* que vaya guiando al auditorio. Se señalan las ideas, pero *falta un orden claro en su exposición*. Además resulta innecesario volver a citar los errores de fabricación de los modelos anteriores, puesto que los acaba de resumir; incluso, en el caso de que lo hiciera, sería más claro que aludiera a éstos en el mismo orden en que los expuso en el resumen anterior. Observe, por último, que al utilizar la partícula «en consecuencia» no se introduce la solución al problema, como parece requerir su empleo, sino que se vuelve a describir lo deseable. Y, más aún, cuando cabría esperar una reformulación al utilizar la expresión «dicho de otro modo...», entonces se indica el motivo del problema y se propone la auténtica solución.

CAPÍTULO 8

Géneros discursivos II. Los géneros discursivos en el ámbito académico-científico y profesional: dialógicos

En este capítulo vamos a analizar los *discursos dialógicos* más frecuentes y relevantes en los *ámbitos académico-científico y profesional*. En primer lugar trataremos las reuniones de trabajo (asambleas, juntas, consejos, negociaciones, etcétera); a continuación los debates, especialmente aquellas modalidades del ámbito académico-científico que, por sus características especiales, merecen una descripción más profunda: las mesas redondas y los coloquios; en tercer lugar veremos cómo se organizan las entrevistas de trabajo y cuáles son los aspectos más importantes que debemos tener en cuenta para superarlas con éxito; por último revisaremos someramente las conversaciones telefónicas que tienen lugar en ámbitos profesionales y señalaremos sus fines primordiales: concertar citas, ofrecer bienes y servicios, formular reclamaciones, realizar encuestas de opinión, etcétera).

8.1. REUNIÓN DE TRABAJO

8.1.1. Definición y características

Con el término *reunión de trabajo* se hace referencia a un tipo de discurso dialógico que, dentro del ámbito académico-científico y profesional, supone la intervención de distintos interlocutores (normalmente dos partes, aunque también pueden ser más), tengan o no los mismos intereses, pero movidos por un mismo fin: llegar a un acuerdo, decidir una estrategia empresarial o educativa, trazar una línea común de actuación dentro de un determinado sector de negocios, elaborar un informe sobre un proyecto con unos resultados concretos, etcétera.

Las reuniones de trabajo siempre suponen interacciones comunicativas con una marcada tensión dialógica entre los participantes, los cuales discuten, cooperan, confrontan diferentes puntos de vista, negocian y, así, van avanzando con mayor o menor fortuna de acuerdo con el objetivo marcado. La retroalimentación hará, sin duda, variar el hilo y el tono de sus intervenciones a lo largo de toda la reunión.

Recordemos el caso de la importante multinacional automovilística, e imaginemos la tensión que «se mascará» en la reunión donde se decide si fabricar el nuevo modelo en la fábrica española o no. De esa reunión tiene que salir una decisión que afecta a muchos puestos de trabajo, por ello cada intervención es decisiva y la tensión, máxima. Podemos suponer que todo el poder argumentativo de los participantes estará sobre la mesa y la munición dialéctica, lista para ser utilizada.

Las reuniones de trabajo pueden adoptar diversas modalidades en función de las necesidades concretas de cada situación: reuniones sectoriales, a un alto nivel, de organismos nacionales o internacionales (por ejemplo, las reuniones periódicas de jefes de Estado o primeros ministros, de la Unión Europea —UE—), juntas generales (como las de instituciones bancarias), asambleas, negociaciones, seminarios de trabajo, consejos y reuniones en el ámbito docente, etcétera. No le vamos a proporcionar un análisis pormenorizado de las características de cada uno de estos tipos de reunión, pero sí queremos ofrecerle los rasgos generales que definen estos discursos y los singularizan frente a los demás discursos dialógicos que estamos analizando. Con esto usted dispondrá de la información básica para conocer su funcionamiento, en el caso de participar en alguno de ellos.

8.1.2. En la reunión de trabajo

En la reunión de trabajo comience observando que la *distancia* en la relación entre los interlocutores variará en virtud del grado de confianza y conocimiento previo que tengan. Cuanto más estrecha sea esta relación en su ámbito profesional —y menos jefes «los separen» en el escalafón—, mayor será la familiaridad entre ellos. Así, por ejemplo, imagine que, dentro de una empresa de servicios informáticos, las reuniones del equipo de trabajo encargado de desarrollar un proyecto para una compañía de telefonía móvil adoptarán un tono más informal que aquellas que se produzcan entre miembros de este equipo y representantes de la compañía de telefonía móvil —el cliente, en este caso—.

En estas últimas, necesariamente, la distancia vivencial entre los interlocutores será mayor y esto se reflejará, por ejemplo, en el uso del tratamiento de *usted*, el respeto casi escrupuloso de los turnos de palabra o el empleo de las fórmulas socialmente adecuadas de saludo, despedida («buenos días», «adiós», «buenas tardes», etcétera). Recuerde, por tanto, a menor nivel de camaradería en el trabajo, mayor nivel de formalidad en el registro empleado.

En cualquier caso en este tipo de diálogo es fundamental que tenga muy presentes las estrategias y habilidades sociales y que las maneje de forma adecuada, para así tener éxito en sus relaciones interpersonales (véanse los aspectos relativos a las convenciones sociales en el capítulo 6).

Una habilidad importante consiste en captar *la verdadera intención de un mensaje:* las palabras no siempre significan lo que parecen y, en ocasiones, «esconden» un mensaje distinto del que deduciríamos literalmente. Especialmente cuando se llega a un cierto nivel profesional ha de medirse muy bien el alcance de lo que decimos y de lo que interpretamos:

«Yo soy tu recurso. Dime en qué te puedo ayudar, me pongo a tu disposición».

En este ejemplo, parece que el jefe ofrece a su subordinado todo su apoyo; sin embargo, con la experiencia de reuniones con clientes, el subordinado ha aprendido que, a la hora de la verdad, tras esas amables palabras se esconde el mensaje de «apáñatelas como puedas, es tu problema». Son palabras que parecen muy correctas, pero, en realidad, son muy agresivas.

Un aspecto que se manifiesta, en mayor o menor medida, en todas las reuniones de trabajo es la *negociación*. Negociar es una actividad que tiene como objetivo llegar a un acuerdo. Las negociaciones se producen en todos los ámbitos de la vida; así, por ejemplo, fijar el alquiler de un piso conlleva también un proceso negociador entre el propietario y el arrendatario. Nos pasamos la vida negociando, queramos o no, nos guste más o menos. A pesar de que *ser un buen negociador* tiene mucho que ver con la personalidad de cada uno de nosotros, negociar no deja de ser una técnica y como tal puede aprenderse y desarrollarse.

En el ámbito profesional la negociación es claramente un proceso interactivo en el que se emplean todas las habilidades argumentativas y contraargumentativas, intentando validar las posiciones propias, pero a la vez escuchando y aceptando algunas ideas defendidas por las otras partes, con el objetivo final, como hemos indicado, de llegar a establecer un acuerdo satisfactorio para todos los involucrados en el proceso. Usted debe tener en cuenta que en cualquier negociación, y ya lo señalábamos en el capítulo 3 (apartado 3.1.1), muy a menudo solo se obtienen acuerdos parciales. Esto supone que en una reunión de trabajo la negociación suele ser gradual: no siempre se alcanzan todos los objetivos, ni tampoco al mismo tiempo.

En una reunión tan tensa como la que se está manteniendo en la multinacional automovilística una de las partes involucradas tiene una posición categórica: «Nuestro objetivo es que se reduzca el coste de vuestra producción en un 10 por ciento. Sin eso no hay negociación posible». Observe que, dialécticamente, expresiones de este tipo reflejan la intención de poner al interlocutor contra las cuerdas. Un mayor ánimo de entendimiento podría ponerse sobre la mesa de negociación si se utilizaran fórmulas como «Nuestro objetivo es una reducción del 10 por ciento, pero nos gustaría escuchar vuestra propuesta» o «¿Qué podéis ofrecernos para intentar reducir los costes hasta un 10 por ciento?».

Una de las habilidades más importantes a la hora de negociar en el ámbito profesional consiste en *ser capaz de predecir y esclarecer los objetivos contrarios*, para poder anticiparse a ellos y estar preparado para reaccionar. La rapidez mental a la hora de adelantarse a los demás participantes en la reunión es una condición imprescindible en un buen negociador. Se preguntará usted de qué manera se consigue: pues orientando la negociación de forma que, mediante técnicas de sondeo y preguntas formuladas con astucia, podamos «adivinar» el siguiente paso de nuestros interlocutores. Para ello es fundamental buscar la *empatía* con ellos, es decir, ponernos en su lugar e imaginar sus intereses, lo que esperarían obtener de nosotros y hasta qué punto estarían dispuestos a ceder y hacer concesiones parciales en sus objetivos.

Como buen negociador, además, usted debe *ser un buen orador* (véase capítulo 3), expresarse con claridad (véase capítulo 4), con convencimiento de lo que dice. Si usted mismo no cree en sus palabras ni tiene confianza en sus argumentos, difícilmente conseguirá que lo hagan sus interlocutores; le sucederá como al profesor que se aburre dando clase, puede estar seguro de que sus alumnos también se estarán aburriendo.

8.1.3. Consejos prácticos

— Antes de acudir a una reunión de trabajo *conozca y estudie bien el orden del día*, la organización de los temas que van a ser tratados. Si existen informes previos sobre alguno de esos aspectos, no desestime la información que pueden proporcionarle.
— *No piense en su interlocutor como un adversario*, pues en ese caso le resultará más difícil llegar a acuerdos con él, ya que cada uno se reforzará en su postura sin escuchar la ajena.
— *Busque la empatía*, los objetivos se alcanzan más fácilmente si sabemos ponernos en el lugar de los demás e intentamos imaginar lo que piensan y a lo que aspiran.
— *Exprésese con respeto hacia los otros*. Deje clara esta intención en las expresiones atenuantes con las que se dirija a ellos, por ejemplo, diga: «Me parece que quizás no ha interpretado correctamente mis palabras» o mejor aun: «Me parece que quizás no me he expresado bien», en lugar de «No entiende lo que quiero decir»; o «¿Hasta qué punto cabría la alternativa de adoptar este criterio?» en lugar de «¿Se va a adoptar o no este criterio?».

 En el nivel de acaloramiento que se alcanza en algunas reuniones de trabajo se puede llegar hasta la *descalificación* del otro, lo cual puede «reventar» la reunión y poner fin a todos los intentos de llegar a un acuerdo. Expresiones del tipo «Eso no va a funcionar.

Ya lo probamos hace tres años y no conseguimos nada» o «No tienes ni idea, cómo te metes a hacerlo solo sin pedir ayuda» no favorecen nunca un clima de respeto y de búsqueda de soluciones.

— *No olvide que* en las reuniones de trabajo *siempre se producen demostraciones de poder* y esto se refleja, en gran medida, en el lenguaje empleado. Sea respetuoso, sí, pero firme y seguro en su expresión. Las palabras tienen matices muy significativos y usted puede utilizarlas en su beneficio; así, por ejemplo, *pedir* no significa ni tiene los mismos matices que *exigir*, lo mismo sucede con *dar* y *conceder*. En un contexto de negociación *pedir* y *dar* suelen significar sumisión o cesión ante el otro, mientras que *exigir* y *conceder* nos sitúan automáticamente a la misma altura o por encima de nuestros interlocutores.

8.2. DEBATE, MESA REDONDA, COLOQUIO

8.2.1. *Definición y características*

El *debate*, en esencia, es un tipo de discurso argumentativo y contraargumentativo en el que, dirigidos por un moderador, participan dos o más interlocutores (individuales o colectivos —reunidos en parejas o en grupos—) que, partiendo de opiniones diferentes y en muchos casos enfrentadas, intentan defender las suyas ante los demás, persuadiendo a éstos de su validez. En la interacción del debate se produce, por tanto, la argumentación de las ideas propias y la contraargumentación de las ajenas, utilizando para ello razonamientos propios, así como ejemplos conocidos y citas de reconocido prestigio.

Por su propia naturaleza argumentativa, el debate es un tipo de discurso que aparece en otras modalidades discursivas y puede convertirse en un eje transversal de ellas, tales como las mesas redondas y los coloquios, que analizaremos a continuación, o las reuniones de trabajo, que acabamos de estudiar.

En el ámbito académico-científico el debate adopta habitualmente la forma de *mesas redondas y coloquios*, que se producen en el seno de reuniones científicas tales como congresos, jornadas y seminarios. En los últimos años en estas reuniones se ha extendido también otro tipo de intervención como es la *presentación de un póster* o la *intervención en un panel*. Se trata, en principio, de discursos de tipo monológico, ya que se produce una exposición de un tema por parte de una persona ante un grupo de expertos, en un tiempo breve, si bien a continuación se abre un turno de diálogo con los asistentes. En el caso del póster la explicación (objetivos, metodología, datos y resultados) se basa en un cartel expuesto al público con anterioridad; por lo que respecta al panel se trata de un conjunto de intervenciones que tienen un tema o investigación en común; normalmente quien dirige el panel lo presenta, concluye sobre el conjunto y crea un diálogo posterior con el público.

Otras modalidades de debate difundidas entre la opinión pública por los medios de comunicación son, por ejemplo, los *debates políticos* —entre ellos destacan por su repercusión mediática los *debates electorales*, que tienen lugar entre dos o más candidatos de distintas opciones políticas antes de unas elecciones—. A nivel autonómico o estatal, también podemos mencionar los debates que se producen entre los representantes de los diferentes partidos políticos que conforman un Gobierno (en el caso de España pensemos, por ejemplo, en el Debate sobre el estado de la Nación, cn el que, con periodicidad anual, tanto el partido en el poder como los de la oposición debaten sobre los principales temas que afectan a los intereses del país, ante millones de ciudadanos que lo siguen en directo a través de la televisión y la radio) o las tertulias radiofónicas o televisadas, en las que participan políticos, reconocidos intelectuales y profesionales de diversos sectores (periodistas, profesores, empresarios, etcétera), los cuales exponen y defienden sus diferentes ideas y propuestas sobre algún tema de actualidad.

En los debates además de las limitaciones de tiempo impuestas en las intervenciones, resulta muy importante el papel que desempeñan los *espectadores*, ya que los participantes, en la mayoría de las ocasiones, no pretenden tanto convencer a sus adversarios dialécticos (lo cual, por ejemplo, resulta una «misión imposible» en el caso de los debates políticos, donde cada uno se mantiene aferrado a su postura ideológica) como al público asistente. Así, la manera de expresarse, las estrategias comunicativas y los recursos oratorios deberán ir encaminados a conseguir el favor del público que, por ejemplo, en el caso concreto de los debates políticos, es el que tiene la última palabra en las urnas.

Observe, a continuación, dos formas distintas de expresar un mismo mensaje por parte de un político: debe tomar una decisión que resultará polémica para algunos medios de comunicación, pero que beneficiará a la mayoría. La primera, de mayor complejidad y de más difícil comprensión, ha sido enunciada en unas declaraciones a un periodista; la segunda, más comprensible, en el marco de un debate político televisado, donde las ideas tienen que resultar claras y comprensibles para los posibles votantes.

Primera forma de expresión (más compleja)

«Las posibles repercusiones mediáticas que esta iniciativa pueda tener no supondrán un impedimento para que pongamos en marcha los mecanismos necesarios para su acometimiento, puesto que redundará en un beneficio mayoritario para la ciudadanía».

Segunda forma de expresión (menos compleja)

«Tomaremos todas las medidas necesarias para resolver este asunto, a pesar de las críticas de una parte de los medios de comunicación, ya que nuestro objetivo es el beneficio de la mayoría de ciudadanos».

Asimismo, y siguiendo por este recorrido de las variantes que tiene el *debate* hoy en día, debemos tener en cuenta que en el contexto de la enseñanza el término *debate*, dentro del marco de los programas de enseñanza-aprendizaje de lenguas (tanto maternas como extranjeras), hace referencia a un tipo de actividad cuyo objetivo principal es desarrollar las habilidades comunicativas de expresión oral de los alumnos, desde un punto de vista formal, funcional, discursivo y estratégico (en este sentido seguro que usted recuerda, si ha asistido a clases de idiomas extranjeros, las actividades de debate realizadas, en las que el profesor planteaba un tema, polémico y/o de actualidad —por ejemplo, las ventajas y desventajas de la educación pública frente a la privada o de las nuevas tecnologías frente a las formas de comunicación tradicionales—, y los alumnos, divididos en equipos, debatían sobre él, con mayor o menor fortuna).

8.2.2. En la mesa redonda y el coloquio

A diferencia de las reuniones de trabajo y de los debates en un sentido puro (por ejemplo, los indicados debates parlamentarios), es decir, con una finalidad claramente argumentativa, *las mesas redondas y los coloquios* no se celebran, normalmente, con la intención de defender y contraargumentar ideas para formular unas conclusiones finales, sino que tienen un carácter eminentemente expositivo e informativo a un alto nivel de especialización: la función es informar y enseñar a los que acuden dispuestos a escuchar y aprender, y esto puede constatarse en la realidad académica de este tipo de reuniones. También es cierto que, en ocasiones, una mesa redonda puede derivar en un debate, cuando la dimensión argumentativa supera la barrera de la meramente expositiva y los participantes llegan a debatir, y no solo a exponer.

En las mesas redondas intervienen varios especialistas (alrededor de cuatro) que, ante un público reunido con el propósito de actualizar conocimientos y aprender, y moderados normalmente por un colega también especialista en la materia —o persona relacionada directamente con la organización del congreso o reunión en la que se celebra la mesa redonda—, exponen diferentes aspectos o puntos de vista sobre el tema especializado que se ha decidido con antelación. Siguiendo un orden que se ha establecido antes del comienzo de la mesa redonda, el moderador va presentando y dando la palabra a los diferentes participantes, los cuales, en un tiempo limitado y sin interrumpirse, realizan una exposición de sus puntos de vista o de los resultados de algún tipo de investigación que hayan realizado recientemente.

Normalmente el tiempo de intervención de cada participante es de diez a quince minutos; aproximadamente una hora en total. Al final de todos los turnos el moderador suele hacer un resumen de los aspectos más interesantes que se han tratado, cede de nuevo el turno a los participantes para que maticen algún aspecto de manera muy breve, e inicia el turno de preguntas a los participantes, que continúa el público asistente al acto. Este turno de preguntas suele oscilar entre veinte y treinta minutos, dependiendo del número de preguntas y de los actos programados en la agenda del congreso o reunión.

En una mesa redonda *la relación entre los participantes es de igualdad*, ya que todos están bien preparados, desde un punto de vista intelectual, y exponen sus pareceres en las mismas condiciones (pensemos, por el contrario, en la desigualdad manifiesta que, por ejemplo, tiene lugar en una entrevista de trabajo). Por su parte el moderador —que siempre es imparcial y objetivo— tiene el papel de coordinador: presenta a los participantes y les da la palabra, controla el tiempo de las intervenciones, las cierra una vez concluidas, agradece su exposición a los participantes y abre el turno de preguntas del público con las suyas propias. En esta modalidad de debates que se produce en el ámbito académico-científico el moderador no suele necesitar hacer uso de *su autoridad*, tal y como sucede, valga el caso, en los debates mediáticos en torno a aspectos polémicos de tipo sociocultural o político, donde el acaloramiento de los participantes en la defensa de sus ideas puede llevarles a situaciones realmente tensas que, incluso en algunas ocasiones, han llegado a las manos.

En el siguiente ejemplo, en un debate sobre transporte público entre representantes municipales de los partidos políticos con mayor representación en un ayuntamiento, el moderador se ve obligado a poner orden ante la salida de tono de uno de los participantes, que ha decidido seguir el camino de la crítica personal y arremeter contra la vida privada de uno de sus adversarios políticos:

Un participante: «Bueno, la verdad es que no sé cómo usted puede pretender poner orden en los medios de transporte público de esta ciudad, cuando ni siquiera lo tiene en su propia vida, porque es bien conocido de qué pie cojea usted, señor concejal».

Moderador: «Concejal, le pido que se disculpe por lo que acaba de decir en este momento. No voy a permitir que en este debate se utilice la vida privada como arma arrojadiza, bajo ningún concepto. Si no es así, tendré que invitarlo a que abandone el debate inmediatamente».

En cuanto a la *organización interna de las mesas redondas*, claramente vemos que los turnos están decididos antes de empezar y el orden de las intervenciones se sigue escrupulosamente. En el tiempo de preguntas del público éstas se suceden de forma ordenada: cuando alguien quiere preguntar alza la mano y una persona de la organización le pasa el micrófono para que pregunte.

Las mesas redondas se celebran en el marco de congresos y reuniones científicas que suelen congregar a un gran número de asistentes, por lo que normalmente tienen lugar en salones de actos o amplias salas habilitadas para tal fin. Si no está muy familiarizado con este tipo de actos académico-científicos, tenga en cuenta que la disposición de la mesa redonda es siempre la de los participantes alineados en torno al moderador, frente al público asistente. Las dimensiones de la sala, además, suelen hacer necesario el uso de micrófono (recuerde el capítulo 5, apartado 5.4.1). Si usted está acostumbrado a asistir a estos encuentros, no sentirá el espacio como algo hostil, sino como un marco de trabajo habitual, de intercambio con otros colegas, en el que se desarrolla una parte importante de su actividad académico-científica y profesional.

El término *coloquio*, por su parte, se utiliza para referirse a distintas realidades en el ámbito académico-científico, así como en el profesional. Por un lado se usa *coloquio* en el sentido de *seminario, jornada, simposio*, es decir, una reunión académico-científica (por ejemplo, el III Coloquio Internacional del Programa EDICE. Cortesía y conversación: de lo escrito a lo oral, celebrado en la Universidad de Valencia). Por otro lado, en el ámbito profesional, la palabra *coloquio* sirve para denominar el tipo de interacción comunicativa que se realiza, por ejemplo en un canal de televisión tras la proyección de una película, donde diferentes profesionales de ese ámbito del cine exponen y comparten sus puntos de vista sobre aspectos de la película que ha sido proyectada, sin llegar necesariamente a la polémica o al debate, es decir, sin que haya contraargumentación (por ejemplo, es el caso del clásico programa de cine *Versión española*, del canal estatal de Televisión Española: la 2).

En la actualidad los coloquios celebrados en ámbitos como el de los medios de comunicación han derivado en una modalidad de *tertulias*, con tal nivel de especialización para los que participan en ellas que, incluso, han dado origen a una nueva profesión: *el tertuliano profesional*. Quizás usted se pregunte, con atinado sentido crítico, si hoy en día cualquiera puede llegar a ser tertuliano en el programa de moda. Por lo visto y oído parece que sí.

La *temática de mesas redondas y coloquios* tiene que ser especializada por fuerza, ya que siempre gira en torno a un aspecto de relevancia para una determinada comunidad de investigadores, profesionales, etcétera. Este tipo de reuniones permite la convivencia de los especialistas que acuden, los cuales tienen oportunidad de participar activamente (ya sea como miembros de la mesa redonda o mediante la presentación de una ponencia, comunicación..., tal como hemos visto en el capítulo 7) y, a la vez, de escuchar; por ello resultan tan enriquecedoras para los asistentes.

8.2.3. Consejos prácticos

— Tanto si usted es moderador como participante *procure contactar* con los que intervienen en la mesa redonda *con tiempo suficiente*. Esto le permitirá planificar su desarrollo con más precisión y concretar los temas y subtemas que van a ser tratados.

— Como ya hemos señalado para los discursos monológicos (capítulo 7) *organice bien su intervención* y *siga las fases habituales* en su preparación (véase el capítulo 3): póngase en el lugar de los que van a escucharlo y seleccione aquellos aspectos que puedan resultar más interesantes para un auditorio que, a priori, está como mínimo familiarizado con el tema. *Intente ser novedoso*, para lo conocido ya existe mucha bibliografía. Por ejemplo, en el caso de una mesa redonda sobre novedades en las prestaciones de un determinado modelo de coche no se extienda en la enumeración de las ya conocidas por todos los asistentes —puede hacer una breve referencia—, céntrese en las que resultan nuevas para la mayoría, es esto lo que se quiere escuchar.

— *Elabore su discurso pensando en que su intervención va a ser escuchada*. La versión que se prepara para la impresión de las actas —que va a ser leída— suele presentar algunas diferencias con la versión preparada para la exposición en la mesa redonda —que va a ser escuchada—. Estas diferencias afectan a aspectos que tienen que ver con las características propias de la escritura y la oralidad; así, por ejemplo, en la versión para las actas suelen eliminarse las referencias deícticas «al aquí y al ahora» del momento de la exposición, pues ya dejan de ser relevantes fuera del momento concreto en que se utilizaron.

Así pues, ya que van a escucharlo, tenga en cuenta al auditorio: cuide su tono, pronunciación, entonación. Aunque esté leyendo no cree la sensación en los que lo escuchan de que está pronunciando un discurso, hágales partícipes de su elocución, mírelos. ¡No se olvide de levantar a menudo la vista del papel, no está dictando una conferencia!

— *Intente no alejarse demasiado del tema central de la mesa redonda* o conseguirá que los asistentes «desconecten» de su exposición; ellos han acudido para escuchar hablar de ese tema. No divague demasiado.

— *Cíñase al tiempo estipulado.* Si es el moderador, no lo acapare (tampoco el protagonismo); si es un participante y supera el tiempo, corre el riesgo de impacientar al resto y al propio público; normalmente, las agendas de los congresos o reuniones de cualquier tipo son muy apretadas y rebasar el tiempo en una de las actividades programadas afecta a la planificación de las restantes. Además, si los participantes en la mesa redonda se extienden mucho, dejan sin tiempo de intervención a los asistentes, con lo que la actividad pierde la riqueza que supone escuchar las preguntas del público.

— *No interrumpa ni intente arrebatar el turno de palabra* a los demás interlocutores, espere siempre al suyo. Si llegara el caso, sea cortés en sus intervenciones, utilizando expresiones como: «Disculpe, pero me parece que...» o «Perdone que lo interrumpa, pero creo que...».

— *Sea respetuoso con los otros participantes,* por ejemplo, si no está de acuerdo con sus ideas, no critique a las personas sino a las ideas que exponen. Así puede decir «Tus ideas parecen carecer de argumentos sólidos», en lugar de «No tienes ni idea de lo que estás diciendo» o «No tienes razón».

— *Si usted forma parte del público y opta por formular una pregunta,* señale a qué miembro de la mesa redonda va dirigida y sea breve en la formulación para que puedan contestarle de forma precisa y rápida. No dé pie a que el participante se aleje del tema central, ya que este asunto es el que los ha congregado. Tenga en cuenta que el objetivo de su pregunta no es iniciar una discusión con la mesa, sino obtener una respuesta concreta.

(Intervención de un asistente a una mesa redonda sobre «Diseño de pruebas de evaluación» en el Congreso *Las destrezas orales en la enseñanza de español*)

«A ver, llevo casi una hora escuchando intervenciones que no han conseguido convencerme ni llegar al establecimiento de ninguna conclusión interesante. Yo llevo ya tres meses impartiendo clase y podría añadir muchos aspectos que hoy no se han tratado aquí

y que nos interesan a todos. No conozco muy bien a los participantes, pero supongo que hace tiempo que no tienen contacto con
las aulas porque no han hecho referencia ni a una sola experiencia
didáctica, y eso sería lo fundamental en esta mesa redonda, así
que espero que alguien pueda contestarme».

El ejemplo anterior propone una intervención claramente
inadecuada por los siguientes motivos: el interlocutor, que no se
presenta al comienzo de su intervención, incumple los principios de respeto y cortesía que deben primar en este tipo de actos
académicos y se dirige a la mesa y al resto de asistentes de una manera «poco protocolaria»; no tiene en cuenta que el tiempo de intervención de los ponentes es limitado y que éstos seleccionan los
aspectos tratados sin poder prestar atención a otros muchos que,
sin duda, siendo interesantes, no constituyen el tema principal de
la mesa redonda; se muestra prepotente y se permite hacer pre-
suposiciones sobre las personas que han intervenido en la mesa
redonda, sin haberse informado mínimamente sobre ellas; además, no llega a formular ninguna pregunta concreta, por lo que
parece que su intención es solo iniciar una polémica con los miembros de la mesa, lo cual no es el objetivo de este tipo de intervenciones.

8.3. ENTREVISTA DE TRABAJO

8.3.1. Definición y características

En la *entrevista de trabajo* se produce la interacción entre dos interlocutores, en un tono muy formal, mediante una toma de turno de
palabra planificada: *el entrevistador*, encargado de realizar preguntas para decidir la idoneidad del aspirante al puesto de trabajo ofer-
tado, y *el entrevistado*, que responde con la intención de convencer
y demostrar al entrevistador que, entre todos los aspirantes, es el
candidato óptimo para ese puesto.

A pesar de las posibilidades que ofrecen las nuevas tecnologías (conexiones telefónicas, videoconferencias, etcétera) la mayoría de las entrevistas de trabajo se siguen produciendo cara
a cara. Ningún entrevistador suele renunciar a la posibilidad de tener sentado frente a él al candidato para poder contar con todos los

elementos de juicio posibles, además de los aportados en su currículum: su apariencia física, su forma de vestir, su manera de expresarse, su comportamiento no verbal (por ejemplo, el hecho de estar jugando con el bolígrafo entre las manos o tocarse el pelo constantemente delatan nervios, que hay que intentar evitar), su capacidad de reacción inmediata..., en definitiva, su *saber estar* en una situación tan formal.

8.3.2. *Antes de la entrevista*

Una de las dudas más habituales que asaltan al aspirante que acude a una entrevista de trabajo es *qué tipo de preguntas le formularán*. Es muy recomendable que antes de la entrevista usted *prepare algunas respuestas* para las posibles preguntas que pueda formularle el entrevistador; así conseguirá ir más tranquilo y sentirse más seguro cuando le llegue el momento de hablar. Entre esas preguntas que pueden plantearle se encuentran las siguientes:

— *Hábleme de usted, ¿qué desea encontrar en nuestra empresa?*

— *¿Cuál es su experiencia en relación con el puesto ofrecido?*

— *¿Cómo obtuvo su último (o actual) empleo?*

— *¿Ha pasado periodos de tiempo en paro?*

— *¿Qué planes tiene para su futuro profesional?*

— *¿Con qué clase de personas le gusta o interesa trabajar?*

— *¿Qué aspectos destacaría de su aptitud profesional?*

— *¿Hay algún defecto que quisiera comentar sobre su anterior rendimiento profesional?*

— *¿Cuál es la situación profesional más grave a la que se ha enfrentado hasta ahora?, ¿cómo salió de ella?*

— *¿Cuáles son las labores más destacables, en su opinión, del puesto laboral al que aspira?*

— *¿Qué relación cree que existe entre el departamento en que se inscribe el puesto de trabajo al que aspira y la empresa en general?*

— *¿Cómo explicaría cuál debería ser su papel como miembro de un equipo de trabajo?*

Asimismo, tenga en cuenta que no solo se trata de tener previstas las preguntas que le puedan formular, sino sobre todo de *calcular las respuestas más adecuadas a la situación discursiva contraída*. Por ejemplo, si le hacen preguntas a nivel personal, no le conviene extenderse innecesariamente en la respuesta ni detenerse en detalles demasiado íntimos; una salida airosa puede ser reaccionar preguntando al entrevistador cuáles son los aspectos específicos sobre los que desea información; así, a una pregunta como «¿Qué desea encontrar en nuestra empresa?» puede mostrar una actitud colectiva: «La palabra clave es *colaboración»;* una pregunta como «¿Cuál es su experiencia en relación con el puesto ofrecido?» podría representar una oportunidad para el lucimiento personal, pero no debe olvidar que el entrevistador trata de indagar simplemente sobre su grado de adecuación a las necesidades específicas del puesto. Este ejercicio de reflexión previa es muy recomendable si usted quiere evitar sorpresas desagradables.

 Ante las preguntas «¿cuál es la situación profesional más grave a la que se ha enfrentado hasta ahora?» y «¿cómo salió de ella?», el joven aspirante informático de uno de nuestros casos ha cometido la torpeza de dar rienda suelta a la crítica de la empresa donde realizó sus prácticas, alentado tal vez por el deseo de justificar el no muy brillante rendimiento que allí tuvo. No cometa nunca el error de criticar a sus anteriores jefes o compañeros de trabajo ya que generará la desconfianza de su entrevistador.

8.3.3. *Durante la entrevista*

Como ya hemos indicado la *desigualdad* en la relación interaccional de los dos interlocutores, entrevistador y entrevistado, es una de las características más destacables de la entrevista de trabajo, ya que el entrevistador siempre lleva el control del intercambio, formulando las preguntas, y el entrevistado tiene como objetivo convencerlo con sus respuestas de que es el candidato idóneo. A pesar de tal desigualdad cuando usted sea el entrevistado debe acudir a la entrevista sintiéndose seguro y confiando en sus posibilidades de éxito, puesto que *va a «vender» sus servicios profesionales, y no a «pedir» o «suplicar» un trabajo.*

Además de esa desigualdad entre los interlocutores, la entrevista de trabajo se caracteriza porque su organización responde a una *estructura de turnos de palabra claramente marcada*, el reparto previo de papeles es evidente: el entrevistador pregunta y el entrevistado responde, sin salirse apenas del guion, por lo que éste siempre debe esperar a ser preguntado antes de lanzarse a hablar, lo cual no significa que no pueda haber cierta flexibilidad, que vendrá determinada por las reacciones y la retroalimentación proporcionada por el entrevistador a lo largo de la entrevista.

Solo al final de la entrevista se suele dar la palabra al entrevistado para que o bien reflexione con más detalle sobre algún aspecto concreto de su exposición o bien plantee de forma directa alguna pregunta relacionada con las características del puesto de trabajo o de la empresa.

En relación con el *lugar en el que se desarrolla habitualmente la entrevista de trabajo,* cuando vaya a la entrevista, tenga en cuenta que suelen ser instalaciones de la propia empresa —despachos o salas de reunión, en el departamento de recursos humanos, etcétera— o, si no es así, en cualquier caso se tratará de un ambiente formal, no cotidiano y desconocido para usted, por lo que debe ir a la entrevista concienciado y preparado para no sentirse «fuera de lugar» o intimidado por lo que lo rodea. Piense que es algo circunstancial y que los demás aspirantes van a pasar el mismo mal trago que usted.

En cuanto a la *temática de la entrevista* lógicamente siempre va a girar de forma directa en torno al perfil académico y profesional del aspirante (nivel de estudios y experiencia profesional previos), y también de forma generalmente indirecta, con preguntas planteadas para tal fin, en torno a las capacidades, aptitudes, competencias y motivación del aspirante, es decir, las posibilidades potenciales relacionadas con el trabajo en grupo, el liderazgo, la resolución de posibles conflictos, la disponibilidad, los intereses personales, etcétera.

8.3.4. Consejos prácticos

— *Prepare muy bien la entrevista antes de acudir* a ella: repase su currículum en todos sus puntos, resalte los más interesantes y trate de compensar las carencias en positivo.

 Por ejemplo, en el caso que venimos tratando nuestro recién licenciado informático carecerá con toda probabilidad de experiencia profesional, pero puede equilibrar esta deficiencia por la alta motivación que le supone estar abierto a futuras experiencias profesionales: «Es cierto que aún no tengo mucha experiencia profesional, pero deseo obtener este trabajo para formarme y demostrar que tengo mucho que ofrecer a esta empresa».

Tenga en cuenta que el entrevistador habrá preparado muy bien las preguntas y que usted debería llevar preparadas las respuestas. Hoy en día resulta fácil documentarse sobre el tipo de preguntas que se suelen formular en las entrevistas de trabajo, del tipo de las que le hemos ofrecido en el apartado 8.3.2.

— *Sea puntual.* No comience dando una mala impresión al llegar tarde a la entrevista de trabajo; no caben excusas de ningún tipo; salga con tiempo suficiente para poder reaccionar ante cualquier imprevisto.

— *Cuide su expresión lingüística.* Procure expresarse con corrección formal (véase capítulo 2); por ejemplo, evite una pronunciación demasiado relajada (no diga **acabao,* pronuncie correctamente *acabado);* termine las frases, no las deje incompletas; utilice un vocabulario adecuado a la situación, use términos técnicos y especializados con los que esté familiarizado, pero no intente forzar el uso de un léxico que para usted no sea conocido, ya que resultará poco natural y, por tanto, poco creíble.

En el caso de nuestro joven licenciado informático es el momento para «presumir» de ese vocabulario más técnico del que, hasta entonces, solo había hecho uso en los exámenes; por ejemplo, términos como algoritmo, compilar, parche, ejecutable, script —programa de comandos de sistema operativo—, bug —error de software—, outsourcing —subcontratación de un sector del negocio—, etcétera. (Una gran parte de estas palabras —o, al menos, de su sentido informático, como el caso de parche— corresponde a neologismos y préstamos del inglés que se manejan con toda naturalidad en estos ambientes informáticos, técnicos y especializados.)

— *Mantenga siempre el tono formal* con el entrevistador, emplee la forma de tratamiento de *usted,* no caiga en el error de tutearlo para, por ejemplo, intentar ser más simpático, ya que esto solo demostraría que no sabe ser adecuado a la formalidad de la situación comunicativa. Utilice las fórmulas protocolarias de saludo, agradecimiento y despedida, del tipo «buenos días», «muchas gracias», «adiós», «buenas tardes».

Aproveche el momento de la despedida, para dejar constancia de que sabe el nombre de la persona que lo ha entrevistado: «Encantado y muchas gracias, Sr. Escudero».

— *Procure contestar a las preguntas en la justa medida*, es decir, no sea parco en palabras (por ejemplo, respondiendo solo con expresiones del tipo «sí», «no», «depende», «claro»...), pero tampoco se extienda en sus respuestas más de lo necesario. Si no entiende el sentido de alguna pregunta o le parece demasiado general en su planteamiento, intente que el entrevistador concrete más, así, si le plantea que le hable sobre cómo es usted, respóndale algo como: «¿Qué aspectos sobre mi currículum le interesa conocer más?».

Nuestro joven aspirante a trabajar en una empresa multinacional informática tenía mucha ilusión, pero no demasiada experiencia en entrevistas de trabajo. Demostró falta de conocimiento de la empresa en la que aspiraba a trabajar cuando a la pregunta: «¿Conoce los productos de segunda línea que comercializa nuestra firma?» respondió: «La verdad es que conozco muy bien los productos de la primera línea de su empresa, pero no estoy muy puesto en las líneas de productos de menor nivel». El aspirante al empleo debería haberse informado antes de acudir a su cita. Además, cayó en el error de hablar de dinero y horarios en esa primera entrevista, a pesar de estar en un proceso de selección en el que habría otras entrevistas donde tratar sobre ello.

8.4. CONVERSACIONES TELEFÓNICAS PROFESIONALES

8.4.1. Definición y características

En las *conversaciones telefónicas profesionales*, que se desarrollan en un tono formal, interactúan dos interlocutores que normalmente no se conocen, de los cuales uno —el cliente— experimenta una necesidad de información o de obtención de un servicio que el otro

—el profesional— le intenta proporcionar o facilitar, de forma más o menos inmediata, en el transcurso de esa misma llamada. Estos discursos dialógicos vienen marcados claramente por el medio físico a través del cual se desarrollan: el *teléfono*, que crea una situación comunicativa con unos rasgos propios que la distinguen de la habitual interacción cara a cara de, por ejemplo, la entrevista de trabajo. Es cierto que las nuevas tecnologías han propiciado la aparición de formas mixtas de comunicación, entre la presencial y la telefónica, como es la videoconferencia. Aunque esta técnica se utiliza ya de forma habitual en algunos sistemas de educación a distancia y en las comunicaciones internas de grandes compañías multinacionales, aún no está tan extendida en la comunicación entre clientes y empresas.

La comunicación telefónica, en cualquier ámbito —ya sea académico-institucional, profesional o social—, presenta una serie de características singulares. Así, hay una ausencia de comunicación no verbal. Los interlocutores no pueden contar con la importante información que para la interacción proporcionan los gestos, los movimientos, las posturas corporales, etcétera, lo cual produce a veces malentendidos que no tienen lugar en la conversación cara a cara; por ejemplo, guiñar un ojo en una conversación cara a cara mientras decimos algo puede indicar a nuestro interlocutor que estamos bromeando, que no hablamos en serio, sin embargo, sin ese guiño nuestro interlocutor puede entender esa expresión en un sentido literal y molestarse. En este tipo de comunicación pueden aparecer interferencias y cortes momentáneos en la comunicación debidos a problemas de tipo técnico, o piénsese, por ejemplo, en las dificultades que se tiene a veces para mantener una conversación desde un teléfono móvil.

Asimismo, nos parece importante señalar que, en el ámbito de las necesidades de aquellas personas con discapacidades físicas, se están desarrollando en los últimos años esperanzadores programas electrónicos que les ayudan tanto en la comunicación telefónica —imprescindible, por ejemplo, para personas con deficiencias auditivas— como en la presencial.

Las conversaciones telefónicas que se desarrollan en el ámbito profesional parten siempre, como hemos señalado, de una necesidad concreta del interlocutor que realiza la llamada, que puede ser concertar una cita (con el médico, con el director de una sucursal bancaria, con un vicerrector de una universidad, etcétera), demandar una determinada información (por ejemplo, el número de teléfono de una persona concreta en una empresa, la referencia de un producto determinado en un catálogo), obtener un servicio como activar una promoción en el teléfono móvil, contratar los servicios de un abogado, pedir comida a domicilio, realizar una reclamación, etcétera.

Todas estas conversaciones tienen en común el hecho de que los dos interlocutores están interesados en el éxito de la llamada, ¿por qué? La respuesta radica en el *interés* y en el papel que desempeñan las dos partes para que así sea: el que llama porque quiere satisfacer una necesidad inmediata y el que recibe la llamada porque tiene que cumplir una función y sabe que su trabajo consiste precisamente en facilitar a su interlocutor lo que necesita. Cuando usted llama a la consulta de un médico para concertar una cita, sin duda el más interesado en conseguirla es usted mismo, pero la recepcionista, que lo atiende en la centralita del hospital, o directamente la enfermera en la consulta, sabe que tiene que facilitarle esa cita y esforzarse por encontrar un hueco cuando, por ejemplo, la agenda del médico está casi completa.

> En el intento por buscar una alternativa cuando no es posible la cita en el día y hora que usted pretende las expresiones más frecuentes que oirá son del tipo: «espere un momento, voy a ver si hay alguna cancelación y puedo hacerle un hueco»; «ese día no es posible, ¿qué le parece el próximo martes a la misma hora que usted me dice?» o «intente llamar en esta semana para ver si se amplia el horario de consulta y podemos atenderlo lo antes posible».

Una modalidad de la conversación telefónica profesional, frecuente en nuestros días, es la *encuesta de opinión*, que también se realiza en situaciones de interacción cara a cara; piense en los jóvenes encuestadores que, «armados» con su carpeta y su bolígrafo (y una gran dosis de paciencia y simpatía), podemos encontrar en las calles más céntricas de una ciudad o a la salida de una boca de metro «persiguiendo» a los transeúntes para hacerles unas preguntas. La encuesta de opinión es un tipo de discurso dialógico en el que un interlocutor —el entrevistador— formula una misma batería de preguntas sobre hábitos de consumo o actividades habituales a un grupo de personas —los entrevistados—, con el objetivo de obtener unos resultados estadísticos en relación con esos datos mencionados que lleven a la elaboración de unas conclusiones. Así, por ejemplo, las grandes compañías del sector de la alimentación y las de la comunicación telefónica suelen realizar periódicamente encuestas sobre los hábitos de sus clientes, a fin de conocer cómo funcionan determinados servicios o productos y poder así perfeccionarlos para venderlos mejor.

A diferencia de los otros tipos de conversaciones telefónicas profesionales que hemos definido más arriba, en la encuesta de opinión el entrevistado no tiene a priori un interés especial en responder a las preguntas del formulario que le plantea el entrevistador, por falta de tiempo o simplemente por desinterés, y esto propicia una situación de desigualdad entre ambos que puede hacer peligrar el éxito de la interacción; seguro que, en más de una ocasión, usted ha recibido una llamada telefónica en la que su interlocutor solicita tan solo unos minutos de su tiempo para pedirle información sobre sus preferencias televisivas o preguntarle sobre sus hábitos de consumo, y usted ha declinado cortésmente contestar a sus preguntas con alguna estereotipada excusa del tipo: «Perdone, ahora no tengo tiempo», «Lo siento, me están llamando al móvil», «Justo en este momento iba a salir, disculpe», etcétera.

8.4.2. Consejos prácticos

— *Hable con claridad para que se le pueda entender bien.* Intente vocalizar y use un volumen de voz adecuado, de forma que su interlocutor no tenga que pedirle constantemente aclarar lo que ha dicho, esto resulta incómodo para usted, pero también para él. En la medida de lo posible intente evitar ambientes ruidosos cuando va a mantener una conversación al teléfono.

— *Recuerde que la propia situación comunicativa* en que se desarrolla una conversación telefónica *lo obliga a ser especialmente cortés con su interlocutor;* por ejemplo, si se siente satisfecho con la atención recibida, hágaselo saber con alguna frase del tipo «Muchas gracias, ha sido muy amable» o «Muchas gracias por su atención». Utilice siempre el tratamiento de *usted,* para así reforzar la cortesía.

— *Concéntrese en la conversación que está manteniendo;* si realiza alguna otra actividad a la vez (hacer señas a una tercera persona, buscar información en el ordenador, etcétera), puede distraerse con facilidad y perder el hilo de la comunicación.

— Haga notar de vez en cuando que «sigue al otro lado del teléfono», mediante alguna expresión del tipo «sí» o «de acuerdo».

— Si tiene que apuntar *o copiar algún dato* o información, *confírmelo con su interlocutor para evitar posibles malentendidos* debidos, por ejemplo, a las interferencias técnicas del propio teléfono. Así, cuando deletrea una palabra puede utilizar la fórmula habitual de acompañar a cada letra por un nombre cuya inicial es esa misma letra: *«P» de Polonia, «S» de Salamanca, «B» de Bolivia,* etcétera.

— En caso de reclamaciones de algún servicio prestado no olvide que en muchas ocasiones su interlocutor es un recepcionista: *no personalice su reclamación en él,* sino en la propia empresa o entidad que le ha proporcionado ese servicio, por ejemplo, utilizando durante toda la conversación el nombre de la empresa.

— Si usted realiza la llamada para ofrecer algún servicio o producto, *evite ser grosero o descortés* ante las negativas de su interlocutor con expresiones del tipo «¿Cómo me dice que no le interesa, si aún no le he dicho nada?». Ese tipo de actitud solo provoca rechazo en quien llama.

En el capítulo siguiente analizaremos algunos de los diferentes tipos de discurso que se producen en el ámbito social.

Capítulo 9

Géneros discursivos III. Los géneros discursivos en el ámbito social

Los discursos de carácter social son, posiblemente, los que han recibido una menor atención. Esto sucede porque, quizá, se ven como improvisados, espontáneos y cotidianos. Sin embargo, como decía Mark Twain, «normalmente me lleva más de tres semanas preparar un buen discurso improvisado».

Como se ha podido ver en los capítulos 7 y 8 la intencionalidad de un discurso oral en público, así como la de cualquier otro acto de comunicación, puede ser de tres tipos: expositiva (informar), argumentativa (convencer) y emotiva (conmover). En los discursos sociales, de los que nos ocupamos en este capítulo, *predomina la intencionalidad emotiva:* el orador manifiesta su impresión sobre un hecho determinado.

En éstos no es tan relevante la información que se transmita, sino lo que siente el orador ante dicha situación y la relevancia de la situación misma. Entre los discursos que responden a esta finalidad se encuentran los festivos, las presentaciones públicas de otras personas o las aperturas. Resumimos, en primer lugar, sus *principales rasgos:*

— Se trata de discursos de carácter *monológico* porque, aunque pueda haber una respuesta, por ejemplo, a un brindis, ésta es diferida y no hay una alternancia libre de las intervenciones.
— Se pronuncian *en ocasiones señaladas* desde el punto de vista social.
— Tanto su estructura como su contenido están *supeditados a la intención comunicativa del discurso social,* como ya se ha señalado, la emotiva.
— *No son un fin en sí mismos, sino que se utilizan como medios auxiliares* para dar protagonismo al acontecimiento que vendrá des-

pués (el banquete nupcial, la inauguración, el entierro, la celebración de la jubilación, etcétera).

Los discursos emitidos en un contexto social tienen unas características que los acercan a los demás tipos de discurso oral y otras que les son particulares. Como cualquier discurso el social se rige por una serie de convenciones y mantiene una estructura oratoria básica (más o menos sencilla, dependiendo del contexto en el que se exponga) que ha sido presentada ya en otros capítulos: *introducción, cuerpo* y *conclusión*. No obstante, la manera en que se desarrolla cada una de estas partes marca la diferencia entre los distintos tipos de discurso. Suele ser habitual una *disposición* semejante a ésta:
— saludo,
— ocasión del acto,
— cuerpo central,
— agradecimientos y final.

Veamos con un poco más de detalle cada una de estas partes:
— *Saludo:* el orador comenzará su intervención con una salutación que suele constar a su vez de tres partes:
   a) apelación: el responsable del discurso alude a los presentes (en un orden determinado por la jerarquía, como veremos más adelante),
   b) fórmula de saludo (del tipo «buenos días», «buenas noches»),
   c) agradecimiento: se dan las gracias a los presentes por haber acudido y, en su caso, a los organizadores por haber propuesto al orador como presentador del acto.
— *Ocasión del acto:* al llegar a este punto el hablante recuerda el motivo de la celebración que reúne a los asistentes.
— *Cuerpo central:* es la parte más variable de la estructura de un discurso pronunciado en el ámbito social. Su contenido y reglas particulares dependerán del tipo de celebración, así como de la composición del auditorio.
— *Agradecimientos y final:* habitualmente se concluye la intervención dando las gracias por la atención prestada y la asistencia al acto. Opcionalmente se puede repetir la fórmula de salutación («gracias y buenas noches a todos»).
   Observe en el siguiente ejemplo las distintas partes de un discurso:

Apelación: Ilustrísimo alcalde, señor presidente del Colegio de Farmacéuticos, señor director del Hospital X, ponentes y asistentes,

Saludo: buenos días

Agradecimiento: y gracias por asistir

Ocasión del acto: a la sesión inaugural del III Congreso Internacional de Avances Farmacológicos en Medicina Genética.

Cuerpo central: Los últimos años han visto el desarrollo exponencial de una rama de la Farmacología impensable hace tan solo una década. El desafío que plantean los nuevos avances en Genética es, a la vez, un reto y una promesa que la comunidad científica no podía ignorar. El resultado ha sido una nueva Asociación, que me honro en presidir, de cuya progresión y vitalidad da muestra el creciente número de comunicaciones presentadas a este tercer congreso.

Espero que los próximos días estén cargados de interesantes trabajos, relaciones fructíferas entre sus participantes y un clima de intercambio científico favorecido por el buen hacer de la organización. Espero que, al finalizar las sesiones, tengan un poco de tiempo para descubrir los encantos de la ciudad que nos alberga y que unan, a sus renovados conocimientos científicos, las historias que guarda su casco histórico.

Agradecimiento: No quisiera finalizar mi intervención sin agradecer a los patrocinadores que han hecho posible este acto: al Ministerio de Educación, a la Consejería de Sanidad de la Comunidad, al Ayuntamiento de Vetusta, así como a las Facultades de Medicina y de Farmacia y al Hospital General, que tan generosamente nos hospeda. Gracias especiales merece el Comité Organizador de este congreso, presidido por el doctor Lozano-Quintero, así como los estudiantes y los residentes que se han prestado amablemente a ofrecernos ayuda logística con los aspectos organizativos más prosaicos.

Final: En nombre de todos ellos, y de nuestra Asociación, les deseo la mejor de las suertes y declaro abierto este congreso.

En cuanto al *contenido del discurso* hay que destacar que todos los recursos lingüísticos (incluidos los gestuales) habrán de conducirnos a alcanzar la óptima transmisión del fin emotivo de éste. Dicho de otro modo, todo lo que hagamos o digamos debe tener como *único fin despertar la emoción en el auditorio*. Una finalidad tan subjetiva otorga una cierta libertad a la hora de utilizar los recursos retóricos. Por ejemplo, no se está sujeto a la impersonalidad del discurso académico o científico, en el que el autor trata de evitar la presencia del «yo» para lograr una mayor impresión de universalidad y rigor. Aquí, bien al contrario, la audiencia suele esperar una *empatía con el orador*, de manera que el resultado será tanto más efectista cuanto mayor sea la implicación del hablante con su discurso; y, como consecuencia, este tipo de textos orales son *el terreno ideal de las anécdotas personales*. Tanto es así que, en ocasiones, quien profiere el discurso hace pasar por propia una historia que en realidad es inventada solo para aumentar los efectos dramáticos o, más frecuentemente, humorísticos (pensemos en los monólogos humorísticos). Del mismo modo la conexión emocional con los oyentes se logra a menudo mediante la apelación directa a éstos: la interacción con el público, los señalamientos personales hacia éste dentro del cuerpo del discurso, etcétera, hacen que dicho público se sienta parte del contenido y que, así, surjan implicaciones emocionales, que es el fin perseguido.

Ahora bien, de ese subjetivismo y de la enorme proximidad con la audiencia, rasgos típicos del discurso social, se deriva también una serie de *peligros o inconvenientes*. Para empezar se hace necesario un *cuidado escrupuloso en las relaciones interpersonales:* si bien es cierto que una excesiva impersonalidad o lejanía puede resultar negativa, también es verdad que un exceso de camaradería o un punto de falta de respeto pueden deslucir una buena intervención de carácter social. Así, aunque este tema se tratará con mayor detalle para cada tipo concreto de discurso, en general podemos decir que hay dos máximas fundamentales para mantener el decoro discursivo: *a)* usted debe conocer al público y *b)* usted debe tener presente el contexto.

a) *Saber a qué tipo de personas nos dirigimos* es fundamental a la hora de establecer y estructurar el discurso, así como a la hora de tomar decisiones; por ejemplo, el tratamiento a los oyentes de *tú* o de *usted*. Si el público es conocido, podremos decidir entre ambas fórmulas de tratamiento, porque es la naturaleza de éste la que

determinará hacia qué lado se inclina la balanza. Eso sucede porque hay que tener en cuenta factores como:
— La *edad del auditorio*. Si la mayoría de los presentes nos supera en edad, deberemos —salvo en contextos marcadamente informales— decantarnos por el *usted*.
— La *dignidad del auditorio*. Si los asistentes, aunque sean más jóvenes, nos superan en rango (social, militar, académico, etcétera), deberemos emplear también *usted*.
— La *procedencia geográfica del público*. No es lo mismo dirigirse a un grupo mayoritariamente formado por españoles que a un grupo en su mayoría latinoamericano, ya que la misma forma puede emplearse en distintos países como tratamiento de respeto o bien como tratamiento informal.
— El *grado de cercanía con los oyentes*. Es absurdo —a no ser que se persigan fines humorísticos— dirigirse a un grupo de amigos tratándolos de *usted*.

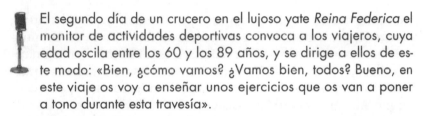

El segundo día de un crucero en el lujoso yate *Reina Federica* el monitor de actividades deportivas convoca a los viajeros, cuya edad oscila entre los 60 y los 89 años, y se dirige a ellos de este modo: «Bien, ¿cómo vamos? ¿Vamos bien, todos? Bueno, en este viaje os voy a enseñar unos ejercicios que os van a poner a tono durante esta travesía».

El monitor de este ejemplo utiliza un lenguaje excesivamente coloquial con los pasajeros del crucero, para los que trabaja, a los que no conoce, que lo superan en edad y que pertenecen, además, a un nivel socioeconómico superior. El efecto que produce es negativo por no haber prestado atención al auditorio ni al contexto.

b) El *contexto comunicativo en que se pronuncian los discursos* es también un criterio indispensable a la hora de elaborarlos. El producto final, de hecho, tiene que ser el resultado de la perfecta conjunción de contexto y público. Así, *la situación* en que se emita un discurso *determinará*:
— *El grado de formalidad del discurso*. Por ejemplo, durante la celebración religiosa de un matrimonio, aunque la pareja de contrayentes pueda ser muy amiga del sacerdote, si éste les dedica la homilía, se impondrá un determinado grado de formalidad

(aunque existe cierta flexibilidad) propia de un género discursivo que está en gran medida ritualizado (en las ceremonias de boda los novios dan respuestas prefijadas).

— *La extensión del discurso*. Aunque el discurso social suele ser breve, un brindis nunca podrá durar lo mismo que un pregón de fiestas o la exaltación pública de algún personaje.

— *El tono*. Teniendo la misma audiencia, el tono será distinto en un panegírico funerario y en la botadura de un barco.

Una vez expuestas las características de este género discursivo, desarrollamos uno a uno cada uno de los tipos que lo componen.

9.1. Presentaciones

9.1.1. *Definición y características*

Aunque pueda parecernos un acto protocolario y poco habitual, el acto de presentar es, en realidad, muy cotidiano. Presentamos a un amigo ante un grupo de amigos que no lo conocen, a un recién llegado a una reunión de nuestra empresa, a un alumno nuevo a sus compañeros de clase o, en ámbitos más formales, a un conferenciante ante el público asistente. La variación en este tipo de discurso depende de su carácter público o privado (no es lo mismo presentar al abogado de la empresa ante un grupo reducido de directivos que ante el público de una conferencia), del grado de formalidad del evento en que se produzca la presentación y del tipo de acto mismo (las presentaciones de escritores, por ejemplo, suelen ser siempre bastante —incluso demasiado— largas).

Estos discursos *deben presentar tres rasgos:*
— han de ser *breves*, puesto que nuestro único objetivo es dar a conocer a una persona para que empiece a interaccionar con el resto de los presentes sin nuestra mediación, o bien darle la palabra para que comience su propio discurso. En otras palabras: él es el protagonista, no el presentador;
— en la mayoría de las ocasiones suelen tener un carácter *laudatorio* (sería muy extraño presentar a alguien señalando sus cualidades negativas, a no ser que quisiéramos conseguir efectos humorísticos o irónicos). No obstante, hay que evitar el exceso: es muy fácil caer en el elogio excesivo y parecer adulador o poco sincero;

— según el grado de formalidad de la presentación, ésta puede incluir una *mención explícita* a la relación que une a presentador y presentado. A menudo esto se logra con algún tipo de anécdota.

9.1.2. Durante la presentación

Si aplicamos la estructura general del discurso social al caso particular de las presentaciones, el resultado sería aproximadamente el siguiente.

Saludo a todos los asistentes

Se lleva a cabo por *orden de mayor a menor jerarquía:* saludo global al auditorio, o un saludo individual a los miembros de la mesa que presida, más un saludo global al resto del público. El orden de los saludos está regido por ciertas convenciones. Por ejemplo, debe saludarse antes a las personas de más edad y, por encima de esto, antes a las de mayor rango social, académico, militar, etcétera. El orden concreto para cada caso lo determinan reglas protocolarias particulares.

Otro aspecto importante en las presentaciones es el de los *tratamientos*. Aunque existe una tendencia a minimizar la importancia de los tratamientos (pensemos que el Gobierno español ha eliminado los tratamientos de los cargos ministeriales), todavía continúan vigentes en algunas esferas. Aunque no es pertinente dar un listado completo de tratamientos, aportamos aquí, como muestra, los más habituales:

— *Majestad* o *Vuestra Majestad* para los reyes, *Alteza Real* para los príncipes.

— *Excelencia, Excelentísimo/a Señor/a* para el/la presidente, vicepresidentes y ministros del Gobierno, para comandantes y capitanes generales, para embajadores, gobernadores civiles y militares, presidentes de diputaciones, alcaldes de grandes ciudades, rectores universitarios (también *Magnífico Señor)* y vicerrectores, duques (como título nobiliario), etcétera.

— *Ilustrísimo/a Señor/a, Señoría Ilustrísima* para subsecretarios de departamentos ministeriales, directores generales, alcaldes de ciudades medianas y pequeñas, decanos y vicedecanos universitarios, directores de institutos y departamentos docentes, jefes superiores de administración civil, coroneles, marqueses y condes (como título nobiliario), etcétera.

— *Señor Don:* es el más genérico y quizá el más habitual. Suele emplearse para dirigirse a personas sin cargo específico, o de las que no interesa destacar el tratamiento. *Señor Don*, todo junto, se emplea ante el nombre completo de la persona: *Señor Don Román Freixa*; cabe señalar, sin embargo, que el uso de estos términos por separado plantea algunos problemas: *Señor* nunca debe utilizarse con el nombre de pila, del mismo modo que *Don* no puede acompañar al apellido: es decir, es incorrecto decir *Señor Román* o *Don Freixa*.

Por último hay que señalar otros dos puntos importantes. En primer lugar en muchos países de Latinoamérica es costumbre presentar a las personas por el grado académico que han conseguido («doctor», «ingeniero», «licenciado», etcétera); y, en segundo lugar, si tenemos dudas acerca de la fórmula concreta que se debe emplear para cada cargo, podemos valernos de un pequeño truco: en general es correcto utilizar «señor» seguido del cargo en aquellos casos en los que el cargo no es vitalicio, o no viene dado por el nacimiento: «señor rector», «señor presidente», etcétera. Sin embargo, no es posible decir *«Señor Rey» o *«Señor Papa».

Ocasión del acto
En este punto *se hace explícito lo que motiva el discurso:* la presentación de una persona. Normalmente se suele dar aquí su nombre y esto da paso al cuerpo del discurso.

Cuerpo central
Como avanzábamos antes, esta parte suele dedicarse a la *alabanza*. Ésta consiste en una breve relación de datos personales (biográficos, académicos, lista de méritos, etcétera) y, de nuevo, dependiendo del grado de formalidad se exaltan las cualidades del presentado. Normalmente tras esta parte se menciona el motivo por el que esa persona ha sido invitada o está presente en el acto. La extensión del cuerpo central dependerá de la ocasión que motive la presentación: si se trata de presentar a un conferenciante, se leerá un breve currículum del invitado en el que se destaquen los aspectos más detallados de su carrera; por el contrario en la presentación de un libro se espera una semblanza más completa y menos académica.

Agradecimientos y final
Se concluye dando las gracias al presentado o al público. En el caso de que el presentador deba ceder la palabra al presentado puede

concluirse el discurso con una fórmula del tipo: «Muchas gracias. Cedo la palabra al señor Román Freixa».

9.1.3. Consejos prácticos

— No debe olvidar la *mención* y el *saludo* a los presentes.
— Conviene que *sea breve y conciso*. Debe ceder el protagonismo al presentado o al acto en sí.
— Es importante que *destaque los méritos*. Para ello deberá haber consultado previamente la biografía o currículum de la persona a la que presenta.
— *No debe eludir la presentación*. Puede resultar descortés un discurso del tipo: «mejor que se presente él mismo».
— Por último *agradezca al presentado su comparecencia*, como colofón del discurso.

(En la presentación de un libro)

Mi amigo y colega Ramón Freixa me ha pedido que lo acompañe en la presentación de su última novela. No voy a insistir en sus méritos, que son sobrados, y además se pueden leer en la solapa del libro. Me gustaría, sin embargo, resaltar los lazos que nos unen desde los tiempos, ya lejanos, en que compartimos pupitre en el Colegio de los Padres Salesianos de Vetusta. Entonces yo tenía veleidades literarias, veleidades que he ido cultivando con mayor o menor fortuna a lo largo de los años, mientras que Ramón, aquí presente, quería ser notario. Hoy el notario soy yo y el escritor es él; se lo digo para que vean cómo cambia la vida y qué caminos recorremos.

Pero bueno, me estoy extendiendo en exceso en esta presentación; no voy a entrar en la valoración de su novela, puesto que de eso ya se encargará el autor, ni voy a destriparles su argumento, que para eso ya están los críticos. Los dejo con Ramón Freixa y yo me voy con viento fresco.

El ejemplo anterior incumple algunos de los preceptos que acabamos de exponer: el orador no señala los méritos del escritor; introduce una anécdota personal que no está conectada con el acto y habla de su propia experiencia —lo que no interesa a los asistentes al acto—. Por último se abstiene de valorar la novela (precisamente el que debería ser objetivo central de su intervención) y se despide de una forma coloquial inapropiada para el tipo de acto.

9.2. INAUGURACIONES, APERTURAS Y CLAUSURAS

9.2.1. Definición y características

Se trata de discursos *para celebrar el inicio o el fin de una actuación*. Nuestras palabras servirán para declarar oficialmente abierto o cerrado un evento o inaugurado un edificio, puente, barco, un congreso, una sesión parlamentaria, un curso académico, etcétera.

Como sucedía con las presentaciones, el discurso debe caracterizarse por su *brevedad*, pues es el acontecimiento lo que interesa a los oyentes y lo que los ha congregado en el lugar. No obstante, y siempre dentro de esa brevedad, la duración del discurso puede variar en función de nuestra intención. Así, en ocasiones las palabras se reducen a un «Señoras y señores, queda inaugurado el nuevo X», mientras que en otras —especialmente si concurren al acto personalidades relevantes a las que se pueda solicitar apoyo aprovechando la ocasión— puede incluirse una reflexión en voz alta sobre las bondades del acto o la obra, o sobre la necesidad de repetir más a menudo actividades similares, por ejemplo. El *tono* general del discurso es *positivo*, se apela a la emoción o ilusión por la nueva actividad, o a la satisfacción por el buen resultado de ésta.

Estos discursos pueden ser *pronunciados por una o por varias personas*. Por ejemplo, para inaugurar un hospital pueden intervenir el ministro de Sanidad, el consejero de Sanidad de la autonomía, el alcalde y el director del hospital. Si se diera el caso, el orden de la toma de palabra iría de menor a mayor cargo: primero el director del hospital y así sucesivamente hasta terminar por el ministro. La cesión de la palabra puede hacerse de dos maneras: bien se designa a una persona que se encargue de cederla (normalmente el anfitrión), o bien cada hablante cede la palabra al siguiente.

9.2.2. Durante la inauguración, apertura o clausura

La estructura de estas intervenciones puede ser la misma que hemos visto anteriormente, o puede verse reducida.

Saludo
Es conveniente, como en cualquier discurso social, dirigirse a la audiencia para saludarla. En este tipo de actividades es frecuente que asistan *personalidades relevantes,* con lo cual habrá que *hacer especial mención a éstas y agradecer su presencia.* Por ello es importante tener presentes las fórmulas de tratamiento honorífico que hemos mencionado en el punto anterior. No se olvide, por último, de saludar por orden de jerarquía.

Ocasión del acto
Se alude al *motivo por el que estamos reunidos* (abrir unas jornadas, inaugurar un nuevo restaurante, el nuevo salón de la tercera edad, etcétera).

Cuerpo central
Aunque no es obligatorio (puesto que existen ejemplos de aperturas, inauguraciones y clausuras que se resuelven con la «ocasión del acto»), suelen incluir una *explicación más extensa,* aunque siempre breve, *del acto.* No debemos utilizarlo como excusa para hablar de nosotros mismos, pero se podría incluir alguna anécdota personal, siempre y cuando esté relacionada con la actividad.

Agradecimientos y final
Se suele finalizar la intervención agradeciendo la asistencia del público. Asimismo, especialmente en las clausuras, se puede manifestar un deseo de continuidad; en las inauguraciones o aperturas conviene augurarles éxito.

9.2.3. Consejos prácticos

— No omita el *saludo a los cargos asistentes* ni olvide el orden protocolario de presentación en caso de que haya más de un orador que deba inaugurar, abrir o clausurar.

— *Sea breve*. Tenga presente que se trata de un acto protocolario, que simplemente da paso a lo verdaderamente importante.

— Trate de transmitir *satisfacción ante el evento* o la obra que presenta.

— Aunque puede aprovechar su discurso para hacer reflexiones y peticiones, no debe abusar de ellas, ya que *no se trata de un acto reivindicativo*, sino de un discurso expositivo donde predomina la función expresiva.

(Discurso inicial de las fiestas de una localidad)

Queridos ciudadanos de Vetusta:
Como todos los años por estas fechas comienza la Feria del Patrono. Estas fiestas, que se han venido celebrando ininterrumpidamente desde el siglo xiii, establecen un vínculo de unión con los habitantes pretéritos de nuestra querida ciudad. Ayer como hoy, durante estos días queda prohibido el aburrimiento, vedada la tristeza, proscritos los penares y abolidas las penas. Abramos, pues, las puertas de nuestras casas y de nuestra villa a la diversión, la alegría y el jolgorio. ¡Ciudadanos de Vetusta, gritad conmigo!: ¡Viva nuestro santo Patrón! ¡Viva la Feria! ¡Viva Vetusta!

9.3. OTROS DISCURSOS SOCIALES: AGRADECIMIENTOS, DISCURSOS DE ALABANZA Y BRINDIS

9.3.1. *Agradecimientos*

9.3.1.1. Definición y características

Forma parte básica de nuestra cultura el hecho de agradecer cuando se nos ayuda, se nos encomia o se nos obsequia algo. Una vez más las características de este tipo de discurso son prácticamente las mismas que las del resto de intervenciones orales de carácter social: *brevedad, sinceridad y*, sobre todo, *adecuación a la situación*.

A diferencia de otros discursos sociales los agradecimientos nos permiten una cierta libertad, no solo estructural, sino también de contenido.

9.3.1.2. Durante el agradecimiento

La estructura más común suele ser:
— *Saludo* a todos los asistentes y, en especial, a la persona o personas objeto de nuestro reconocimiento.
— *Cuerpo:* puede contener anécdotas y debe explicitar el motivo por el que nos sentimos agradecidos, así como los sentimientos que nos produce. Opcionalmente podemos devolver cumplidos a quien antes nos los ha dedicado.
— *Despedida:* se reitera nuestro agradecimiento a quienes debemos el reconocimiento, así como a los presentes.

9.3.1.3. Consejos prácticos

— *En los agradecimientos se le permite un cierto detenimiento en aspectos personales,* puesto que se trata, en esencia, de un acto de reconocimiento por alguna deferencia que se ha tenido hacia usted.
— Puesto que normalmente usted no es un orador profesional, simplemente *trate de que sus palabras sean sencillas* y lleguen a su público.

(Entrega de los Premios de la Cámara de Comercio)

Estimado señor consejero de Industria, estimado señor presidente de la Cámara de Comercio, estimados miembros de la Junta Directiva, estimado público:

Podría pensarse que este premio es el reconocimiento a una labor personal, la que me llevó hace veinticinco años a fundar Eurofrío, S.A., empresa matriz de lo que es hoy el Grupo Transfret. Sin embargo, quisiera señalar que este premio es el reconocimiento a todos los empleados que con su trabajo y esfuerzo han convertido nuestra empresa en un referente en el sector. A ellos va dedicado este galardón. Muchas gracias a todos, y buenas noches.

9.3.2. El discurso de alabanza

9.3.2.1. Definición y características

Bajo este epígrafe se recogen varias formas de discurso en las que *se honra a alguien por diferentes motivos* (haber obtenido un premio, celebrar un cumpleaños, etcétera). Mención especial merecen los homenajes póstumos o elogios fúnebres. Estos discursos, poco frecuentes en nuestra cultura, se pronuncian ante una tumba, en el templo o (si lo hubiera) en el banquete fúnebre. Del mismo modo se puede celebrar el homenaje tiempo después del fallecimiento, a modo de recordatorio o de homenaje.

9.3.2.2. Durante el discurso de alabanza

Frecuentemente la estructura de todo tipo de discurso de alabanza consta de:
— *Saludo* a los presentes.
— *Motivo* por el que nos hemos reunido.
— *Cuerpo:* detalles sobre la vida del homenajeado o sobre nuestra relación con él. Se destacarán sus virtudes, sus obras, etcétera.
— *Despedida:* expresión de buenos deseos. En caso de que se trate de un discurso fúnebre, se puede incluso pedir un minuto de silencio como muestra de respeto o de recogimiento.

9.3.2.3. Consejos prácticos

— *Infórmese del currículum o de la trayectoria vital del homenajeado* u homenajeados. No resulta en absoluto ofensivo llegar, incluso, a pedir una copia escrita de los méritos al propio homenajeado unos días antes, puesto que así se asegura de no incurrir en errores o falsedades y de no tener que recurrir a banalidades y tópicos.
— La moderación debe ser la guía de sus palabras; *pese a que es esperable una alabanza, no debe excederse:* si es embarazoso de por sí recibir halagos, todavía lo es más cuando éstos son rimbombantes.
— *Elogie un aspecto que no sea siempre el más esperado por la audiencia;* por ejemplo, se puede destacar la faceta docente de un recono-

cido investigador universitario, las cualidades humanas de un empresario, etcétera.

— Aunque debe ensalzar la figura de la persona fallecida *el discurso fúnebre impone una cierta austeridad, cortesía y altas dosis de tacto:* no se trata de un acto jocoso ni se celebra nada. No obstante —y esto es importante— nunca debe convertirlo en lacrimógeno ni regodearse en el dolor.

— *No incluya críticas al fallecido;* y los guiños simpáticos, si los hubiera, deben usarse con mesura y siempre que el contexto lo permita.

9.3.3. El brindis

9.3.3.1. Definición y características

En realidad los brindis son versiones reducidas de discursos de agradecimiento o de alabanza. Sin embargo, puesto que se trata de un discurso *especialmente breve* y que siempre va ligado al acto físico de brindar, el discurso del brindis merece un tratamiento aparte. Aunque menos frecuentes en la cultura española que en otras, donde abundan los discursos elaborados con ocasión de una boda o cumpleaños, puede ocurrir que nos encontremos en la tesitura de tener que decir unas breves palabras después de una comida celebrada en circunstancias normalmente festivas (una jubilación, un cumpleaños, una lectura de tesis, un ascenso, etcétera).

9.3.3.2. Durante el brindis

Debido a su carácter breve la estructura que presenta se simplifica notablemente, y queda prácticamente reducida a:

— *Saludo.* Se alude a los asistentes y, como siempre, se hace una mención particular en caso de que hubiera personalidades importantes.

— *Cuerpo.* Suele consistir en una anécdota sobre el motivo de la celebración o sobre los homenajeados. Se agradece, además, el haber sido invitados.

— *Brindis* propiamente dicho. Brindamos nosotros e invitamos a los presentes a hacer lo mismo. Es el momento, también, de expresar los buenos augurios.

En un brindis pueden darse dos posibilidades: o bien nos han avisado previamente de que estaremos encargados de dirigir unas palabras y brindar —con lo cual habremos podido preparar unas notas— o, por el contrario, puede suceder que hayamos de improvisar unas frases en el momento. Cada una de estas posibilidades requiere un tipo particular de comportamiento por parte del orador, que analizamos a continuación.

Comenzaremos por el caso más embarazoso: *sin previo aviso se nos pide que nos levantemos y dirijamos unas palabras.* Obviamente lo primero que hemos de hacer es *evitar bloquearnos por el miedo:* hemos visto miles de brindis y hay cosas que podemos imitar. Por ejemplo, debemos empezar con un saludo. Roto ya el hielo, deberemos recordar por qué se celebra la comida; en otras palabras, habrá que decir algo a propósito de los novios, la persona ascendida, la creación de nuestra nueva empresa, etcétera. Normalmente bastará con expresar nuestros buenos deseos y levantar la copa.

Si hemos tenido la suerte de que *nos avisen unos días antes, podremos reflexionar y preparar un discurso algo más elaborado.* Pero, sobre todo, la antelación nos da una oportunidad de oro: la de *practicar ante el espejo.* Y es que, en un discurso festivo, es importante dar una imagen de espontaneidad que, aunque parezca paradójico, solo se logra con la práctica: debemos hacer nuestras las palabras y tratar de que no queden forzadas ni encorsetadas, y mucho menos entrecortadas.

9.3.3.3. Consejos prácticos

— *No se extienda demasiado:* si eso es malo para cualquier tipo de discurso social, más aún para uno que se caracteriza por la brevedad, y todavía más si no lo tenemos preparado. Hay que tener presente que los asistentes al acto están de celebración y no están dispuestos a soportar un largo discurso, demasiado pesado; solo esperan escuchar unas cuantas frases que resulten espontáneas y emotivas.

— *Procure utilizar un estilo festivo o emotivo.* Conseguir esto es realmente difícil. Por un lado nada hay más patético que un orador tratando de ser chistoso y no consiguiéndolo. Por otro es habitual caer en la lágrima fácil, cosa que hay que evitar a toda costa para no resultar melodramáticos.

— *No sea desmesurado en sus halagos.* La sinceridad es clave para hacer un discurso creíble y, consiguientemente, emotivo.

— En el caso de que no sea el único orador, *trate de indagar sobre los discursos que los otros pronunciarán.* De esta manera evitará aburrir a los presentes con contenidos repetidos.

— Recopile datos. Aunque puede parecer obvio, hay que *saber a qué o a quién dedicamos el brindis.* Por ejemplo, imagine que su mejor amigo de la infancia le encarga el brindis nupcial. Sin duda conocerá todos los detalles de su vida, pero ¿y de la novia? No puede obviarla, puesto que resultaría descortés. Así, antes de que se celebre el acto convendría que se informara sobre ella, o incluso que dedicara un tiempo a conocerla. Del mismo modo imagine lo incómodo que sería pronunciar un brindis en el cumpleaños de un familiar sin saber a ciencia cierta los años que cumple...

— *Evite las expresiones manidas y los tópicos:* cualquiera puede decir obviedades sobre los homenajeados, pero por alguna razón se le habrá encargado esta tarea precisamente a usted. Ha de tratar de subrayar lo que los hace especiales, y eso jamás se consigue con frases vacías. Del mismo modo trate de no traicionar la confianza depositada en usted espetando frases del tipo «no soy la persona más indicada para hacer este brindis», etcétera.

— Como en todo discurso social siempre ha de tener presente que el discurso es un medio, no un fin, y que *usted no es el protagonista.* No debe aprovechar el discurso para fines propios.

— Como siempre, *el tono general del acto lo marca el contexto:* las palabras cambiarán dependiendo de la formalidad de los invitados, del acto que los reúne, etcétera. En cualquier caso siempre ha de tener presente que su aportación debe ser positiva. Esto implica que, si se trata de una reunión alegre, sus palabras no deberán empañar esa alegría y, en caso de que se trate de una ocasión más adusta, debería ser capaz de quitar hierro al asunto y aligerar el acto (sin caer, por supuesto, en la excesiva comicidad).

— En ocasiones los brindis esperan una respuesta por parte del homenajeado. Si usted es el homenajeado, debe considerar la posibilidad de que se le soliciten unas palabras y *conviene que haya planeado algo con antelación.* El discurso debe consistir en un agradecimiento a cada orador por los cumplidos que le han dedicado y, opcionalmente, puede concluir con otro brindis por todos los presentes.

— Un último apunte protocolario: *el brindis no consiste en chocar una copa contra otra*. Solo debe levantarla hasta la altura de los ojos, y nunca debe beber todo el contenido; apenas se trata de mojarse los labios o de dar un pequeño sorbo. Por último, en caso de que la audiencia esté sentada es conveniente esperar a que todos los asistentes se hayan levantado y estén en disposición de brindar.

Querida familia:

En este nonagésimo cumpleaños de la tía Julita me gustaría brindar por esta ocasión que nos ha traído a todos de nuevo a Vetusta y nos ha reunido en su casa, que tan buenos recuerdos nos trae. Este año tenemos a uno más entre nosotros, al pequeño Tomás, que en este momento está ocupado con el pecho de su madre, y su llegada ha compensado, en la curiosa aritmética de la vida, el vacío que nos dejó la tía Elvira el año pasado. Por la tía Julia, por los que se fueron, por los que vendrán y por todos vosotros, ¡salud!